Au-delà des pages

L'univers de Stephen King

GEW Sciences Humaines

Global East-West

Copyright © 2025 par GEW Sciences humaines.

Littératures du monde.

Une collection Global East-West.

Tous droits réservés. Aucune partie de ce livre ne peut être reproduite de quelque manière que ce soit sans autorisation écrite, sauf dans le cas de brèves citations incorporées dans des articles critiques et des critiques.

Première impression, 2025.

Table

1. Une légende révélée   1
   La vie et l'époque de Stephen King

2. Ombres et lumière   17
   Les thèmes qui définissent un héritage

3. De l'horreur à l'humanité   31
   Un examen des œuvres influentes de King

4. Les premières années   45
   Surmonter les difficultés pour façonner un écrivain

5. Carrie à Castle Rock   59
   Un voyage à travers des décors emblématiques

6. Des personnages qui hantent et perdurent   73
   Une plongée dans des images saisissantes

7. Au-delà de l'horreur   89
   Explorer la profondeur psychologique des récits de King

8. Au cinéma   105
   Adaptations de la page à la légende cinématographique

9. Le mal, l'empathie et tout ce qui se trouve entre les deux   119
   Le bien contre le mal dans l'univers de King

10. L'influence d'une icône   135
   Comment Stephen King a façonné la fiction moderne

11. Résilience et rédemption   149
   Trouver la persévérance dans l'obscurité

12. L'héritage de l'imagination   163
   L'impact de King sur la culture pop mondiale

13. Les échos du Maine   179
   Stephen King et son lien indélébile avec l'Amérique des petites villes

14. Des étagères aux guichets   195
   La pertinence culturelle de Stephen King

15. La peur collective   211
   Le miroir sociétal dans les histoires de King

16. L'homme au-delà du mythe   225
   Perspectives personnelles sur le personnage de King

17. La peur à l'œuvre   237
   Les leçons du maître conteur

18. Bibliographie sélective   253

1

Une légende révélée

La vie et l'époque de Stephen King

Introduction : une force inexplicable dans la littérature

Il suffit de jeter un œil à l'œuvre écrite de Stephen King, ses romans et ses nouvelles, pour comprendre la force inexplicable qu'il possède dans la littérature. L'une des œuvres illustrant sa maîtrise est celle qui captive l'attention des enfants et des jeunes : les romans. Les œuvres de Stephen King sont des exemples parfaits de la façon dont elles sont animées par une passion pour la créativité et l'imagination, et par un objectif singulier : dépeindre un personnage aussi proche que possible de la réalité. L'aptitude de Stephen King à plonger dans les instincts les plus étranges, mais réels, de nous, les humains, renforce son image de célèbre écrivain d'horreur et de sensations fortes. Ce serait un euphémisme de dire que Stephen King est le seul responsable d'avoir semé les graines du genre à sensations fortes dans l'écriture de romans.

Il est évident que les premières années de sa vie ont dû avoir un impact sur sa perception, en particulier le fait d'avoir grandi dans une ville située à la périphérie du Maine, avec un accès limité aux commodités. De plus, traverser tous les défis de l'adolescence tels que l'image corporelle, la santé mentale et la pression scolaire, ainsi que le besoin de se démarquer de ses contemporains, est une véritable montagne russe. Comprendre la période qui a précédé son succès nous rapproche des éléments identifiables qui révèlent la raison de toute la créativité et de l'émerveillement que l'on retrouve dans ses livres à succès.

Son engagement infatigable est tout aussi essentiel à son influence. Le volume et la variété remarquables de ses œuvres, des thrillers surnaturels aux drames captivants, illustrent ses efforts remarquables pour maîtriser l'art de la narration. Cette détermination inébranlable renforce non seulement la réputation déjà exemplaire de Stephen King en tant qu'écrivain polyvalent, mais le place également dans le rôle de motivateur et de guide pour de nombreux auteurs émergents à travers le monde. En conclusion, c'est dans la portée de ses compétences approfondies, les influences de sa vie et sa volonté sans faille que nous pouvons trouver la réponse à la domination de Stephen King dans le domaine de la littérature, quelque chose qui sera toujours chéri et apprécié par ceux qui aiment lire.

Le début : l'enfance et les épreuves de la vie

Les expériences qui ont marqué son enfance sont indéniablement présentes dans ses récits. Né à Portland, dans le Maine, le 21 septembre 1947, il a passé ses premières années à Durham, puis sa famille a déménagé à Stratford. Il a passé ses premières années à Durham jusqu'à ce que sa famille déménage à Stratford. Dans ce nouvel endroit, il a pu voir des films tels que « La créature du lagon noir » et a eu accès à « L'homme qui hante les ombres » de H.P. Lovecraft, développant ainsi un intérêt précoce pour l'horreur. Cette passion marqua le début de son intérêt pour le surnaturel. Cependant, sa vie fut remplie de défis, notamment le départ de son père alors qu'il avait deux ans. Le divorce laissa King et son frère aîné David sous la garde exclusive de leur mère. Cela explique son intérêt pour l'abandon et le fait qu'il ait dû faire face à la situation seul en raison de circonstances difficiles. Son amour pour l'art de la narration a commencé lorsqu'il a commencé à écrire des nouvelles qu'il racontait et vendait à ses camarades. La lecture de bandes dessinées et de romans d'horreur classiques a également alimenté son imagination débordante, ce qui a affiné sa capacité à écrire. Ces premières expériences, remplies de joie et de difficultés, ont jeté les bases de son avenir de maître conteur, suscitant un sentiment d'empathie chez le public pour les épreuves qu'il a surmontées.

Les années de lycée de King ont été marquées par sa participation enthousiaste à de nombreuses activités, telles que son appartenance au club de théâtre et la rédaction d'articles pour le journal de l'école. Toutes ces activités ont, d'une manière ou d'une autre, mis en valeur les talents précoces de King en tant qu'écrivain, qui savait captiver ses lecteurs. Pour un écrivain en herbe, ces efforts ont été mis en lumière. Il commença à écrire la première ébauche de « The Long Walk » dès son entrée au lycée, bien qu'il lui fallut des années pour terminer le manuscrit. Les premiers extraits de ses livres et histoires s'inspirèrent de ces expériences d'enfance, formant l'univers littéraire diversifié de King et servant de base à son succès ultérieur.

L'éducation d'un maître : les études façonnent la perspective

Les compétences littéraires de King ont été fortement influencées par son éducation structurée, lui transmettant les histoires derrière chaque chef-d'œuvre. Pendant ses études, le changement de perspective a enflammé son imagination, donnant vie à des récits qu'il a façonnés en maître conteur. Malgré des difficultés financières, King s'est efforcé d'acquérir des connaissances dès son plus jeune âge. Cette profonde compréhension de la littérature qui l'habitait provenait de son insatiable désir de lire. En explorant diverses avenues littéraires et en approfondissant sa compréhension de différents genres, King s'est familiarisé avec un cadre clair de langage, de couleur et de structure, ce qui l'a amené à apprécier l'art de la narration. Les années universitaires de King à l'université du Maine ont marqué un tournant dans sa vie. Tout en poursuivant des études d'anglais, il a découvert différents genres littéraires, dont certaines des œuvres d'art littéraire les plus célèbres et des maîtres de la narration. Cette forme d'étude académique pendant ses années universitaires a non seulement accru ses connaissances littéraires, mais elle l'a également aidé à apprécier l'écriture.

La combinaison de la rédaction d'essais et de la pensée critique a contribué à aiguiser les capacités de réflexion de King, qui sont ensuite devenues l'épine dorsale de sa carrière d'auteur. Il a pu acquérir des compétences essentielles dans des domaines majeurs tels que la théorie littéraire, l'histoire et même l'art de la narration. En outre, l'habitude d'écrire qu'il a développée pendant ses études universitaires l'a aidé à réussir en tant qu'auteur.

L'art de conter de Stephen King n'a pas seulement été façonné par son éducation formelle, mais aussi par ses intérêts variés pour des sujets tels que la philosophie, la psychologie et le folklore. Ces sujets, combinés à son imagination débordante, sont devenus une force catalytique qui a ajouté une profondeur et une complexité immenses à ses récits. La capacité de Stephen King à puiser dans un large éventail de disciplines et sa soif insatiable de connaissances sont évidentes dans son œuvre, qui enrichit son art de conter de couches de sens et de nuances.

En résumé, l'éducation de King a été le creuset qui a forgé ses talents de conteur. La combinaison de l'école, de la lecture et d'une soif inextinguible d'information l'a façonné en un habile forgeron des mots. Cette phase de sa vie démontre l'importance de l'apprentissage formel dans le développement de l'intellect d'une personne qui deviendra plus tard un grand écrivain. Elle souligne également la valeur du parcours académique de King dans la formation de son style narratif unique, faisant apprécier au public le rôle de l'éducation dans son succès littéraire.

Les étapes décisives de la réussite : les contes de Stephen King

Sa remarquable capacité à écrire des histoires et sa compréhension innée de la vie et des comportements des gens sont des éléments essentiels à sa réussite sans précédent dans l'industrie littéraire. Écrivain d'horreur, il avait une perception unique qui l'a aidé à se démarquer des autres auteurs. Les percées de Stephen King n'étaient pas seulement des moments de chance, mais le produit d'un effort extraordinaire, d'une grande habileté et d'une perspicacité aiguë envers les personnes qu'il cherchait à atteindre. La carrière de King a pris un tournant majeur avec la publication du roman Carrie en 1974. Ce livre l'a placé au centre de l'attention de l'industrie et a marqué le début de sa carrière littéraire en tant que force irrésistible. Avec Carrie, il a entamé son voyage sans fin et a dû faire face à de nombreux défis tout au long de sa vie. Pour King, Carrie a marqué un moment décisif et a été un précurseur de ses exploits sans précédent dans le genre de l'horreur. Par la suite, ses livres tels que « Shining », « Misery » et « Ça » ont prouvé qu'il était un véritable conteur et lui ont valu d'autres éloges.

Parallèlement à cela, la capacité de King à fusionner l'horreur et la psychologie, et à créer des personnages aux multiples facettes et profondément complexes, a défiguré et remodelé le monde de la littérature, franchissant les frontières des genres et captivant des personnes de tous horizons. Pris dans la toile de milliers de lecteurs, ses écrits ont connu le succès sur diverses nouvelles plateformes telles que la télévision, le cinéma et même le théâtre, démontrant l'appréciation généralisée de ses œuvres. Malgré l'attention soudaine et les hordes de nouveaux fans, King n'a jamais renoncé à son engagement à évoluer en tant qu'écrivain et à relever différents défis à travers son regard narratif. Son engagement farouche envers son art et les transitions nécessaires et changeantes de sa littérature ont consolidé sa place d'icône littéraire, une marque qui reste vivante jusqu'à aujourd'hui.

Difficultés et triomphes personnels : relever les défis de la célébrité

Devenir une superstar littéraire moderne comme Stephen King n'est pas une mince affaire. Cela implique une longue et difficile liste d'obstacles suivie de victoires remarquables. Il est devenu populaire du jour au lendemain en raison du contexte culturel de la profonde fascination des gens, et ses capacités de conteur tournent toujours autour de lui. Par la suite, il est devenu célèbre, mais ce qui est venu avec la célébrité a eu des conséquences sur sa vie personnelle. Il avait l'impression que sa vie était scrutée de toutes parts, ce qui rendait la vie normale difficile. Il n'est donc pas étonnant que les projecteurs aient été constamment braqués sur lui. Il a été enfermé dans la cage de l'admiration publique, où il a dû trouver un équilibre entre les attentes d'une vie privée en constante évolution et la satisfaction du public en général. La célébrité n'est pas facile, et pour ceux qui ne le savent pas, je vais partager les principaux défis qui en découlent. Tout en recevant des éloges pour être une icône littéraire, il a dû surmonter de nombreux obstacles pour relever ces défis, où le strict minimum et l'extrême ont permis un niveau de résilience et d'adaptabilité qui a mis à l'épreuve sa détermination et sa capacité d'adaptation. King aborde la phase que nous observons tous et dit : « Maintenant, c'est une icône mondiale ». D'autres luttent et s'efforcent de conserver leur vraie voix tout en relevant le défi qui exige de travailler dans un monde où l'appétit est dévorant. Cette œuvre entière est ponctuée d'une citation célèbre, entourée de son engagement ferme envers l'intégrité artistique.

Cependant, ces défis ont rendu King plus vulnérable alors qu'il essayait d'équilibrer l'adoration du public et la solitude. Il adoucit le choc des mémoires avec des interviews introspectives, qui apportent des éclaircissements sur sa personnalité multiple, dont la vie entourée de gloire et de fortune a tenté de contrôler ses capacités extraordinaires. Quoi qu'il en soit, King a relevé chaque défi grâce à son incroyable passion pour la narration et au soutien indéfectible de sa famille et de ses amis. Ces défis ont fait de lui quelqu'un de plus fort. Le terme « King » est utilisé comme synonyme de « personne qui excelle dans son travail ». Ainsi, la capacité de King à souffrir et à surmonter les épreuves nous dit que son esprit prévaudra toujours et qu'il s'efforcera d'atteindre ses objectifs quelles qu'en soient les conséquences. Il dit aussi, avec ironie : « Le seul jour facile était hier », ce qui ne fait que souligner que nous vivons entourés d'adversité épique et de triomphe public tant que nous parvenons à créer un chemin à travers le tumulte de la créativité.

Aperçu du processus d'écriture de Stephen King : derrière le rideau

Pour beaucoup, y compris les amateurs de littérature, les écrivains en herbe et même les lecteurs occasionnels, le processus de Stephen King est passé au microscope, et à juste titre, étant donné ses compétences et ses prouesses en matière de narration. Contrairement à de nombreux écrivains populaires, il n'a jamais hésité à révéler ses techniques pour écrire des histoires captivantes, ce qui est intéressant puisque la plupart des écrivains gardent leurs processus créatifs entourés de mystère.

Ce qui reste clair, c'est le principe inébranlable d'une discipline ferme combinée à un engagement farouche dans une tâche, qui constitue la base des méthodes d'écriture de King. Comme de nombreux auteurs de renom, Stephen King s'impose un quota quotidien de mots à écrire pour se dépasser et se motiver au-delà des simples normes. En s'assurant constamment de respecter un calendrier précis, il met l'accent sur un fait très fondamental mais souvent négligé : sans détermination, il n'y a rien. Son approche incarne la diligence incomparable qui a caractérisé sa carrière.

En outre, Stephen King a une vision différente de la narration organique, qu'il a un jour comparée au processus de fouille de fossiles. Au lieu de planifier les détails de l'intrigue dans les moindres détails, il privilégie une narration fluide et suit son instinct pour raconter l'histoire. Cet équilibre entre spontanéité et authenticité crée une atmosphère captivante dans ses œuvres, capturant l'imagination sans ordre ni contrôle inflexibles.

Le développement des personnages est au cœur des principes d'écriture de Stephen King. Il explore en profondeur l'esprit de ses personnages et en applique les particularités. Cela lui permet de construire un éventail d'expériences humaines qui auront un impact profond sur les lecteurs et de les connecter. Les personnages de Stephen King ne sont pas simplement les moteurs de l'histoire ; ils existent en tant que personnes réelles, riches en détails et chargées d'émotions, qui forment la base de ses récits grâce à leurs luttes, leurs souffrances et leurs conflits.

L'univers narratif de King se caractérise par une combinaison d'expériences réelles et de fantaisie. Les descriptions de petites villes américaines sont vibrantes, et King s'inspire de sa vie dans le Maine pour créer un sens profond du décor. Il mêle le surnaturel et le quotidien de manière effrayante et marie le familier à l'inexplicable. Cette combinaison crée un sentiment de tension qui force les lecteurs à entrer dans un monde où la normalité et le surnaturel coexistent.

En résumé, l'approche de l'écriture de King est un mélange de discipline et d'intuition, le tout soutenu par un engagement farouche envers la narration. Son écriture est une leçon de persévérance encadrée par une créativité époustouflante et une quête sans faille de la grandeur. En examinant de plus près son art, nous découvrons une figure dont le talent continuera à résonner dans la littérature que nous consommons, nous inspirant par son dévouement inébranlable à l'art de la narration.

Les liens familiaux : le monde intérieur de Stephen King

Explorer l'univers intérieur de Stephen King, c'est se confronter à l'impact profond des liens familiaux et à leur influence sur sa vie et son œuvre. La dynamique complexe des relations au sein des familles a indéniablement stimulé et façonné les perceptions et les récits de King. Des étreintes chaleureuses pleines d'amour et de soutien aux aspects plus conflictuels des interactions humaines, la vie de famille contient de nombreux thèmes variés dans les récits de King.

Dans les schémas de sa prose, on peut trouver les échos fondamentaux de son expérience personnelle, façonnée et modelée par les épreuves, les tribulations et les triomphes des relations familiales. L'articulation introspective des liens familiaux par King touche les émotions des lecteurs grâce à la véracité de ses portraits, auxquels on peut s'identifier. Les récits de King capturent l'expérience humaine dans le cadre de la famille, qu'il s'agisse de la nostalgie des vacances d'été qu'il a passées pendant son enfance ou de la profondeur de l'amour parental. Ses expériences et ses émotions personnelles, en particulier celles liées à sa famille, se retrouvent souvent dans ses histoires, ajoutant de la profondeur et de l'authenticité à ses personnages et à leurs relations.

De plus, les aspects changeants et chaotiques de la vie de famille se reflètent dans les personnages que King développe : les deux faces de la médaille familiale, l'amour brut, le conflit, la discorde et le soutien. À travers ses personnages, King tisse les vérités que chaque famille partage, les vérités qui tissent la famille humaine en une seule pièce, mais qui sont en réalité universelles. Cette universalité rend l'œuvre de King profondément accessible et crée un lien fort avec ses lecteurs.

Par ailleurs, l'impact du surnaturel et du macabre dans les œuvres de King croise également la famille, mettant en évidence ses traits durables et ses complexités. Sa représentation de la cellule familiale est profondément complexe, invitant le public à réfléchir à ses sentiments et à ses liens dans un contexte double, à la fois familier et étrangement envoûtant. Cette profondeur dans la narration fait de l'œuvre de King une expérience riche et enrichissante pour ses lecteurs.

Dans le cas de King, il est clair que ses œuvres intègrent une compréhension des relations familiales qui exprime une perception aiguë de l'humanité dans ce qu'elle a de plus vulnérable et de plus proche. L'exploration de ce côté de la personnalité de King révèle un engagement envers les complexités indicibles et omniprésentes de la famille.

Personnalité publique vs vie privée : trouver l'équilibre entre les deux mondes

King, la célébrité, compte tenu de toutes ses distinctions, a du mal à trouver un équilibre entre sa personnalité publique et sa vie privée. L'attention portée à ses œuvres braque les projecteurs sur lui, pour le plus grand plaisir ou l'admiration mitigée et la curiosité des lecteurs. Cependant, la popularité sans fin est amusante ; en fin de compte, chaque auteur essaie de concilier le besoin d'intimité dans la vie. Cette attention constante et la pression de répondre aux attentes de ses fans peuvent être à la fois une source d'inspiration et un fardeau créatif, influençant la façon dont il aborde son processus d'écriture.

L'interaction complexe entre ces domaines reste une constante dans l'histoire de la carrière de Stephen King. Tout d'abord, ses réalisations remarquables lui ont permis d'acquérir un niveau d'influence et de respect aux yeux d'innombrables lecteurs à travers le monde. Ses œuvres littéraires sont célébrées pour bien plus que leur simple mérite artistique ; il est une icône culturelle qui a profondément ému et continue d'émouvoir les cœurs, d'éveiller les esprits et d'inspirer la crainte. Cependant, d'un autre côté, cette renommée universelle s'accompagne d'un manque d'intimité et d'une intrusion chronique dans la vie privée, ce qui entraîne un tiraillement délicat entre le besoin de créativité et les difficultés liées au fait d'être une personnalité publique.

Pour King, la nuance de cette coexistence symbolise ses efforts incessants pour harmoniser ses passions les plus profondes et ses convictions personnelles. Conscient que son travail peut toucher et affecter de nombreuses personnes, il considère sa notoriété comme une opportunité d'échanger avec le public, de s'exprimer sur des sujets qui lui tiennent à cœur et de participer à des conversations constructives sur des préoccupations sociales. Il veille toutefois avec zèle à l'inviolabilité de sa vie privée, en traçant des limites pour protéger l'attention portée à sa famille, à sa vie personnelle et à ses pensées privées de l'examen incessant des médias et de l'intérêt public. Le fait qu'il gère cette dualité sans perdre son sang-froid reflète plus que le simple stress de mêler célébrité et art, mais la réalité de ce qu'il a appris au fil des années de célébrité durable.

De plus, le « comportement public et privé de King » est une étude de cas de la double nature de la créativité et de l'humanité. L'auteur capture la belle fusion de la force et de la délicatesse, de la compassion et de la créativité, ainsi que la volonté inébranlable d'être réel là où les gens vivent leurs perceptions et leurs façades à travers sa vie. Cette reconnaissance de l'existence paradoxale est ce qui fait de King l'un des plus grands conteurs imaginatifs ; il ne se contente pas de transformer ses mots, mais vit la vie des scènes qu'il peint. Sa capacité à équilibrer ses personnalités publique et privée, et les idées qu'il tire de cet équilibre, se retrouvent souvent dans ses histoires, qu'il enrichit d'une compréhension plus profonde de la nature humaine et des complexités de la vie.

La dualité tranquille de la « vie de King en tant qu'auteur célèbre » est une autre histoire fascinante dans la chronique de son parcours littéraire. Elle démontre une poursuite incessante de soi, un besoin toujours présent d'appartenance et un engagement tenace à rester dans la grandeur de la célébrité. En essayant de comprendre les pièces de la légende, nous nous approchons de l'homme qui a vécu en tant qu'« humain » et ajustons l'image d'une icône qui marche prudemment sur la célèbre corde raide entre la célébrité et la vie privée.

Prix et distinctions : la reconnaissance de l'excellence

En reconnaissance de ses talents de maître, l'auteur de littérature captivante, Stephen King, s'enorgueillit d'une liste de prix et de distinctions reçus d'une ampleur considérable, soulignant ce qu'il a accompli dans ses écrits. La collection Stoker de King, ainsi que la médaille du mérite de l'American Letters Foundation et la médaille de la National Foundation Letters, ne sont que quelques-unes des nombreuses récompenses commémorées dans la maison de King, toutes dues à ses talents exceptionnels de conteur. Il est apprécié dans le monde entier pour sa capacité à mélanger divers éléments, notamment l'horreur, le suspense et le drame humain, en une œuvre d'art satisfaisante.

Ses œuvres remarquables ont été récompensées par divers prix, reconnaissant son influence profonde sur la littérature contemporaine. Le prix Edgar

Allan Poe décerné par la Mystery Society of America fait également partie des nombreuses distinctions reçues par King, qui démontrent sa capacité à dépasser les limites des genres, et à sortir victorieux de chaque histoire qu'il raconte. Cela confirme une fois de plus que Stephen King est un maître moderne de la littérature.

Outre ses prix littéraires, Stephen King a eu un impact profond sur la culture populaire grâce aux adaptations cinématographiques et télévisuelles de ses œuvres. Ces adaptations de ses romans et nouvelles au cinéma ont également considérablement renforcé sa stature dans l'industrie du divertissement. Son travail sur l'adaptation de « Les Évadés » a été remarquable, renforçant la réputation de Stephen King en tant que conteur aux multiples facettes, capable de transcender les supports.

Il est également connu pour avoir eu un impact au-delà de la fiction spéculative. En 2003, les World Fantasy Awards lui ont décerné le Lifetime Achievement Award pour ses contributions dans le domaine. Cette récompense reflète l'influence de King sur le développement de la fiction spéculative et son dévouement à l'exploration artistique.

Il est également important de souligner que l'impact de King ne se limite pas à la reconnaissance qu'il a reçue grâce à des prix. King a conquis des publics de tous horizons parce qu'il n'a pas hésité à susciter des émotions allant de la contemplation à l'action tout au long de ses histoires. Cette reconnaissance écrasante est le résultat d'une passion et d'un engagement continus qui survivront à King et souligne l'héritage d'une véritable figure littéraire moderne qui influence encore activement le monde de la littérature contemporaine.

Influence durable : réflexion sur l'héritage durable de King

Stephen King illustre l'influence indélébile de la narration. En réfléchissant à sa vie, il est clair que l'empreinte de King s'étend au-delà d'un seul genre ou média, dominant la littérature contemporaine, la culture populaire et les idées reçues sur l'horreur. King est inégalé dans ses capacités de conteur. Il suscite l'admiration de cultures et de générations différentes, car ses œuvres abordent des thèmes qui dépassent le genre de l'horreur. Les inventions de King vont au-delà des barrières de l'horreur ; son œuvre englobe des thèmes tels que la résilience humaine, les ténèbres et les énormes écarts entre le bien et le mal. Son impact est lié aux thèmes généraux et aux récits profonds de la littérature moderne. Cet impact majeur de la créativité moderne continue d'inspirer les écrivains du monde entier.

Si l'on se concentre sur l'énorme impact de M. King, la caractéristique la plus marquante est sa capacité à insuffler simultanément un sentiment de compassion et de terreur. La fiction de King se distingue par la façon dont il dépeint ses personnages pris dans la dichotomie du bien et du mal. Les lecteurs sont touchés par les récits à travers ce prisme d'une puissante complexité. Les œuvres de King se concentrent sur les peurs et les luttes universelles, qui en disent long aux lecteurs indifférents les uns aux autres en ce qui concerne leurs idéologies. En outre, l'accent mis par King sur la peur dans la vie des gens ordinaires transforme ses histoires en œuvres durables et universelles, ce qui ne fait que renforcer sa domination en tant qu'auteur canonisé qui évolue avec le changement, mais reste une figure pertinente de la littérature.

Son influence s'étend également au-delà de la littérature grâce aux adaptations de ses livres dans d'autres formes d'art. Les adaptations cinématographiques de ses romans ont profondément marqué Hollywood, et elles continuent de rencontrer le succès grâce à leur représentation sensible de la vulnérabilité et de la force des individus face à l'horreur. De plus, le fait qu'il puisse facilement passer d'un genre à l'autre augmente l'étendue de son influence et accélère la disparition des contraintes auxquelles sont confrontés les conteurs paradigmatiques. Grâce à ses méthodes non conventionnelles de construction de récits sur différents thèmes, King a repoussé les limites de la narration dans de nouvelles dimensions, dans le cadre d'une imagination polyvalente qui n'a pas besoin de limites dans le travail créatif.

En réfléchissant aux chroniques de King, à la fois fictives et réelles, personne ne peut nier qu'il continue de dominer le monde de la prose. La façon dont il a traversé sans broncher les dures réalités du labyrinthe de la vie a inspiré des discussions sur des idées complexes telles que la santé mentale, la guérison des traumatismes et peut-être même la peur au sens le plus large. De plus, ses tentatives incessantes d'inclure les voix des personnes sous-représentées dans sa littérature ont embelli le paysage de l'inclusion littéraire et élargi le discours sociétal sur l'impact de l'inclusion dans la littérature. Pour résumer, l'héritage de King va au-delà des romans qu'il a écrits ; il réside dans l'imagination du monde, inspirant les gens à explorer la beauté et la profondeur qui accompagnent la narration.

2

Ombres et lumière

Les thèmes qui définissent un héritage

L'héritage qu'il a laissé dans l'obscurité littéraire

Considéré comme une figure de proue de la fiction d'horreur, Stephen King occupe une place à part dans le monde de la littérature. Grâce à ses écrits intemporels, il a réussi à capter l'attention des lecteurs du monde entier. Il intègre des éléments de peur tout en abordant les réalités et les préoccupations humaines fondamentales, ce qui fait de lui une figure littéraire importante. En regardant les œuvres de King, il devient de plus en plus évident qu'elles sont conçues pour faire bien plus que faire peur aux gens ; elles touchent au cœur de l'humanité. L'héritage de King est exploré plus en détail dans cet essai, qui s'intéresse aux jalons du genre littéraire de l'horreur. Ce faisant, nous nous rendons compte que ses récits révèlent une compréhension complexe de la terreur et de la façon dont elle s'intègre à la réalité de la vie. Ses œuvres créent une expérience de tension dramatique tout en approfondissant la compréhension de la condition humaine, des relations sociales et de la lutte éternelle entre le bien et le mal. Cette introduction à l'œuvre de King permet aux lecteurs de s'immerger dans les profondeurs de l'œuvre littéraire de l'auteur et de comprendre la peur écrasante qui s'est transformée en œuvre d'art. En même temps, l'obscurité révèle des perspectives paradoxales qui remettent en question les cadres de compréhension.

La création littéraire complexe de King émerge d'un mélange de peur, d'espoir et d'humanité tout en captivant l'attention des lecteurs sur les crevasses les plus profondes de leur existence.

La trame de la peur : thèmes centraux de l'œuvre de King

L'univers littéraire de Stephen King combine habilement de nombreux thèmes complexes avec une vision unique de la peur. Cette « vision unique » fait référence à la capacité de King à transformer des situations quotidiennes en un sentiment de terreur, rendant le banal terrifiant. S'appuyant sur ses compétences uniques, il explore des concepts tels que la condition humaine en période de crise et d'horreur, qui dominent son œuvre. Quelle que soit la forme de terreur qu'il vise, qu'elle soit surnaturelle ou liée à la monotonie de la vie quotidienne, l'auteur remet toujours en question les peurs infligées aux gens par la société à travers les récits très accessibles qu'il évoque. Alors que des concepts difficiles tels que la perte, la mort, l'isolement ou le côté sombre de la réalité sont évités dans les discussions ouvertes, King, grâce à ses prouesses, aborde ces peurs.

En outre, les romans de King abordent la notion de pouvoir et sa capacité à corrompre les individus et les sociétés entières. L'utilisation du pouvoir, qu'elle soit le fruit de prouesses surnaturelles ou de la domination des autres, présente à la fois un danger et une attraction qui propulsent l'action dans ses histoires. Les conséquences d'une ambition débridée et de la tentation ajoutent de nombreuses facettes aux histoires de King, incarnant la lutte presque éternelle du bien contre le mal.

Il explore également les limites de l'esprit humain et la frontière entre la raison et la folie. Ses personnages luttent contre des problèmes sociaux et psychologiques tels que les traumatismes, la mort imminente et leur propre ombre. En scrutant les aspects les plus troublants de l'humanité, Stephen King oblige son public à repenser les concepts qu'il pensait comprendre et à affronter les peurs et les angoisses les plus intimes, qui s'entremêlent en soi. Il offre ainsi une explication plus complexe de la souffrance mentale et émotionnelle.

Stephen King capture l'essence de la vie de l'homme moyen en l'envoyant dans des endroits différents, souvent instables. Son étude sans fin du personnage de « l'homme ordinaire » et de ses luttes uniques met en valeur les héros de King et émeut profondément le lecteur. Le mélange d'horreur et de luttes morales dans les récits de King plonge les lecteurs dans la vie de ces personnages auxquels ils peuvent s'identifier alors qu'ils survivent et réussissent à combattre des maux surnaturels et des conflits moraux. Cette capacité à s'identifier aux personnages maintient l'attention du public et son investissement émotionnel dans le récit.

L'œuvre de King reflète brillamment la peur, mêlée à une profonde compréhension du monde, qui explore la peur, le courage et la lutte constante entre le bien et le mal. King n'écrit pas seulement des romans d'horreur ; à travers des thèmes profonds et sous-jacents, il écrit sur la nature essentielle de l'humanité.

Lumière dans les ténèbres : enquête sur la psyché humaine

Les œuvres de Stephen King témoignent d'un intérêt sans faille pour le comportement humain et la dualité de la nature humaine. L'étude de l'humanité influence profondément les œuvres et les chroniques de King, car elles sont souvent écrites dans des circonstances sombres et dépeignent la condition humaine et ses fragments. Même lorsque l'obscurité est totale dans ses histoires, King parvient à trouver une lueur d'espoir, de gentillesse ou de compassion.

Les œuvres de King mettent brillamment en lumière la sophistication de l'humanité, compte tenu de l'horreur et des questions surnaturelles en jeu. Les peurs, les désirs et les motivations complexes suffisent à pousser chaque personnage à ses limites. La façon dont la tension est construite tout au long de l'histoire ajoute de la pertinence à l'intrigue, forçant les lecteurs à réfléchir à leurs peurs et à leurs insécurités.

De plus, la représentation de la lumière dans l'obscurité par King va au-delà du simple symbolisme pour capturer la beauté de la ténacité humaine. Les personnages qui traversent les profondeurs de la terreur se retrouvent souvent illuminés par l'espoir, mettant en évidence une endurance humaine étonnante dans l'adversité. Cette « beauté de la ténacité humaine » fait référence à la force et à la résilience dont font preuve les personnages de King face à une peur et un désespoir accablants. De tels exemples nous rappellent que, même en présence du mal, la capacité à faire le bien perdure.

Par ailleurs, l'équilibre entre la lumière et l'obscurité dans les œuvres de King souligne la profondeur émotionnelle de ses histoires. La « représentation délicate de personnages aux prises avec des conflits internes et externes » fait référence à l'approche nuancée de King en matière de développement des personnages, qui explore les luttes intérieures et les défis extérieurs auxquels ses personnages sont confrontés. Cela révèle la nature multiforme de l'humanité. En explorant les ténèbres de la nature humaine, King incite son public à réfléchir à la beauté et à la fragilité de la vie, rendant ses histoires profondes et saisissantes.

En fin de compte, l'examen par King de l'âme humaine et de la présence de la lumière dans les ténèbres non seulement crée de la profondeur dans ses histoires, mais renforce également des thèmes universels et intemporels. Grâce à cette analyse, King brouille efficacement la frontière entre l'espoir et la peur, créant un héritage nuancé qui explore le cœur de la nature humaine. Ses histoires, avec leur nature profonde et saisissante, laissent un impact durable sur le public, le poussant à réfléchir sur la beauté et la fragilité de la vie.

Le principe de dualité : trouver l'équilibre entre l'horreur et l'espoir

Dans la littérature, l'œuvre de Stephen King est un parfait exemple de son entrelacement saisissant entre l'espoir et l'horreur, qui constitue la force vitale de ses histoires. L'horreur reste le genre principal de ses romans, mais le mélange des aspects sombres avec quelques touches de lumière crée quelque chose d'entièrement différent : une œuvre d'art magistrale. La dualité de King, qui tisse simultanément l'obscurité et la lumière à travers diverses histoires, est complexe mais précise, car elle reflète la vie d'une personne, en résumant l'essence de la peur bercée par le courage, le désespoir aux prises avec la résilience et le courage. Cette complexité et cette précision ajoutent de la profondeur et de la richesse aux récits de King, qui touchent le public en profondeur.

La dualité de l'humanité dans les récits de King est peut-être l'une de ses qualités les plus étonnantes. Sa capacité à démasquer le bien et le mal et à nous montrer comment ils se fondent en une seule et même entité «

moralement » déroutante est stupéfiante. La moralité est un concept qui a longtemps été oublié, à part celui des personnages des histoires. Lorsqu'ils sont mis à l'épreuve, les personnages ont la certitude d'être confrontés à des choix de vie aux multiples facettes qui ébranlent leur être. King prouve que la vie n'est pas aussi simple et qu'elle est pleine d'ambivalence imprévisible. L'empathie est générée lorsque King tient les lecteurs en leur expliquant ce qu'il faut faire et ne pas faire lorsque l'humanité aborde des idées controversées.

De plus, le principe de dualité intègre des éléments plus larges, notamment les personnages et les régions périphériques du monde fictif de King. Des villes isolées et glaciales du Maine aux banlieues inconscientes, les mondes se mélangent pour créer une expérience immersive sans effort qui traverse la frontière entre l'extraordinaire et l'ordinaire. À travers cette construction complexe du monde, King cultive un sentiment paradoxal d'horreur et d'espoir tout en évoquant des sentiments de terreur et des fragments apaisants de reconnaissance, renforçant ainsi leur impact sur l'esprit du lecteur.

Dans le cas de King, le principe de dualité rend cette réalité inébranlable dans sa fiction, comme un crochet narratif à suivre, ne libérant pas le lecteur de son emprise jusqu'à ce que le voyage en montagnes russes de la peur à une forme de rédemption se termine. Cette contradiction inhérente à l'écriture de King donne vie à la prose, laissant place à une tension à couper le souffle et à une lumière pleine d'espoir, pour un grand impact émotionnel. Cet équilibre est une représentation exacte des réalités de la vie, où la joie peut naître du chagrin, tout comme le courage peut surgir des profondeurs de la peur.

Si l'on considère le principe de dualité dans les œuvres de Stephen King, il est clair qu'il s'écarte de l'approche classique de l'horreur en incorporant un élément d'espoir. Le fait que l'horreur et l'espoir coexistent dans ses histoires reflète la lutte sans fin de la lumière et des ténèbres chez l'être humain, dépeignant ainsi la véritable essence de l'humanité.

Les luttes de l'homme ordinaire : des vies ordinaires, des décors extraordinaires

Chaque œuvre de Stephen King met en scène des personnages qui vivent dans des décors extraordinaires et qui sont au cœur de l'histoire. King dévoile son talent pour raconter l'histoire de la « lutte » en capturant « chaque personne » dans sa vie quotidienne, au travail et même dans ses rencontres les plus terrifiantes et surnaturelles. La plupart de ces personnes sont des anges du commun des mortels qui sont confrontés à des problèmes qui correspondent à des situations réelles. King examine la nature de l'être humain et les forces qui s'exercent sur lui à travers l'adversité et les défis. L'auteur mêle les faits simples de la vie quotidienne à des facteurs extraterrestres de phénomènes d'un autre monde à travers l'univers pour les faire basculer entre ces deux extrêmes. Le combat de chaque personnage est un voyage captivant qui met en lumière le potentiel inné de la personne et l'oblige à se poser des questions hypothétiques sur elle-même en matière de persévérance. En outre, l'objectif délibéré de King d'ancrer ses récits dans des situations tangibles et « quotidiennes » transforme les aspects surréalistes de manière bien plus perceptible, ce qui augmente l'empathie émotionnelle du public envers la situation.

Ses œuvres mettent en scène un shérif de petite ville qui affronte une force sinistre et des enfants qui luttent contre des monstres métamorphes, illustrant les expériences multiples de la peur, du doute et du courage à travers le regard des protagonistes de King. Il utilise la juxtaposition de représentations effrayantes de la vie et d'imaginations vivantes du surnaturel pour mettre en valeur l'ingéniosité des gens ordinaires qui sont confrontés à des événements horribles. Cela ajoute à la richesse du récit, invitant les lecteurs à réfléchir à leur capacité à faire face aux innombrables défis de la vie. À cet égard, la lutte de l'homme ordinaire dans les œuvres de King transcende les limites des simples mécanismes de l'intrigue ; elles explorent les profondeurs complexes de l'esprit humain.

Éléments du surnaturel : des forces invisibles qui façonnent le destin

Dans le contexte des œuvres de Stephen King, le surnaturel n'est pas seulement un élément de l'intrigue, mais une force fondamentale qui façonne la vie de ses personnages. Il intègre l'inconnu dans la réalité en équilibrant l'intelligence artificielle dans l'histoire avec les forces de la nature. Son exploration du surnaturel sert de microcosme aux énigmes et aux mystères de la vie, qu'il s'agisse des horreurs inexpliquées qui se cachent dans l'obscurité profonde des bois ou des extrêmes abrutissants qui dépassent l'entendement humain. Ces événements surnaturels ne sont pas de simples chocs ; ce sont des moments charnières qui captent l'attention et reflètent l'impact des pensées et des actions d'une personne. Le surnaturel ne définit pas seulement des frontières, mais crée des possibilités infinies et invite la réalité dans le royaume des merveilles. Dans les deux cas, ses livres invitent à des réflexions profondes et étonnantes sur les frontières sociales remplies de crainte. Le surnaturel nous rappelle les moments de réflexion qui ont conduit au succès des plus faibles, ce qui donne cette sensation inexplicable, mais fascinante, d'être aux prises avec des forces merveilleuses. Cette interrogation garantit que, quelle que soit la situation des personnages, les lecteurs ressentiront des émotions qu'ils n'ont jamais ressenties auparavant, espérant le bien et redoutant les mauvais moments qui ne manqueront pas de se produire. En outre, les éléments surnaturels permettent au lecteur de comprendre l'inexistence du contrôle humain et le déséquilibre qui se cache derrière des forces inexplicables.

Ils mêlent le surnaturel à la vie humaine quotidienne. En cela, King montre à quel point la vie humaine peut être fragile, démontre comment des forces indépendantes de leur volonté façonnent la vie des hommes et contribue à redéfinir le « surnaturel ». Il pousse l'imagination humaine à ses limites en créant des peurs sans pareilles, mais il invite également à une réflexion approfondie sur la façon dont le destin s'entremêle avec le connu et l'inconnu. En d'autres termes, le surnaturel dans les œuvres de Stephen King fait référence aux plus grandes créations de l'inconnu qui modifient tous les chemins possibles du héros et du méchant dans l'histoire. Tout en étant divertis par le déguisement de la réalité dans les œuvres de King et en démêlant tout ce qui définit le surnaturel, les lecteurs se retrouvent face à face avec les forces qui dictent l'existence tout en étant soumis à ces forces.

Affronter la réalité : les métaphores comme miroirs de la société

Dans les œuvres de Stephen King, les aspects surnaturels servent souvent de puissantes métaphores aux réalités et à la nature complexe de la société. Il invite son public à affronter les vérités malheureuses et les échos de la civilisation à travers le savoir-faire complexe de ses métaphores. Ces histoires deviennent le reflet des défis humains, compte tenu de la violence infligée et des profondes cicatrices laissées. Dans Ça, le monstre vicieux qui réside dans la ville de Derry symbolise les ravages causés par le traumatisme et la violence refoulés. Cela illustre clairement comment le passé d'une personne peut jeter une ombre sur le présent et rappelle comment les horreurs passées asservissent les sociétés. Cela montre également comment les sociétés doivent apprendre à gérer les effets insidieux des atrocités historiques dans le présent.

De même, l'hôtel Overlook, hanté, qui apparaît dans Shining, capture l'impact persistant du colonialisme sur son passé hanté. Les fantômes qui hantent l'hôtel représentent les maux mortels fondamentaux de la société, qui se sont lentement infiltrés dans son cadre dans une vaine tentative de perpétuer l'assujettissement. La maîtrise du surnaturel par King dans le contexte des questions sociales oblige les lecteurs à affronter des vérités décourageantes et à analyser les systèmes sociétaux qui nourrissent de telles monstruosités.

La manifestation du mal par King sert également d'examen troublant de l'humanité tout en présentant un avertissement. La révélation des forces maléfiques s'accompagne de celle des vices les plus primitifs de l'homme, tels que l'égoïsme, l'opportunisme amoral et la concurrence acharnée, mettant ainsi en évidence le bras de fer émotionnel au sein d'une personne. En plaçant ces confrontations dans le domaine du fantastique, King invite les gens à réfléchir sur la mesure dans laquelle une telle perversion se trouve dans l'humanité et les oblige à réfléchir sur les aspects les moins admirables de l'homme.

Essentiellement, les métaphores cachées dans les œuvres surnaturelles de King offrent des histoires formidables et effrayantes tout en invitant à des réflexions profondes sur la société et le thème global de l'humanité. L'habileté de King à raconter des histoires ne se contente pas de divertir ; elle transforme ses lecteurs en plongeant dans un monde fantastique où le banal devient extraordinaire et où le monde est imprégné d'une nouvelle compréhension de ce que signifie être humain. Ses récits ont le pouvoir de remettre en question les idées préconçues et de provoquer une profonde introspection, offrant aux lecteurs une nouvelle perspective sur la condition humaine et les forces qui façonnent nos vies.

Les arcs de rédemption : des personnages « maléfiques » sur le chemin de la rédemption

La rédemption, le processus par lequel on expie ses actes passés et on cherche le pardon, est sans doute l'un des thèmes les plus importants des romans de Stephen King. Parce que chaque histoire implique quelqu'un aux prises avec des pensées profondément sombres, il est intéressant de noter comment il a inclus des arcs de rédemption. Ces arcs sont des structures narratives qui dépeignent le parcours d'un personnage d'un état de corruption morale à un état d'intégrité morale. Les histoires de King, plus que tout, invitent les lecteurs à réfléchir au paradoxe de l'humanité et aux formes diaboliques qu'elle prend dans la soif persistante de l'individu de se pardonner à lui-même. C'est là tout l'attrait des récits de King : il brise les frontières préétablies et offre un espace de réflexion en transformant les personnes les plus antipathiques en soi-disant « héros ». Cette analyse explore en profondeur le thème de la rédemption dans les récits de King et sous de multiples angles, pour montrer qu'il utilise sa fiction pour appeler à un changement de doctrine dans une perspective globale. Sa fusion entre conflit et salut invite les lecteurs à se confronter à des récits non pavés d'une éthique préméditée. Les figures omniprésentes de la rédemption dans les récits de King pourraient être n'importe quoi, d'une personne brisée qui veut la paix à un méchant qui subit des changements importants. Les réflexions de King sur les conflits intérieurs donnent des détails authentiques pour faire ressortir des personnages qui se cachent derrière un chaos qu'ils se sont eux-mêmes infligé.

La résonance thématique des arcs de rédemption dépasse le cadre du genre fictionnel et touche des lecteurs d'horizons différents. Au fil de notre voyage à travers les protagonistes de King, nous rencontrons la lutte entre la complexité morale et la possibilité d'une rédemption ultime. Ces récits explorent en profondeur l'almanach de la vie humaine. C'est pourquoi King nous permet de nous interroger sur le changement et la restauration, même dans les situations les plus désespérées. Ces récits de rédemption illustrent le génie de King dans l'élaboration de récits profonds, peu orthodoxes et autoréflexifs.

La bataille intérieure : l'intégrité personnelle dans les moments difficiles

Dans l'univers narratif passionnant construit par King, la bataille intérieure est le conflit perpétuel entre l'intégrité personnelle et les forces extérieures qui dominent l'environnement. Alors que les personnages se frayent un chemin à travers les différents mondes créés par King, leurs principes moraux sont remis en question, le plus souvent lors d'événements critiques qui mettent en évidence les immenses forces ou vulnérabilités dont les humains peuvent faire preuve. Dans cette littérature, il y a des études approfondies basées sur les décisions des protagonistes, les résultats et les luttes éthiques découlant des conflits qui les animent. Chaque conflit interne courageux est lié à la possibilité de perdre l'intégrité enfouie invoquée par les mauvais traitements, invitant divers lecteurs blessés à réfléchir à des questions réprimées forgées par une adversité implacable. Au cœur de cette exploration se trouve peut-être l'aspect le plus douloureux : des personnes imparfaites mais fortes qui sont confrontées à des dilemmes éthiques et doivent prendre des décisions difficiles - quelque chose d'intemporel. Qu'il s'agisse de confrontations avec des créatures fantomatiques néfastes ou de réseaux complexes de relations humaines profondes, les personnes qui luttent contre des forces intemporelles qui les habitent sont également caractéristiques de l'œuvre de King. La friction des forces au sein de l'âme sert de réflexion intemporelle sur l'humanité, invitant à revenir à la question intemporelle : « Pourquoi les gens ? ».

Dans la profondeur des ténèbres qui entourent souvent le récit de King, le seul point d'intégrité personnelle qui subsiste est en soi une source d'inspiration. À travers ses récits aux multiples facettes, King cherche à interpeller personnellement le public et à l'aider à comprendre l'essence de la lutte humaine. Cette lutte, reflet d'un combat humain contre les défis que nous rencontrons tout au long de la vie, va au-delà de la fiction et remet en question l'existence même de l'humanité. La façon dont cette bataille est présentée capture l'esprit d'un individu, exposant l'intimité des sentiments, ce qui conduit à une réflexion sérieuse sur ce que signifie être humain en premier lieu. C'est là que King prouve qu'il est un maître conteur d'histoires, car il captive sans effort des lecteurs de tous horizons, intégrant des thèmes puissants dans ses intrigues remplies de luttes. Le récit de King révèle « la bataille intérieure ». Il sert de rappel profond de la force de l'intégrité personnelle, qui révèle son éclat comme un phare guidant à travers le chaos de la vie humaine. En plus de servir de thème puissant entrelacé dans le drame de l'héritage littéraire de King, cette exploration poignante démontre la profonde intégrité de notre lutte contre les défis de la vie quotidienne.

Conclusion : les ombres, la lumière et l'influence durable

En conclusion, l'analyse des ombres et de la lumière révèle l'impact durable de King sur les lecteurs et la fiction en général. Comprendre le combat d'un individu pour défendre ses valeurs dans les moments difficiles met en lumière les capacités narratives de King et ses thèmes bien au-delà de l'horreur.

En examinant les thèmes de la peur, de l'espoir et de l'expérience humaine présents dans les œuvres de King, il est évident que son héritage durable ne réside pas seulement dans la peur, mais aussi dans la façon dont il façonne notre réalité. La dualité présente dans l'utilisation de l'ombre et de la lumière par King crée une tension vive qui reflète la nature humaine et oblige les lecteurs à affronter leurs peurs.

De plus, l'impact majestueux de l'œuvre de King dépasse largement le cadre de la littérature. Ses récits, ses personnages captivants et ses thèmes sont intégrés à la culture moderne et ont tendance à être adaptés sous différents formats, notamment des films à succès, des émissions de télévision, des jeux vidéo et des études universitaires. L'impact de King souligne sa valeur en tant que figure de renom, une idole dont le travail et l'influence se font particulièrement sentir à travers la créativité des générations qui ont suivi la sienne.

Son héritage réside également dans sa capacité à susciter des éloges profonds sur les tendances et les conflits moraux, en se concentrant sur le déplacement de l'attention vers une lutte omniprésente entre le bien et le mal, imprégnée dans la condition humaine. King dépeint un monde rempli de contrastes saisissants où le bien affronte le mal ; il invite les lecteurs à réfléchir aux limites éthiques qui guident tout être humain et les met au défi de réfléchir profondément à la nature du dualisme en chacun de nous.

En contemplant la lumière et les ténèbres capturées dans les œuvres de King, nous ne pouvons ignorer les effets profonds qui vont au-delà de la curiosité : la littérature de King dicte la condition humaine. Les œuvres de King occupent une place éternelle dans l'esprit et le cœur de ses lecteurs, nous rappelant le pouvoir de la littérature et comment elle peut transformer, provoquer et captiver les publics à travers les âges.

3

De l'horreur à l'humanité

Un examen des œuvres influentes de King

L'évolution de King : comprendre l'équilibre entre horreur et humanité

Considéré comme le « roi de l'horreur », Stephen King a transformé le genre, passant de purs récits de terreur à des histoires d'horreur ancrées dans des expériences humaines. Il a ainsi élargi le champ d'exploration au-delà d'un cadre restreint. Le parcours de King reflète un changement d'orientation progressif, mais profond, vers un réseau complexe d'émotions, de peurs et de résilience humaines, marquant son évolution en tant que conteur. Ce changement lui a permis de dépasser les domaines de l'horreur pour s'aventurer dans les eaux riches de l'existence humaine. Il a su capturer les peurs et les dilemmes sociétaux et existentiels. Non seulement King a captivé son public, mais sa capacité à mêler horreur et humanité a permis à ses œuvres d'accéder à une importance littéraire intemporelle. En analysant sa vie, nous voyons l'évolution de King en tant que maître de la narration, maître de l'union des éléments viscéraux de l'horreur et de la compréhension profonde de l'humanité. Dans les prochains chapitres, nous poursuivrons cette analyse en mettant l'accent sur cette phase de transition de sa vie qui a fait de King une star de la littérature.

Une nouvelle ère de la littérature : le facteur humain dans les romans de King

Les œuvres de Stephen King sont initialement associées à l'horreur, au suspense et au surnaturel. Ce qui distingue King du reste des auteurs de ce genre, c'est l'appréciation inexorable du caractère humain. Dans tous ses livres phares, dont Shining, Ça et Misery, King entremêle le genre de l'horreur avec une représentation puissante des êtres humains, de leurs émotions, de leur psyché et de leur conduite. Cette prouesse consistant à mêler l'horreur au banal a transformé le genre de l'horreur, qui ne se concentrait auparavant que sur les frayeurs et les chocs. L'horreur de King définit la détresse interne et externe, créant une expérience à plusieurs niveaux, à la fois accessible et effrayante. King utilise Jack Torrance, Annie Wilkes et le Club des Ratés pour mettre en évidence le lien profond que les lecteurs de ses romans ressentent à travers les vulnérabilités et les imperfections, la résilience et la force de l'esprit humain. Ce qui rend les romans de King intemporels, au-delà de toute classification par période ou genre, c'est l'utilisation intelligente de ce que l'humanité a inculqué à ses êtres.

À travers le prisme de la terreur, les romans de King examinent de manière complexe la dualité de la nature humaine tout en peignant à grands traits la peur et la survie. Ses lecteurs ne se contentent pas d'observer l'horreur

; ils contemplent l'ampleur du courage dont l'humanité fait preuve face à la calamité. Par conséquent, il est juste de dire que les romans de King intègrent une grande profondeur psychologique qui va au-delà des sursauts, transformant ce qui est défini comme le genre de l'horreur. Il est passé maître dans l'art de dépeindre l'étrange à côté de l'émotion, et son œuvre le place indéniablement sur le devant de la scène en tant que maître conteur.

Les phénomènes paranormaux dans la littérature : l'utilisation de la peur par Stephen King

Les romans de Stephen King utilisent la peur comme une métaphore qui s'étend au surnaturel en explorant les émotions humaines complexes et les problèmes de société. Dans les récits de King, l'horreur, par exemple, ne se limite pas à un simple divertissement, mais provoque aussi de profonds sentiments chez le lecteur. Le traumatisme, la perte, l'isolement et la fragilité de la vie, éléments d'horreur symbolisés par la mode, sont tous ancrés dans l'expérience humaine. Dans le cas de King, le surnaturel est non seulement une source du paranormal, mais aussi un moyen de réfléchir à l'incertitude de la vie. La maîtrise exquise avec laquelle King façonne ses récits met en évidence la facilité avec laquelle il manœuvre dans la vie de ses personnages effrayants. La peur a toujours été considérée comme un résultat. Pourtant, l'utilisation de la peur dans l'œuvre de King se manifeste comme une spirale de conscience, capturant la réalité de l'émotion au-delà de la façade à laquelle nous sommes confrontés quotidiennement, accompagnée d'un danger de soulagement. Les œuvres littéraires de King s'articulent autour de la confrontation à ces aspects, de leur reconnaissance et de la création d'une empathie envers les raisons de leur manifestation par la peur, l'empathie et la souffrance collective.

Les œuvres de King encouragent l'analyse critique des questions plus profondes qui se cachent derrière le masque de la peur, de la maison hantée, qui peut représenter un traumatisme, au méchant monstrueux représentant des formes de préjugés. S'engager dans de telles subtilités permet de penser et d'affronter les peurs à un niveau humain fondamental et les œuvres de King mêlent le surnaturel à des préoccupations existentielles profondément ancrées. Cette approche complexe de l'utilisation de la peur comme symbole distingue Stephen King des auteurs traditionnels de romans d'horreur et le positionne comme un observateur profond de la vie humaine. En se confrontant aux implications de la peur à travers les histoires de Stephen King, le lecteur est entraîné dans une escapade qui s'étend bien au-delà du domaine de la fantaisie. Cette expérience transforme profondément sa compréhension de l'essence de la peur, personnelle ou sociétale, mentale ou physique, individuelle ou collective. Elle favorise également un sentiment d'illumination et de croissance.

Au milieu du chaos, la compassion se dresse : des personnages qui surmontent la peur

Le développement des personnages est le moteur de l'histoire de Stephen King. Chaque personnage a un but qui dépasse son rôle de figure de l'horreur ou de représentation de la peur dans l'histoire. Ils font preuve de la force et de la gentillesse qui les caractérisent au-delà du chaos qui entoure leur monde. Les personnages de King sont soigneusement façonnés pour représenter les problèmes, les peurs, les aspirations et même les victoires humaines auxquelles le public peut s'identifier profondément. Vaincus et luttant contre les difficultés de leur for intérieur, ces personnages ont une telle force qu'ils sont multidimensionnels. De nombreux habitants de la ville de Derry, dans le Maine, aux nombreuses personnes uniques aux compétences différentes dans la dystopie post-apocalyptique, King a des personnages pour chaque émotion qu'un humain peut ressentir.

L'aspect le plus frappant des personnages de King est peut-être leur capacité à conserver leur humanité au milieu d'horreurs cruelles. Les enfants de King sont confrontés aux terreurs de la croissance tandis que les adultes font face aux horreurs de leur vie. Les personnages de King sont à la fois gentils, courageux et pleins d'amour même lorsque les chances sont fortement contre eux. En développant simultanément des personnages à la fois fragiles et forts, King met en évidence le triomphe de l'homme sur des circonstances terribles. À travers ces expériences, les lecteurs sont amenés à affronter leurs peurs et à puiser dans la résilience de l'humanité.

De plus, les personnages de King ne suivent pas les stéréotypes conventionnels, mais vont au-delà des moules établis. Ils sont accessibles et multidimensionnels, et doivent faire face à des défis personnels et sociétaux qui n'ont rien de moins effrayants que les créatures surnaturelles auxquelles ils sont confrontés. Ainsi, les lecteurs s'identifient à ces personnages à plusieurs niveaux et retrouvent des morceaux d'eux-mêmes dans la complexité de ces personnages. Grâce à l'imagination magistrale de King, les lecteurs voyagent aux côtés de protagonistes qui relèvent les défis de la vie parce qu'ils sont tissés dans le tissu de l'existence humaine.

Même au milieu de l'horreur et du chaos, les personnages de King inspirent aux lecteurs l'empathie, la compassion et la solidarité. Ces personnages trouvent un profond écho chez les lecteurs. King tente de mettre en valeur l'esprit d'humanité et de renforcer le fait que la compassion et l'acceptation sont possibles, même dans les circonstances les plus désastreuses. Ces personnages transmettent des messages percutants sur l'espoir, l'empathie et la capacité des gens à vaincre la peur et les difficultés, et encouragent les lecteurs à affronter leurs défis avec courage et compassion.

Substance narrative : des histoires ancrées dans des problèmes du monde réel

Les histoires d'horreur de Stephen King captent l'attention non seulement pour la peur qu'elles provoquent, mais aussi pour les préoccupations uniques de la vie réelle qu'elles abordent, touchant des millions de personnes. Les défis sociétaux et personnels de l'auteur sont amplifiés dans ses récits, permettant ainsi aux lecteurs de faire une introspection profonde sur des expériences de vie complexes. La complexité de ses récits explore souvent les aspects les plus intimes de l'humanité et dépeint des personnages confrontés à une multitude de problèmes contemporains. Allant de la dépendance, du traumatisme et de l'addiction aux préjugés sociétaux, les problèmes auxquels sont confrontées les personnes dans les histoires de King sont habilement traités à un niveau personnel. Il dépasse les limites de l'horreur en abordant le fait que la réalité n'est pas simpliste, en imprégnant habilement ses œuvres d'un poids émotionnel et d'une profondeur profonds. L'intégration de problèmes du monde réel donne à King le pouvoir d'aider les lecteurs à appréhender des réalités inconfortables et à réfléchir à la race humaine avec empathie et compréhension. Les récits de King sont une illustration des luttes et des triomphes, chargés de significations intelligemment superposées qui vont bien au-delà de la fiction d'horreur. En explorant les riches tissus de la narration de King, les lecteurs s'engagent dans un voyage si profond qu'il ne peut être imaginé, tant il est qualifié de divertissement.

En abordant magistralement les problèmes du monde réel, King saisit l'expérience humaine tout en offrant un moyen d'auto-réflexion et de réflexion à travers ses œuvres. En explorant les profondeurs de l'expérience humaine, les œuvres de King ouvrent le dialogue sur la maladie mentale, la toxicomanie, les traumatismes et bien d'autres questions pertinentes. Il utilise ces questions pour montrer à quel point la littérature peut profondément affecter la compréhension et l'empathie entre les différentes cultures et les différents individus. C'est pourquoi les œuvres de Stephen King sont des rappels poignants et provocateurs de la puissance de la narration pour faire face aux préoccupations sociétales urgentes.

Le spectre émotionnel : créer des protagonistes auxquels le public peut s'identifier

L'importance du protagoniste émotionnellement engageant témoigne des capacités de Stephen King à raconter des histoires. Dans ses œuvres bien connues, King dépeint avec soin des personnages multidimensionnels et à la fois accessibles, ce qui permet au public de s'identifier à eux ou de les comprendre et de les soutenir à un niveau profondément personnel. Il est clair que King construit ses protagonistes en se basant sur des émotions humaines complexes, allant de la peur et du désespoir à l'espoir et à la résilience.

King dépeint avec perspicacité le développement magistral des personnages qu'il utilise en nous donnant des protagonistes auxquels nous pouvons nous identifier, aux prises avec des conflits intérieurs, la découverte de soi, la réflexion et des démons personnels. Chaque protagoniste maîtrise une partie du spectre émotionnel, exposant différentes complexités de l'esprit humain et enseignant de précieuses leçons sur la lutte, la persévérance et le triomphe. Leur profondeur émotionnelle résonne chez les lecteurs, évoquant une profonde compréhension de leurs propres émotions.

De plus, la profondeur et l'authenticité des personnages de King permettent aux lecteurs de s'identifier à eux à un niveau réel alors qu'ils traversent les mondes chaotiques que l'auteur construit. Ces protagonistes permettent aux lecteurs de confronter leurs peurs et leurs aspirations, qu'ils aient affaire aux batailles de King axées sur les constituants ou aux défis de King axés sur les personnages. Cet engagement transcende les pages des livres, laissant un impact profond sur la littérature. La profondeur émotionnelle des protagonistes de King est presque toujours liée à leur caractère accessible, car ils sont confrontés à des problèmes qui touchent tout le monde, indépendamment de la culture, de la religion ou même de l'époque. En dépeignant des protagonistes qui luttent contre des difficultés et des défis omniprésents, King offre un reflet saisissant de l'humanité qui touchera toujours profondément les lecteurs.

King a essentiellement prouvé son génie en créant des protagonistes auxquels le lecteur peut facilement s'identifier, car il sait comment toucher les émotions et les sentiments de ses lecteurs. Ses personnages donnent vie à la capacité de réfléchir et de ressentir pour les autres, et à travers eux, les lecteurs vivent une expérience émotionnelle fictive, mais réelle, qui reste gravée à jamais dans leur esprit et leur âme.

Conflit et catharsis : le voyage psychologique

En plongeant dans l'œuvre de King, on découvre un kaléidoscope d'émotions. Les personnages en conflit de King subissent une catharsis : sa représentation du conflit par une analyse approfondie de leur psyché est authentique et brute. Les romans d'horreur psychologique de King mêlent une réflexion profonde sur l'état de l'humanité à une compréhension profonde de la condition humaine. En effet, chaque récit se déroule avec une révélation progressive de l'esprit des personnages : leurs peurs, leurs désirs et leur tourmente. King propose des histoires transcendantes et une compréhension intime des subtilités multiples de l'esprit. Les conflits de King vont de la lutte contre la dépendance, les traumatismes et l'angoisse existentielle à la mise en lumière de réflexions puissantes sur des expériences du monde réel auxquelles le lecteur peut s'identifier. Tout cela est lié à la même lutte qui résonne à travers les récits, un reflet des luttes sociétales et des défis individuels. Le dénouement des conflits, qui procure une catharsis à ses personnages, est tout aussi captivant et profond. La résolution ou la rédemption cèdent la place à la découverte de soi, tandis que Ralph se transforme lorsqu'il est guidé à travers la catharsis induite par la résolution pour affronter ses démons intérieurs.

Vivre une transformation intérieure permet de développer une plus grande empathie et un lien plus fort avec les personnages des œuvres de King. King offre le réconfort et l'optimisme que la guérison et la croissance personnelle sont toujours possibles, même dans le chaos de la vie. L'exploration par King des parcours psychologiques va au-delà de la création de genres, car il parvient à être à la fois émouvant et intellectuellement stimulant. La réalité qu'il dépeint, avec les luttes intérieures et la catharsis qui en résulte, révèle sa compréhension et sa grandeur dans l'essence de la résilience et de la vulnérabilité humaines. Stephen King n'a pas seulement l'intention de divertir son public. Ses récits évoquent des analyses et des discussions profondes sur la condition humaine. Dans leur ensemble, les conflits et la catharsis dans les œuvres de Stephen King reflètent les émotions du lecteur tout en l'encourageant à explorer la complexité de l'humanité.

L'obscurité illuminée : espoir et rédemption dans certaines œuvres

Stephen King insuffle l'espoir et la rédemption dans les recoins sombres de ses histoires, démontrant ainsi ses prouesses de conteur. Il entremêle magistralement compassion, transformation personnelle et résilience inébranlable dans des œuvres choisies telles que Les Évadés et La Ligne verte. Les personnages de ces récits sont en quête de confrontation avec leurs luttes intérieures et le mal, et possèdent en quelque sorte l'espoir et le potentiel de rédemption. Si les décors des prisons restent sombres et sinistres, ils servent de toile de fond austère où l'esprit humain brille de mille feux, illustrant le pouvoir de l'espoir dans des lieux inimaginables.

La représentation des personnages dans ces œuvres rappelle de manière sombre mais puissante que, dans les situations les plus désespérées, un individu peut grandir et guérir de blessures émotionnelles profondes. King ne limite pas son exploration de la rédemption à certaines frontières ou à certains contextes ; même dans ses histoires surnaturelles, il met clairement l'accent sur la possibilité de la rédemption et la capacité à affronter le passé pour trouver la paix en soi.

Dans « Le sac d'os » et « Revival », King explore la nature intrinsèquement complexe de l'humanité, en particulier la façon dont on peut être racheté face à la terreur surnaturelle. De plus, la maîtrise de King dans la représentation de la rédemption va au-delà du sort de l'individu et rejoint souvent des préoccupations sociétales et éthiques. Dans des récits tels que Dolores Claiborne, il met en lumière la rédemption de soi qui vient de la confrontation avec sa vérité pour trouver une issue et dépasser le poids de la culpabilité et du fardeau. Ces explorations thématiques soulignent la perspicacité remarquable de King concernant le désir insatiable d'être racheté parallèlement à la force durable de l'esprit humain. En dépeignant l'espoir et la rédemption à travers ses œuvres, Stephen King encourage son public à affronter ses combats et à réaliser que le changement, même pour le meilleur, est toujours possible, quelle que soit la dureté de la réalité de la vie.

Au-delà de la peur : moralité et commentaire social

Les œuvres de Stephen King échappent à la pure horreur en examinant la moralité et les questions sociales. Ses histoires servent de miroirs, révélant les côtés sombres du comportement humain, des systèmes sociaux et des questions morales. King répond aux problèmes qui affectent ses lecteurs à travers ses histoires captivantes.

L'œuvre de King se distingue surtout par les composantes morales entrelacées et les thèmes horrifiques qu'elle intègre. Ses personnages sont souvent confrontés à des choix moraux qui bouleversent leur vie et les obligent, ainsi que le public, à changer leurs idées préconçues sur le bien et le mal. L'exploration des dilemmes éthiques et des subtilités humaines pousse les lecteurs à examiner leurs jugements moraux.

En outre, les romans de King sont empreints d'une critique sociale pertinente, car ils traitent de questions modernes. Il aborde avec audace les problèmes sociaux, comme la critique de l'autorité dans Shining, et les préjugés et la discrimination sociale dans The Outsider. Il aborde avec brio des questions que les gens ignorent souvent en mêlant l'horreur surnaturelle à la vie quotidienne. En agissant ainsi, il encourage les lecteurs à réfléchir à des problèmes réels qu'ils ignoreraient autrement.

Les histoires de King montrent clairement que l'horreur ne se limite pas au grotesque, mais sert plutôt à raconter des histoires édifiantes inspirées de la vie réelle. L'horreur ne se limite pas à l'imaginaire ; elle résonne profondément avec les réalités pratiques. King utilise ses histoires pour faire réfléchir les gens, remettre en question la société et exiger de la sympathie et de la compassion lorsque tout est terrifiant et dérangeant.

Il dépasse les frontières traditionnelles de la fiction de genre en explorant plus en profondeur la moralité et les questions sociales. Ses œuvres, qui regorgent de monstres, d'Halloween et de philosophie sur ce thème, ainsi que des idées pénétrantes, le présentent comme l'un des plus grands écrivains de tous les temps. En effet, avec King, les lecteurs sont bien plus que de simples consommateurs ; ils vivent une expérience riche.

Conclusion : l'impact considérable de Stephen King sur la littérature

À travers ses romans, ses nouvelles et ses ouvrages non romanesques, il a profondément marqué la littérature avec un attrait transgenre. En dépeignant les pulsions les plus sombres de l'humanité et les problèmes sociaux, il a réussi à graver les méthodes de l'horreur dans le cœur des gens grâce à la fiction moderne. King va au-delà du domaine du divertissement ; ses histoires reflètent les complexités de la vie mêlées de peur, d'endurance et de subtilités morales à travers une lentille légèrement déformée. L'œuvre de King représente une terreur inimaginable tout en suscitant l'empathie pour des personnages aux multiples facettes. Un mélange de narration envoûtante et de critique sociale pénétrante fait de King un grand auteur. En redéfinissant le discours et l'espace laissé par les conteurs concernant la conscience collective de la société, King se concentre sur des questions sociales crues. Sa maîtrise de la création d'un monde où coexistent gentillesse et terreur lui confère le titre d'émerveillement qui ne succombe pas aux limites d'un genre.

Il a suscité des dialogues sur l'essence de la peur, le déclin de la moralité et la victoire bestiale de la ténacité humaine. En conséquence, ses œuvres ont captivé les lecteurs à travers les âges et témoignent de l'impact inestimable de la littérature. L'influence de King se fait sentir dans le monde entier de la littérature. Le style narratif unique de King a inspiré d'innombrables écrivains à se plonger dans les réalités complexes de la vie humaine. Il est vrai qu'à travers l'œuvre considérable qu'il a produite et en se consacrant sans relâche à son art, King a élevé le niveau d'excellence, affirmant que c'est « en lisant régulièrement King que les défenseurs de la prose doivent l'utiliser », tout en guidant les destinées de tant d'aspirants qui écrivent maintenant des trames d'histoires révélant les incitations de King à contempler les profondeurs de l'humanité intérieure. En bref, l'influence sans limite que Stephen King exerce sur la littérature est ce qui lui permet d'inscrire le meilleur héritage pour un monde futur construit sur les piliers de la narration pour les générations à venir, tout en expliquant pourquoi il est considéré comme l'un des plus grands rois de la littérature et permet aux conteurs à venir de se frayer un chemin en utilisant les conseils qu'il fournit.

4

Les premières années

Surmonter les difficultés pour façonner un écrivain

Des origines modestes : grandir à Portland et à Durham

Les quartiers de Portland et de Durham où vit King servent de toile de fond à sa vie. Portland et Durham, dans le Maine, sont intimement liées à l'enfance de King. Elles sont ancrées dans le kaléidoscope d'expériences qui alimentent son imagination. Le milieu socio-économique a eu un impact considérable sur King. Pendant ses années de formation, le monde qui l'entourait était en proie à une inflation galopante. Cela a permis à King de mieux comprendre le monde et est devenu la pierre angulaire de ses œuvres littéraires. Les rues de Portland regorgent d'histoires de résilience, de difficultés, de diversité et de luttes. Ces histoires ont éveillé l'imagination créative de King et ont ensuite inspiré ses écrits sous la forme de personnages multidimensionnels. Observateur attentif et empathique, King s'est fait connaître pour ses talents inégalés de conteur et sa compréhension unique de la condition humaine, qu'il s'efforçait de retranscrire dans ses récits. Les contraintes financières ne lui laissaient pas beaucoup de liberté, mais il trouvait du réconfort dans les bibliothèques de Portland et de Durham, qui lui ont ouvert un tout nouveau monde littéraire.

Il a trouvé du réconfort et de la motivation en lisant des histoires, ce qui a éveillé son intérêt pour la narration. Ces univers littéraires fascinants ont jeté les bases de son succès futur en tant qu'auteur. En se déplaçant dans les quartiers uniques de Portland et de Durham, Stephen King a développé un fort intérêt pour la dynamique communautaire et la relation entre le lieu et l'identité. Ses expériences d'enfance dans ces quartiers lui ont donné un aperçu précieux des luttes et de la résilience humaines, ainsi qu'une compréhension profonde des décors captivants et des caractérisations profondes qui ont défini ses œuvres.

Une imagination naissante : les influences des lectures de son enfance

Les nombreuses lectures effectuées à Portland ou à Durham ont marqué la vie de Stephen King. Enfant, il a participé à diverses compétitions littéraires tout en devenant lui-même un écrivain élémentaire. Il a résisté à la modération de différentes formes de genre, que ce soit la littérature ou même des récits captivants et passionnants, ce qui a grandement contribué à aiguiser sa créativité. King a été captivé par les œuvres évoquées par des écrivains étonnants tels que H.P. Lovecraft, Ray Bradbury, Shirley Jackson et Richard Matheson. Les romans à glacer le sang de Richard Matheson, composés d'intrigues palpitantes et de personnages étonnants rendus vivants par un art de classe mondiale, ont donné à King l'envie d'écrire ses romans. King comprenait l'utilisation de divers scénarios et styles de mise en œuvre, et la compréhension des intrigues et des images a profondément façonné sa capacité à développer une stratégie pour captiver les lecteurs. Il comprenait que le choix des images dans un scénario allait de pair avec le choix des mots pour provoquer des expressions dans la littérature et même faire naître des réflexions chez les lecteurs.

Les histoires captivantes ont fait apprécier à Stephen King l'art de raconter des histoires dès son plus jeune âge. Il a pu puiser dans diverses sources qui lui ont raconté des histoires, ce qui l'a aidé à comprendre et à apprécier la complexité de la narration. Ces premières rencontres avec la littérature lui ont permis de construire des cadres pour ses histoires, garantissant qu'il admirerait toujours l'impact que les mots peuvent avoir.

Le mot écrit : premières expériences d'écriture

Pour Stephen King, la carrière d'écrivain a commencé dès l'enfance. Son imagination débordante et son amour de la narration ont été ses moteurs en tant qu'écrivain. Il a commencé à lire très tôt et a été inspiré par des écrivains tels que H.P. Lovecraft, Ray Bradbury et Richard Matheson. Ces œuvres ont fortement encouragé la passion de King pour le mystérieux et le macabre. King a acquis une nouvelle perspective au cours des aventures extraordinaires qui ont nourri sa passion pour l'horreur et le suspense. Les mots, ses mondes personnalisés et ses émotions ont alimenté l'histoire de sa vie. Avec des intrigues fortes et des récits richement tissés, King était fasciné par la force suprême du monde magique de la littérature. Il rêvait de créer son propre monde et, avec le pouls de l'excitation dans chaque parcelle de lui-même, il était prêt à franchir le pas.

Ces premières tentatives, souvent bâclées dans un élan de jeunesse, ont été les premières pierres de son édifice pour devenir un maître conteur. Il a commencé à perfectionner son art en apprenant les rythmes et les cadences de différentes langues et en expérimentant le ton et l'imagerie. Chaque pièce lui servait de laboratoire pour ses idées, lui enseignant des leçons inestimables qui allaient façonner ses futurs projets. Son parcours fut tout sauf facile. Les difficultés liées à l'emploi, aggravées par des problèmes personnels, des difficultés financières et les malheurs quotidiens de la jeunesse, vinrent bombarder sans relâche sa prison créative. Malgré ces obstacles, King est resté inébranlable dans sa quête de créativité, éclairant les coins sombres de ses doutes avec l'assurance que sa passion pour l'écriture était inébranlable. On peut dire que ces défis incessants ont servi de base à son génie littéraire, traçant les grandes lignes de la carrière qui l'amènerait finalement à dominer le monde littéraire.

Les épreuves de la jeunesse : défis personnels et difficultés économiques

Au cours de ses premières années, les combats de King, associés à de violentes difficultés économiques, ont rendu difficile son objectif de devenir écrivain. Sur les plans financier, émotionnel et psychologique, c'était un fardeau. Il a grandi dans une famille ouvrière à Portland et Durham, dans le Maine, et a donc pu ressentir les douleurs liées au manque d'argent. Comme son père était séparé de sa famille, celle-ci connaissait de graves difficultés financières, et sa mère devait travailler pour subvenir seule aux besoins de King et de son jeune frère. En grandissant, King a développé une profonde compréhension des obstacles socio-économiques auxquels il était confronté, et ces expériences ont constitué une immense source d'influence pour qu'il devienne écrivain. Elles lui ont appris à écrire dans un but précis. King a appris à créer des personnages réalistes, qui reflétaient les difficultés, les douleurs et les défis intrinsèques que les individus doivent surmonter tout au long de leur vie.

Les épreuves que King a traversées pendant son adolescence ne se limitaient pas à des problèmes financiers. Les complications de santé ont également eu un impact considérable sur lui. À l'âge de 11 ans, il a été traumatisé en voyant l'un de ses amis se faire écraser par un train, ce qui a eu un impact psychologique énorme sur lui. Ce traumatisme a profondément affecté sa santé mentale et a fait naître une conscience émergente de la mort, qui a alimenté ses œuvres littéraires.

De plus, les pressions intenses liées à la tentative d'explorer son identité pendant des périodes difficiles ont ajouté de la profondeur aux premières années de King. Tout au long de cette période de bouleversements, la littérature est devenue un moyen d'évasion et un outil puissant qui lui a permis de s'exprimer. Malgré les nombreux défis qu'il a dû surmonter pendant ses années de formation, la force de son caractère lui a permis de les surmonter et a façonné sa façon de penser et d'écrire. Les enseignants ont remarqué la détermination et la créativité de King tout au long de ses études secondaires, qu'il a démontrées en écrivant pour le journal de l'école et en inventant des histoires. Cela a marqué le début de son parcours pour surmonter les circonstances grâce à une passion déterminée pour l'écriture. En fin de compte, les défis de sa jeunesse et les difficultés auxquelles King a été confronté ont servi de base solide à sa créativité et ont fourni la compassion qui est évidente dans les histoires qu'il raconte.

Les années universitaires : éducation et émergence de sa voix à l'université du Maine

Ses études à l'université du Maine ont été l'une des étapes les plus importantes de la carrière de King, car elles ont encore renforcé ses compétences en écriture. En se spécialisant en anglais, il a pu accéder aux langues, à la littérature et à la narration. Le cadre universitaire lui a offert de nombreuses occasions de mettre son talent à profit. Grâce à ses contacts avec de nombreux écrivains et intellectuels, il était voué à devenir un écrivain sophistiqué, capable de puiser dans de multiples perspectives. Outre les connaissances de King, son imagination a été stimulée par la myriade de perspectives partagées avec lui pendant les cours.

Pendant ses études, King a pleinement embrassé l'esprit d'apprentissage et s'est montré vorace dans ses lectures approfondies de divers genres. Même les écrits intemporels, y compris la littérature moderne, avaient quelque chose à lui apprendre. Ses habitudes de lecture ont grandement amélioré sa compréhension des intrigues, des dialogues, des expressions émotionnelles dans l'écriture et des pages de chaque livre qu'il ouvrait, quelle que soit la date de publication. Ses professeurs étaient très attentifs à chaque nouveau talent et à chaque nouvelle opportunité ; ils poussaient donc les étudiants au-delà du seuil de la narration conventionnelle et les guidaient à travers des stratégies qui se sont avérées utiles pour King à long terme.

De plus, l'université du Maine a servi de creuset où la voix distincte de King a commencé à prendre forme. Il a affiné sa prose grâce à de nombreux travaux d'écriture et ateliers, et ses activités extrascolaires lui ont permis d'élargir ses intérêts thématiques. Chaque composition était une nouvelle facette de son identité créative et des compétences qui allaient affiner, perfectionner et, plus tard, captiver les lecteurs du monde entier. L'université lui a également transmis un profond amour de la narration et une empathie, une compréhension sociale et une réflexion que la littérature encourage.

Outre ses activités universitaires, la vie personnelle de King a également connu des moments marquants pendant ses études. Il a noué un lien profond avec Tabitha Spruce, une camarade dont l'intelligence, le mépris de l'ignorance et l'amour de la littérature étaient en quelque sorte similaires aux siens. Cette relation s'est transformée en une histoire d'amour puis en une relation partenariale qui, pour King, allait lui permettre de tirer parti de son éducation à travers ses combats littéraires et ses luttes personnelles. Ensemble, ils se sont lancés dans une aventure commune, propulsant leurs aspirations et leur dévouement mutuels vers leurs vocations.

Rétrospectivement, l'université du Maine a été le creuset dans lequel le potentiel inexploré de Stephen King s'est transformé en talent littéraire. Un environnement intellectuel combiné à un mentorat puissant et à des relations personnelles pendant ses années d'université ont cultivé les bases qui ont finalement fait de lui l'auteur emblématique que nous connaissons aujourd'hui.

Trouver un partenaire : l'histoire d'amour durable avec Tabitha King

Tabitha King est une auteure remarquable à part entière, mais elle a également contribué de manière significative au développement de l'écriture de Stephen King. Leur histoire d'amour est faite de soutien, de partenariat créatif et d'un profond dévouement au travail de l'autre. Leur première rencontre à l'université du Maine a été fortuite, mais elle a marqué le début d'un partenariat qui allait façonner leur vie professionnelle. Pendant cette période, le couple était jeune et s'efforçait de construire une relation fondée sur des valeurs communes, une connexion intellectuelle et l'appréciation de la narration. Tabitha et Stephen étaient tous deux des écrivains en herbe en quête de découverte de soi et se sont mutuellement apporté un soutien émotionnel et critique qui a nourri leur talent tout au long de leur parcours. Leur complicité a évolué au-delà de la simple amitié pour devenir une collaboration étroite qui a fait progresser leur art. La convergence de deux esprits littéraires a créé un écosystème où les idées, les récits et la recherche de l'excellence ont prospéré.

Les relations de Tabitha King étaient plus que personnelles, car ses idées et ses perspectives sophistiquées ont façonné de manière critique les relations entre les personnages, les nuances émotionnelles et de nombreux éléments des chefs-d'œuvre littéraires de Stephen King. Son dévouement à ses projets d'écriture est devenu l'une des motivations les plus puissantes pour Stephen, illustrant que le travail acharné, la concentration sans faille et le dévouement fort sont essentiels pour réaliser ses aspirations créatives. Cela montre comment une collaboration noble peut favoriser la transformation d'un individu grâce à l'encouragement et à la confiance mutuels. Tout au long de la carrière de Stephen King, Tabitha s'est toujours révélée être une source de force et de sagesse, lui apportant un soutien et des conseils inestimables dans ses triomphes comme dans ses difficultés. Leur profond respect mutuel pour leur travail et l'intégration de leurs efforts créatifs illustrent l'impact de l'amour, du dévouement et de la passion partagée sur leur empreinte littéraire durable.

Des piles de refus à la percée : persévérance et détermination

Stephen King a toujours été passionné par la narration. Cependant, ce n'est que lorsqu'il a obtenu une certaine renommée littéraire qu'il a réalisé son véritable potentiel. King fait face aux revers en s'efforçant toujours d'atteindre ses objectifs. Plus d'une fois, ses manuscrits ont fini par glisser dans les profondeurs de la pile des rejets d'un éditeur, ce qui lui a rappelé, de manière très forte, la pléthore d'obstacles qui ont tenté de faire dérailler ses tentatives de réussite. Au lieu de baisser les bras, il a choisi d'utiliser ses défaites comme une raison d'alimenter sa passion. À chaque revers, il s'est efforcé de perfectionner ses compétences, de réévaluer ses approches d'écriture et, surtout, de canaliser sa passion créative dans l'élaboration de ses récits. Finalement, cette période d'introspection et de découverte de soi a permis à King d'atteindre la percée dont il avait toujours rêvé.

En naviguant sur les chemins difficiles du monde de l'édition, sa ténacité et sa persévérance ont servi de phare. C'est cette obstination qui l'a aidé à rester fidèle à son travail. Malgré les obstacles, King a continué à écrire et à se développer en tant que conteur. Les difficultés liées au rejet lui ont appris l'importance de la résilience et de l'adaptabilité, et ont contribué à renforcer sa détermination à réussir. Sa confiance en la qualité de son travail et sa détermination sans faille lui ont permis d'avancer, malgré les difficultés intrinsèques du métier d'écrivain.

Son parcours épuisant vers la réussite littéraire a commencé avec Carrie, le roman que sa femme, Tabitha King, a sauvé de l'oubli. Il est devenu une marque de fabrique de sa carrière d'écrivain. Malgré les rejets, King est resté inébranlable grâce au soutien indéfectible et à la volonté de sa femme jusqu'à ce que Carrie obtienne finalement un contrat d'édition. Après sa publication, le succès retentissant de Carrie a fait de Stephen King une célébrité, marquant le début de ses succès littéraires. Cette réalisation clé prouve que les échecs successifs, surmontés avec détermination, finissent par mener au succès, soulignant ainsi le besoin urgent de persévérance et motivant davantage les écrivains du monde entier à planifier stratégiquement leurs activités créatives.

Le tournant : « Carrie » et le début de la renommée littéraire

Le parcours de Stephen King, jalonné de succès, a commencé avec la publication de son premier roman, Carrie. Il a été largement salué par le public et la critique, et a donné le ton à la multitude de projets littéraires qui ont suivi. L'histoire, qui se déroule aux États-Unis, met en lumière la persécution d'enfants scolarisés dotés de pouvoirs télékinésiques. Captivant est un euphémisme.

Dans Carrie, le public s'identifie à différents niveaux. Le récit, à la fois d'un réalisme saisissant et d'un surnaturel inquiétant, fait appel aux peurs et aux insécurités universelles. Le succès commercial du roman a marqué un tournant pour Stephen King, consolidant sa position en tant que voix puissante de la littérature et lui valant une reconnaissance et une admiration généralisées.

L'attention portée à Carrie propulsa Stephen King au sommet du monde littéraire du genre horreur, une position qui reflétait ses prouesses naturelles en matière de narration. Les thèmes de l'isolement, du conflit de la majorité et du pouvoir latent ont trouvé un écho profond auprès du public, transcendant les frontières de l'horreur. En plus de démontrer sa maîtrise dans la création d'histoires captivantes, Carrie a mis en évidence la capacité sans précédent de Stephen King à mélanger l'extraordinaire et le banal, qui est devenue caractéristique de ses œuvres ultérieures.

Carrie a connu un immense succès commercial et critique, renforçant la confiance de Stephen King en tant qu'auteur tout en établissant ses prouesses en tant que romancier. Cela lui a permis d'aborder des thèmes sombres et complexes, tout en consolidant sa réputation de maître de l'horreur et du suspense. L'impact de Carrie ne s'est pas limité aux pages du roman, car ses nombreuses adaptations à succès ont consolidé le statut de King comme l'une des voix littéraires modernes par excellence.

Carrie a transformé King d'un écrivain en herbe à une personnalité littéraire acclamée, initiant un voyage qui influencera le paysage de la fiction contemporaine pendant des décennies. Ce roman marque le début d'une vague créative sans précédent et d'un attrait croissant pour tous les genres, suscitant une inspiration et un enthousiasme sans égal dans le monde entier.

Leçons apprises : perspectives acquises grâce à des expériences formatrices

Les multiples défis auxquels Stephen King a dû faire face dans son enfance ont contribué au développement de sa personnalité d'écrivain. Ces défis ont permis à King d'acquérir des connaissances qui ont ensuite émergé dans ses œuvres. Bien que sa vie ait été remplie de difficultés, elle lui a offert des opportunités d'apprentissage brutales, et une leçon cruciale dans son parcours. Enfant, King a connu des difficultés financières, mais il a appris avec le temps que la lumière était au bout du tunnel. Il a dû comprendre l'importance capitale de la persévérance dans les nombreux carrefours de la vie. Chaque roman de King tente de mettre en valeur l'importance du courage à travers des intrigues élaborées de manière dynamique et des personnages confrontés à des défis.

De nombreux romanciers et poètes ont tenté d'expliquer la magie et la fantaisie, mais presque aucun n'a réussi à les rendre accessibles au lecteur. King avait le don de comprendre les émotions de son entourage. Grâce à son imagination débordante, il était capable de comprendre les sentiments de peur et d'anxiété. Il a créé un royaume grâce à cette imagination où les peurs et les frissons des autres se mêlaient aux merveilles. Dans ses romans, il omet les leçons de morale pour son public, qu'il disperse délibérément dans des récits créatifs dont le public se souvient.

De plus, Stephen King a compris l'importance de se connecter à l'environnement qui l'entoure. En réfléchissant à sa vie dans une petite ville du Maine, il a pris conscience de la valeur des décors et des personnages auxquels le public peut s'identifier. Cette prise de conscience l'a aidé à intégrer naturellement la culture et l'environnement dans son écriture, donnant à ses histoires une dimension émotionnelle authentique. Stephen King a également développé son sens aigu de l'observation pendant cette période, comprenant le comportement et les émotions humaines d'une manière qui a approfondi ses représentations ultérieures des personnages.

Enfin, la confiance et le soutien reçus de certaines des personnes les plus importantes de sa vie ont mis en évidence l'impact du mentorat et de la confiance sur un individu. Cela a été le cas pour les enseignants qui l'ont soutenu, ses parents qui l'ont aimé inconditionnellement et sa femme Tabitha, avec qui il a célébré ses difficultés et ses succès communs. Ces relations lui ont donné confiance et ont nourri sa créativité. Elles ont également catalysé sa compréhension des relations humaines et de l'impact des émotions, lui permettant de créer des histoires qui résonnent auprès d'un public mondial.

Façonner les fondations : comment les premières années ont façonné le succès ultérieur

Les réalisations de la vie sont rarement des événements isolés, mais plutôt le point culminant d'expériences de vie. Elles ont souvent une période déterminante, après laquelle un événement ou une série d'événements modifient complètement l'individu. Dans le cas de Stephen King, il est facile de considérer la multitude d'expériences formatrices qu'il a vécues à chaque phase de la vie, telles que l'identité, l'adolescence, etc. La motivation pour surmonter les différents défis tout au long de son parcours est douloureusement claire au cours de ses premières périodes de vie. La présence de tout individu dans le monde est souvent subjective ; ainsi, les « problèmes » auxquels il est confronté varient considérablement. Les solutions découvertes et utilisées présentent des variations tout aussi immenses. La littérature et la narration ont été des éléments déterminants de l'enfance de King. Elles l'ont exposé à des possibilités merveilleuses et à de grandes idées, alimentant ainsi sa riche imagination. Cela est d'autant plus évident si l'on considère qu'il a passé une grande partie de sa jeunesse dans le Maine rural. Pendant cette période, il a rencontré de nouveaux auteurs qui ont influencé son style d'écriture. Sa mère, qui a cultivé son amour de la lecture et de l'écriture, a eu une influence profonde sur lui.

Les défis de la vie de King, combinés à son amour de la littérature, ont déterminé son avenir. Après tout, les difficultés économiques et les luttes personnelles de King ont aiguisé le conteur qui sommeillait en lui. En tant qu'écrivain en devenir, il a subi toutes sortes de brûlures ; les menaces incessantes d'abandon ont pris la forme de rejets et de revers. Sa profonde croyance en lui-même et sa confiance inébranlable dans son art l'ont poussé sur la voie du succès. En outre, il a commencé à se forger une voix pendant ses études à l'université du Maine. Ses expériences universitaires et personnelles ont façonné le mélange de son style narratif, tout comme les thèmes qui ont défini son travail par la suite. Ceci, associé à sa compagne de toujours Tabitha King, qui l'a soutenu avec acharnement pendant les hauts et les bas de sa carrière, l'a soutenu émotionnellement. L'intensité même de ce soutien est devenue une partie de la source créative de King. En les reliant au présent, on constate que le génie littéraire de King, ainsi que les expériences de sa vie, ont façonné le monde dans lequel il est entré avec son encre.

Les difficultés qu'il a rencontrées, les facteurs qui ont façonné ses perceptions et son amour pour la narration se sont tous combinés pour anticiper son incroyable succès. Son succès était en grande partie prédestiné en raison de l'héritage imprévisible que King a laissé de son vivant. Il est facile de voir l'impact des premières années de la vie de King sur sa carrière.

5

Carrie à Castle Rock

Un voyage à travers des décors emblématiques

Introduction au royaume de King : la mise en scène

Dans l'univers littéraire de Stephen King, les lieux sont bien plus que de simples décors ; ce sont des participants actifs qui influencent l'intrigue, les événements et les personnages qui s'y entremêlent. Pour l'auteur, le Maine a toujours servi de toile de fond thématique à ses œuvres, reflétant à la fois la beauté et les ténèbres de la condition humaine. Son style narratif naturaliste s'épanouit dans ces décors caractérisés par de petites communautés et un sentiment écrasant de nature. À travers le paysage du Maine, qui comporte un élément de mystère, l'auteur centre ses histoires autour d'une étrange capacité à évoquer la nostalgie, la peur et l'émerveillement, un royaume où l'ordinaire et l'extraordinaire se rencontrent. Des côtes pittoresques aux forêts inquiétantes en passant par les villes pittoresques, le Maine sert de toile de fond à King, lui permettant de mettre en valeur son imagination dans des œuvres telles que Ça, Pet Sematary et la série Castle Rock. Chaque lieu a une identité distincte, fusionnant le surnaturel et le banal.

Le mélange d'éléments familiers et troublants, qui invitent à un examen plus approfondi, caractérise la narration de King, et cette fusion particulière les rassemble tous. De plus, la partie formative des décors contribue aux thèmes du triomphe, de la solitude et du conflit sans fin du bien contre le mal. Ces éléments thématiques intégrés aux décors permettent de mieux comprendre les œuvres de King et de faire vivre au public des émotions profondes et complexes. Le Maine, qui sert de toile de fond au Maine littéraire de King, remplit son rôle de géographie et se transforme en personnage. En ornant les histoires de King et en marquant les lecteurs de manière indélébile, il captive leur imagination. En effet, les œuvres de King commencent dans les villes et les villages du Maine, où elles trouveront des histoires inédites aux émotions complexes et aux intrigues complexes. Ce n'est pas par le biais d'un récit traditionnel que King invite ses lecteurs, mais par l'influence profonde du lieu et de l'endroit, transmettant la profondeur de l'expérience humaine.

La mystique du Maine : le cœur d'une tapisserie

L'État du Maine est un élément essentiel de l'univers littéraire de Stephen King, qui donne vie au caractère du Maine. Les côtes, les forêts et les petites villes du Maine sont la muse de King, qui s'en inspire pour nombre de ses histoires inoubliables. La beauté de l'État, associée à la mystique que beaucoup lui connaissent, est devenue un élément récurrent dans l'œuvre de King. À maintes reprises, l'auteur capture l'essence du charme de l'État, soutenant la profondeur et l'authenticité indispensables à ses histoires. Au fil de la lecture des romans de King, les lecteurs découvrent des paysages évocateurs qui évoluent parallèlement à leurs expériences humaines.

Dans les histoires de King, ces lieux prennent vie, car le Maine est connu pour son charme, rehaussé par son mystère omniprésent. La beauté sereine des lacs du Maine a inspiré les meilleurs écrivains. Les autoroutes désolées servent de mélodies aux textes en attente d'être écrits. Le cadre du Maine sert ainsi de symbole merveilleux destiné à mettre en valeur les thèmes clés de l'œuvre de King. À travers des descriptions vivantes de ces lieux, King fait de son mieux pour offrir aux lecteurs un monde saisissant de réalisme dans lequel ils peuvent s'immerger.

De plus, l'attrait du Maine va au-delà de ses charmants paysages et s'étend jusqu'aux profondeurs de son folklore et de ses légendes. La vaste culture du Maine, avec ses superstitions, ses traditions et ses mythes uniques, ajoute de la profondeur aux récits de King, les rendant plus intéressants et réalistes. Ces facteurs sont essentiels pour créer le suspense des histoires et mettre en valeur l'impact de la tradition orale et de la mémoire sociale sur l'humanité. Le folklore et les légendes du Maine servent souvent de base aux éléments surnaturels des histoires de King, ajoutant un sentiment d'authenticité et de richesse culturelle à ses récits.

L'exploration de cette œuvre complexe révèle également une relation profonde entre l'humanité et la nature dans les récits de King. La nature constitue un canal pour les thèmes ultimes de l'isolement, de la persévérance et même du mélange de la réalité et de la fantaisie. Elle dépeint le Maine comme l'espace des luttes du personnage, le soustrayant aux griffes de la société, l'enveloppant dans les bras apaisants de la nature, tout en révélant les secrets séculaires que le terrain garde farouchement en lui. La nature sert souvent de personnage dans les histoires de King, influençant les actions et les décisions des personnages humains et ajoutant un sentiment de mystère et d'émerveillement au récit.

C'est la nature énigmatique du Maine qui captive les lecteurs, mêlant harmonieusement le décor et l'intrigue. La façon dont la beauté du Maine est représentée tout au long des histoires est ce qui attire les lecteurs dans les œuvres de King. En explorant les routes et les recoins cachés du Maine fictif, les lecteurs ont un aperçu de la beauté mystérieuse et unique de l'univers de King, ce qui les incite à s'y immerger davantage.

Derry et ses couloirs sombres

Dans le paysage sombre du Maine se trouve la ville de Derry, aussi mystérieuse qu'elle l'était autrefois, au cœur des récits terrifiants de Stephen King, acclamés dans le monde entier. Derry se présente comme un phénomène déconcertant, mêlant terreur, mystère, événements étranges et phénomènes inexplicables. La ville est le summum de la créativité de King dans l'effroi, car chaque aspect de ses lieux semble porter en lui une touche d'effroi. Dans son ensemble, Derry donne le ton pour perturber le lecteur, et à mesure que l'on traverse ses recoins sombres, l'atmosphère entière tourbillonne, plongeant le lecteur dans une anxiété intense. Entourée d'une histoire sinistre et inexpliquée, une énigme terrifiante se cache, attendant d'être résolue, sans que personne ne sache où elle mène. Le récit ne couvre pas seulement l'histoire sans précédent de la ville, entrelacée avec celle de la ville, mais aussi son architecture, qui apporte à son tour une fiction exotique à la baie, ajoutant de l'amusement à l'horreur tout en s'appuyant sur l'atmosphère d'effroi déjà existante que King crée. Les anciennes usines sidérurgiques en décomposition et les étonnants Barrens peuvent sembler minuscules. Pourtant, même à la simple évocation, ils deviennent terrifiants de par leur gigantisme. L'échelle physique de Derry et le penchant de King pour l'artisanat incarnent des rêves de cauchemars. De plus, la ville abrite des personnages vivants qui sont si pleinement incarnés et multidimensionnels, et tout sauf fictifs. Pourtant, ils ne sont pas très réels, mais évoluent dans ce jeu délicat, nous rencontrons intimement et nous plongeons dans une anxiété croissante.

Parmi ces personnages, Pennywise le Clown tueur est le plus sinistre, symbolisant le mal qui se cache ou hante la ville. En se promenant dans les rues diaboliques et infernales de Derry, les lecteurs découvrent une multitude de secrets, de mystères et d'horreurs qui constituent le cœur des récits évocateurs de King. Plus on équilibre l'ambiance ordinaire avec l'étrange, l'autoritaire et l'artificiel, plus Derry devient captivante et époustouflante, et incite les gens à explorer ses charmes inexplorés. Derry attend des lecteurs capables de comprendre la combinaison bizarre et étonnante d'étymologie et de chimère que l'on trouve dans le contexte créé par Stephen King.

Castle Rock : un nœud de peur

Dans les riches détails de l'univers littéraire de Stephen King, Castle Rock incarne un mélange unique de terreur, d'horreur et de phénomènes paranormaux. C'est également un lieu de résidence récurrent pour les personnages de King, qui y bâtissent des histoires à glacer le sang et des personnages psychologiquement complexes. Lieu de résidence récurrent des personnages de King, Castle Rock incarne un mélange unique de terreur, d'horreur et de phénomènes paranormaux. C'est aussi le cadre d'histoires à glacer le sang et de la construction de personnages psychologiquement complexes. Cette petite ville qui semble sans prétention crée une atmosphère de terreur et laisse entrevoir des prémonitions inquiétantes qui entraînent les lecteurs dans un monde infesté de forces malignes. Même le nom de la ville est si évocateur qu'il crée un paysage de terreur inimaginable et donne un aperçu de la cruauté et de la méchanceté qui se cachent sous la surface placide. Castle Rock apparaît comme le centre de la terreur, l'intersection où la fine ligne qui sépare la réalité du cauchemar s'estompe et où le banal se transforme en surnaturel. Les rues de la ville regorgent d'événements étranges et merveilleux qui se transforment en horreurs insoutenables.

Du pénitencier de Shawshank, qui inspire le malheur, aux terres agricoles désolées et inégales qui entourent la ville, Castle Rock est un chef-d'œuvre où les instincts les plus primitifs et les plus cruels de l'humanité sont dépeints avec une clarté saisissante et une précision effrayante. Dans ce décor morne mais enchanteur, King explore des questions morales profondément complexes, des dissimulations vicieuses, la lutte sans fin entre le bien et le mal et des comportements diaboliquement criminels. Chaque rue pavée et chaque recoin sombre recèlent les vestiges d'une tragédie et d'une horreur perpétuelle, terrorisant les habitants de cette ville et donnant à leur angoisse une forme très réelle de mal, d'une nature horrible, qui exerce un pouvoir sur l'imagination des lecteurs du monde entier. À travers les récits entremêlés qui se déroulent dans cette terre maudite, Castle Rock s'impose comme un hommage au génie de King qui a su transformer l'ordinaire en sinistre, tout en restant pertinent au fil du temps. Il a su préserver son nom comme une source éternelle de terreur.

Le lieu de naissance de Carrie et sa signification

En tant que lieu de naissance du personnage de Carrie, la ville fictive de Chamberlain, dans le Maine, a acquis une renommée internationale grâce à sa présence dans certaines des meilleures œuvres de Stephen King. Chamberlain joue un rôle crucial tant dans les éléments thématiques du roman que dans la progression de l'intrigue, car elle sert de décor au premier roman de King, intitulé Carrie. Chamberlain a une fonction bien plus importante qu'un simple arrière-plan. Elle fait partie intégrante du puzzle narratif.

L'importance de Chamberlain ne se limite pas au fait d'être le lieu de naissance de Carrie. La ville a une essence d'ennui étouffant et un voile d'étroitesse d'esprit et de répression, qui reflètent les normes et les attentes sociétales façonnant la vie de Carrie. La maison de Carrie, le lycée et le lieu du bal de fin d'année constituent tous les éléments de l'univers de Chamberlain, qui contribue à l'intrigue. King parvient à créer un cadre résonnant et minutieusement détaillé pour ses œuvres, et grâce à des descriptions détaillées et à une construction approfondie de l'univers, cette ville fictive prend vie.

Chamberlain incarne également le choc entre l'ordinaire et l'étrange dans l'œuvre de King. Des événements étranges se produisent dans cette petite ville très ordinaire, fusionnant les frontières de la réalité et de l'indicible. La fusion de la vie ordinaire avec le surnaturel suggère de plus grandes appréhensions et marque à la fois les personnages et les lecteurs de manière indélébile.

La naissance de Carrie et son parcours erratique à Chamberlain dépeignent des récits plus vastes sur l'oppression, la résilience et les effets néfastes d'une autorité incontestée. Ainsi, la ville sert de microcosme de l'existence humaine, capturant la nature multiforme de la jeunesse, la quête d'appartenance et les cicatrices durables de la violence. Son importance résonne tout au long du récit, offrant une fenêtre à travers laquelle le public peut apprécier les motivations des protagonistes et les forces qui propulsent l'intrigue et modifient la dynamique du récit.

En analysant le lieu d'origine de Carrie, nous nous aventurons dans des profondeurs choquantes qui révèlent l'intelligence de la narration de King. Chamberlain devient un point central où la relation ombilicale entre le personnage, l'intrigue et le décor se fond en une riche tapisserie qui séduit à un niveau primal.

Under the Dome : A Microcosm Explored

Deux thèmes essentiels dans Under the Dome de Stephen King sont la nature humaine et le fonctionnement des sociétés, y compris la manière dont le pouvoir s'exerce dans la société. Dans la ville idyllique de Chester's Mill, c'est l'enfer qui se déchaîne lorsqu'un champ de force infranchissable s'abat et emprisonne toute la communauté. Ce microcosme omniscient est coupé du monde extérieur. Avec une compréhension unique, King analyse les faiblesses de l'humanité et la façon dont la société se brise. Le dôme représente les pressions contraignantes qui confinent un individu, faisant ainsi ressortir les instincts les plus sombres et les plus effrayants. King illustre habilement la peur et la manipulation qui dominent la société. En ces temps difficiles pour la civilisation, celle-ci s'effondre. La prose vivante et élaborée oblige le lecteur à traverser un ordre social déchiré par l'adversité. Face au piège, les réactions des personnages forment une analyse approfondie de la résilience sociale, de la moralité et de l'instinct de survie implacable. De plus, la politique d'une petite ville, amplifiée en taille et en détails, ainsi que les relations interpersonnelles, ajoutent une intrigue perspicace concernant les conflits cachés dans le calme de ces communautés.

La représentation que King fait de Chester's Mill est une véritable leçon sur l'exploration des limites ténues de la raison et de la folie, du bien et du mal. Son talent de conteur pousse les lecteurs à réfléchir à la façon dont ils pourraient eux aussi incarner ces deux extrêmes. L'influence du dôme est dévorante, elle évoque une furieuse introspection et incite à des interrogations déchirantes sur la fragilité de l'homme et de la civilisation. Sous cet angle, King démontre sa maîtrise dans l'art de tisser des récits non seulement captivants, mais qui transcendent les frontières des genres et parlent au cœur de l'humanité.

L'hôtel Overlook : isolement et influence

Étrange et magnifique, l'hôtel Overlook est niché dans la région enneigée des Rocheuses, au Colorado. « Shining », écrit par Stephen King, se déroule dans l'hôtel Overlook. Il raconte une histoire à lui seul, avec des sentiments de terreur profondément ancrés dans sa structure et son architecture. Il reflète les peurs inexplicables les plus profondes de Stephen King. L'Overlook, décor de l'histoire captivante de « Shining », sert de cadre à Stephen King pour évoquer un sentiment profond et troublant de guerre psychologique. Maudit, l'Overlook le est avec sa myriade de secrets enfouis dans l'histoire. Alors que la famille s'enfonce de plus en plus dans l'enfer, elle devient la marionnette des intentions psychologiques de l'Overlook. Même les haies d'une symétrie nulle et sans surprise semblent toutes conçues dans un but unique : contenir les grandes illusions des mondes qui coexistent à l'extérieur. L'hôtel Overlook n'est pas simple ; c'est un être entier aux intentions maléfiques déguisé en hôtel qui invite des vagabonds naïfs à quelque chose qui les aide à se noyer dans les ténèbres.

De plus, les habitants spectraux, dont la célèbre chambre 237, ajoutent un élément de mystère sombre à l'hôtel, renforçant le sentiment de peur écrasant qui accompagne chaque rencontre dans l'établissement. La malveillance inquiétante de l'Overlook transmet la prose magistrale de King et l'identité de l'hôtel, le marquant à jamais dans la littérature d'horreur. Sa portée dépasse de loin les limites de la fiction, pénétrant les frontières de la narration et marquant à jamais l'imagination de beaucoup. L'héritage de l'hôtel Overlook est sans égal dans la fiction ; il résonne dans toute la culture populaire et réaffirme sa position comme l'un des lieux les plus envoûtants et sinistres de la littérature. Dans The Overlook, Stephen King démontre avec brio sa capacité à décrire l'environnement de ses personnages avec une vitalité si alarmante qu'ils continuent de susciter des émotions même après la tombée du rideau final.

Pet Sematary : Mythologie des chemins qui se croisent

Dans l'univers de King, Pet Sematary marque la frontière inquiétante où la vie et la mort se croisent. Au fil de l'histoire, le protagoniste est aux prises avec la vie et la mort. Les éléments mythologiques, associés aux luttes quotidiennes des Amérindiens, créent un sentiment de terreur tout au long du récit. De l'endroit captivant qui se jette vers le lecteur et les personnages aux émotions profondes de la violence de l'humanité provenant de la manipulation des forces naturelles, le roman est un tourbillon d'éléments métaphysiques capturés dans la marque de fabrique de l'écriture de King. La dualité entre l'existence et la non-existence, lorsque le défi se profile, sert de symbole sincère destiné au cimetière des animaux que les humains tentent d'éviter en fin de compte, centré sur la mortalité.

Les frontières s'estompent entre la mythologie ancienne et le monde profane, créant un cimetière erroné qui attire irrésistiblement. Dans le chemin errant de la pénombre, la logique du folklore amérindien s'entremêle à tout, habile avec les arêtes vives des vies impitoyables auxquelles les personnages doivent faire face. Grâce à des techniques narratives puissantes, King insuffle vie à un univers solennel où le concret et l'imaginaire surnaturel se rejoignent.

Les auteurs explorent le cimetière pour animaux de Pet Sematary de King comme un exemple central mettant l'accent sur le deuil, le traumatisme et la perte, et mettent en lumière le récit fascinant et saisissant de l'auteur. Avec des descriptions remarquables, King articule de manière vivante le paysage dur, mais fascinant, où la réalité s'entremêle avec les mythes d'une manière effrayante. Le mélange du quotidien et de l'étrange complète non seulement la nature inquiétante de l'histoire, mais résonne également en chaque lecteur. Pour captiver ses lecteurs, il emprunte des éléments aux mythes anciens et les entremêle avec la vie moderne, créant ainsi une histoire qui résonne profondément et nous invite à nous interroger sur notre perception de la mort et des forces invisibles qui nous gouvernent. Il les entremêle avec la vie moderne, créant une histoire qui résonne profondément et remet en question notre perception de la mort et des forces invisibles qui nous gouvernent.

Intégrer le réalisme : une fiction tissée de réalité

L'ingéniosité de Stephen King à intégrer le réalisme dans la fiction est remarquable, car elle renforce ses prouesses narratives. Les éléments identifiables donnent vie à la fantaisie, et c'est exactement ce que fait King. Son souci du détail contribue à construire la toile de fond et ajoute de la valeur au récit lui-même. Sa narration démêle la fiction de l'irréel. King s'immerge dans la réalité lorsqu'il décrit les lieux et prend en compte les émotions et la psyché de ses personnages, donnant ainsi vie à leurs expériences. Le personnage de Derry n'est pas différent des autres petites villes, tandis que l'hôtel Overlook n'est pas différent de la prison fantomatique qu'il est censé être. Tous les lieux sont imprégnés d'un récit qui les considère à la fois comme mythiques et ancrés dans l'histoire, la culture et l'expérience humaine. Il utilise des traits du monde réel pour relier les lecteurs à l'incroyable. Par ses descriptions vivantes, King ne se contente pas de faire entrer ses personnages dans la vie des lecteurs ; il les transporte dans le monde qu'ils habitent. Son choix d'images et d'événements hypnotise les lecteurs, ajoutant un sentiment palpitant de familiarité aux événements surnaturels qui les entourent.

Ce contraste entre l'ordinaire et le grotesque renforce la tension tout en suscitant un profond sentiment de malaise, captivant les lecteurs alors qu'ils traversent les frontières de la réalité et de l'irréalité dans les mondes imaginaires de King. Il en résulte un mélange synthétique de peur et de familiarité qui témoigne du talent inégalé de King à mêler le banal et le surnaturel. On peut dire que le réalisme de King est l'une des composantes centrales de son imagination, qui oblige les lecteurs à affronter leurs peurs et leurs désirs les plus ardents dans des lieux qui semblent faussement familiers. Il est indéniable que cela divertit, mais cela suscite également une réflexion critique sur la réalité, ajoutant une profondeur unique au genre de l'horreur. La réalité tissée dans sa fiction définit son héritage en tant que conteur de renommée mondiale.

L'héritage du lieu : comment les décors façonnent les histoires

Stephen King est célèbre pour son talent remarquable à créer des décors dans ses histoires effrayantes. Dans nombre de ses romans, les décors ne servent pas seulement de toile de fond, mais se transforment en personnages à part entière. Dans cette partie, nous allons explorer l'impact des décors sur la narration de Stephen King, en examinant comment certains lieux donnent du sens à son œuvre, en plus de la profondeur des décors. L'une des meilleures illustrations est la ville de Derry, dans le Maine. Derry, qui apparaît dans plusieurs romans de King, est une ville que l'auteur explore pleinement. Il la dépeint à la fois dans toute sa beauté et dans toute son horreur, comme s'il s'agissait de son portrait. Cela illustre encore davantage la maîtrise de King en matière de décors et montre comment les détails de la structure de la ville contenus dans le roman attirent le lecteur et lui donnent l'impression que les événements se sont déroulés à Derry. Dans l'univers de King, Castle Rock est un décor qui passe d'un simple décor, comme dans la plupart des romans de l'auteur, à un personnage puissant à part entière qui façonne l'essence même des histoires racontées en son sein. Castle Rock procure un sentiment de terreur et d'émerveillement plus profond tout en amplifiant les événements horribles, troublants et inquiétants de ses romans devant l'imagination du lecteur. L'hôtel Overlook de Shining ne doit pas non plus être sous-estimé.

Marqué du sceau du mal, cet hôtel est un exemple de la capacité de King à mêler finement une atmosphère troublante à une architecture aux détails saisissants. La description vivante de ces lieux par l'auteur évoque des images saisissantes et leur donne vie, permettant littéralement aux lecteurs de saisir ces lieux dans leurs mains. Avec une précision minutieuse, King se soucie profondément des paysages qu'il crée et, surtout, fusionne réalité et fiction. De plus, la fiction de King est d'autant plus captivante qu'elle se déroule dans des lieux réels. Il utilise des villes et des bâtiments ordinaires comme base de sa créativité, dépassant ainsi les limites de son imagination. Cela permet aux lecteurs de réfléchir à leur propre existence, ce qui renforce l'ambiance générale du roman. Sa créativité pousse le lecteur à analyser la société dans laquelle il vit, transformant les romans de King en chefs-d'œuvre qui nous aident à comprendre et à réfléchir aux terreurs les plus profondes et primitives de l'humanité. En fin de compte, c'est la touche de King qui transforme la fiction en réalité. Ses personnages vont au-delà de simples invités dans des mondes imaginaires et deviennent des êtres humains dont la vie est construite autour de l'existence brute et de l'exploration des énigmes les plus profondes de la vie.

L'héritage d'un lieu dans les œuvres de King ne se limite donc pas à ses caractéristiques physiques, mais inclut également une part fondamentale dans la construction de l'histoire, qui améliore l'expérience du lecteur et renforce ainsi la réputation de King en tant que maître de la littérature.

6

Des personnages qui hantent et perdurent

Une plongée dans des images saisissantes

Le tissu de la peur : une introduction aux personnages persistants

Les personnages des fictions de Stephen King ne sont pas de simples marionnettes pour les histoires qu'il raconte dans ses livres. Ils incarnent des personnages remarquables et vivants qui incarnent les peurs les plus terribles et cauchemardesques, ainsi que de nombreuses autres émotions. Ces caractéristiques merveilleuses donnent aux personnages de King une profondeur qui rassure les lecteurs et leur permet de s'en souvenir toute leur vie. Mais surtout, ce qui frappe le plus les lecteurs et rend ses œuvres mémorables, c'est à quel point ces personnages sont proches de nous. Qu'il s'agisse d'horreur intense ou de tâches banales, les personnages traversent toute une gamme d'émotions que les gens subissent dans la vie réelle. Le lien qui découle de la vulnérabilité et de l'endurance trouve inévitablement un écho chez quelqu'un. Lorsqu'il s'agit de fiction, les gens peuvent capturer et survivre dans l'imagination avec les mondes des lecteurs imprimés en eux. King essaie de transmettre cela à travers ses personnages, c'est pourquoi ils ne périront jamais. Le courageux opprimé, les anti-héros obtus - la pléthore d'empathie, de crainte et d'admiration provient de la nature humaine riche et complexe tissée dans les personnages de King et leur donne vie. Les fusions d'archétypes s'inscrivant dans une créativité non conventionnelle et sans limites qui, sans aucun doute, les rendent remarquables, apportent l'imprévisibilité imprégnant l'empreinte de King au folklore qui rend ses personnages inoubliables.

« Au-delà du cadre conventionnel, ses personnages ont une complexité et une profondeur qui défient toute catégorisation conventionnelle et offrent un angle unique pour apprécier les facettes de l'humanité. Ce souffle de multidimensionnalité transforme leur essence en quelque chose qui dépasse le simple cadre de personnages de fiction, en vérités profondes et en complexités existentielles. » « Les personnages de King deviennent des véhicules qui aident les lecteurs à traverser non seulement le monde des histoires au sein du texte fictif, mais aussi la vaste étendue de sa psyché et de celle du lecteur vers des royaumes inexplorés de la pensée et de l'émotion. » « Ce qui est remarquable, c'est qu'en plus de provoquer la peur, ces personnages encouragent également la réflexion et la compassion, ce qui leur confère un attrait durable dans le genre de la fiction et leur assure indéniablement une place dans le monde littéraire. »

Archétypes et originalité : créer l'inoubliable

Dans l'œuvre très connue de Stephen King, les personnages sont créés avec une intention qui va au-delà de la norme ; ils sont à la fois excentriques et profondément humains. Les personnages de King se distinguent par leur originalité et leur universalité, qui se mêlent à la marque de fabrique de son style narratif : la subversion archétypale. Les lecteurs de King sont attirés par ses histoires en raison de l'attrait émotionnel que suscitent ses personnages, qu'ils éprouvent de l'empathie ou de l'aversion. Chaque personnage est façonné pour remettre en question les idées préconçues. À travers une myriade d'identités, comme celles d'un shérif de petite ville ou d'un enfant traumatisé, King souligne la profondeur de l'humanité. Avec minutie, l'auteur forge des personnages aux multiples facettes qui insufflent de l'authenticité aux récits. Il transcende ainsi les constructions de personnages standardisées et crée un lien indélébile entre le lecteur et ses histoires. Dès le départ, la compréhension de la condition humaine aide King à créer certains des personnages les plus mémorables de l'histoire de la fiction. Dans l'esprit d'un observateur idéal, ces personnages deviennent aussi authentiques que leur environnement. Comme dans toute œuvre de fiction, King introduit un élément d'imprévisibilité. Traverser des terrains psychologiques inexplorés permet de défier les clichés et d'enrichir ainsi les personnages multidimensionnels de King.

Qu'il soit frustrant de ne pas savoir à quoi s'en tenir ou extrêmement clair, chaque personnage présente une originalité unique qui ne se conforme pas aux normes établies. Cette profondeur soigneusement élaborée enchante les lecteurs qui sont alors incités à décortiquer chaque personnage pour comprendre ce qui le motive, ce qui lui fait peur et quels sont ses désirs les plus profonds. La caractérisation des personnages de King met en valeur la beauté féroce de l'originalité dans la littérature et dans la vie, car elle modifie et redéfinit toujours le cœur d'un personnage inoubliable.

Luttes internes et terreurs externes : la dualité chez les protagonistes de King

Dans l'univers de Stephen King, qui se compose de plusieurs romans, les personnages principaux sont presque toujours confrontés à un conflit interne qui résonne avec les cauchemars extérieurs qu'ils rencontrent. Cette dualité approfondit la représentation des personnages et s'avère être une approche intéressante de la narration. Qu'il s'agisse du passé obsédant de Jack Torrance dans Shining ou des défis existentiels auxquels le Club des Ratés est confronté dans Ça, Stephen King a habilement tissé un ensemble complexe de luttes intérieures et de dangers extérieurs pour ses protagonistes.

La dualité des conflits internes et des peurs externes des personnages fait évoluer ces derniers, ce qui les rend profondément fascinants et captivants pour les lecteurs. Les luttes et la confusion auxquelles ils sont confrontés en eux-mêmes font écho à la terreur qu'ils affrontent à l'extérieur, créant un mélange de difficultés psychologiques et de difficultés de la vie réelle. Le mélange des deux types de menaces rend possible la peur que le public de King ressent.

De plus, cette caractéristique, issue de l'imagination extraordinaire de ses antagonistes, permet à King d'exprimer d'autres thèmes tels que le traumatisme, l'endurance et la force de l'humanité. Carrie White et Dolores Claiborne étaient des femmes d'une puissance et d'une vulnérabilité mentales saisissantes, qui luttaient sans relâche contre des forces à la fois internes et externes. En essayant de capturer la réalité de ses personnages, King oblige son public à voir les complexités quintessentielles de la nature humaine.

De plus, le public de King est témoin d'une représentation captivante de la peur et de la bravoure dans le conflit éternel de ses protagonistes. L'argument présenté dans cette partie me convainc que le tourbillon émotionnel des personnages de King sert à connecter les lecteurs à l'histoire en leur permettant de faire preuve d'empathie et en leur apprenant à se soucier d'eux tout au long de leur aventure.

En conclusion, le mélange des conflits internes et des horreurs externes illustre de manière éclatante le talent cinématographique de King. Il enrichit l'intrigue et offre une meilleure expérience de lecture au public, l'impactant profondément. Dans ce mélange, King montre l'influence intemporelle de grands protagonistes aux prises avec des tourments intérieurs alors qu'ils traversent le terrain déchirant de ses mondes fictifs.

Antagonistes de l'intrigue : des méchants qui transcendent l'ordinaire

Dans l'univers de Stephen King, un adversaire n'est pas simplement un personnage opposé ou un méchant face à un héros ; leur nature nuancée crée un nouveau spectre du bien et du mal. Ces antagonistes sont souvent beaucoup plus complexes dans leur construction, ce qui reflète également la nature complexe de l'humanité. Il crée des méchants dont les motivations, les défauts et les actions élèvent l'histoire au-delà du banal. Ces personnages sont terrifiants, mais leur impact est inoubliable, tant pour l'intrigue que pour le lecteur. Certaines œuvres de Stephen King ont d'ailleurs été définies par la nature énigmatique et puissante de leurs méchants.

Dans son combat contre l'imagination, Stephen King subvertit délibérément les archétypes et se joue de la construction d'antagonistes archétypaux, reflétant sa lutte perpétuelle contre les limites de la créativité. Cependant, le talent inégalé de l'auteur transforme ses méchants en personnages sympathiques, et les lignes floues de la moralité entre le bien et le mal entraînent les lecteurs dans un conflit diégétique. Ils n'existent pas seulement pour être terrifiants, mais pour inciter les spectateurs à remettre en question des notions de moralité qui exposent souvent le côté le plus sombre de l'humanité.

De plus, de nombreux antagonistes de Stephen King incarnent des peurs associées à la société. En remplaçant des notions abstraites telles que le traumatisme, la dépendance ou la peur existentielle par des personnages réels, ces ennemis deviennent bien plus qu'un simple défi à la victoire du personnage principal. Ils deviennent des personnages profondément complexes qui obligent les lecteurs à accepter leurs démons et à lutter contre la réalité profondément imparfaite de la nature humaine.

L'horreur des méchants de King perdure non pas en raison de leur place dans un récit, mais en raison de la façon dont ils s'infiltrent habilement dans la culture au sens large. De la poursuite incessante de Pennywise dans Ça à la dépravation obsédante d'Annie Wilkes dans Misery, en passant par le toujours mystérieux Randall Flagg dans La Tour d'acier, ces personnages deviennent de plus en plus difficiles à abandonner à l'imagination, même une fois le livre terminé. Leur présence rappelle constamment l'habileté avec laquelle King tisse et façonne des manifestations nuancées et éternelles du mal.

En analysant ces méchants profonds et divertissants, on ne peut ignorer que la raison pour laquelle King captive les lecteurs de manière si dynamique, en plus de son incroyable talent, réside dans le contraste clair entre le héros et le méchant. Dans cet équilibre, les lecteurs sont entraînés dans un voyage à travers les profondeurs de la méchanceté humaine, avec l'espoir restreint que la bonté l'emportera, leur offrant un monde gris que King cultive avec des couleurs vives. Cela étant dit, les antagonistes dans les œuvres de King sont parmi les outils les plus puissants dont dispose l'auteur pour explorer l'existence humaine, luttant avec les lecteurs pour affronter les questions sur leur psyché et réfléchir à la nature de la méchanceté.

Périphériques mais essentiels : le pouvoir des personnages secondaires

Omniprésents dans les romans de Stephen King, où le range-t-il tous ? Il défile à travers le monde littéraire, transformant les personnages secondaires en une riche distribution de soutien. Ces personnages secondaires, mis en place de manière détournée, sont liés d'une manière ou d'une autre aux moments décisifs de l'histoire, s'immisçant dans les moments critiques et apportant une riche chaleur émotionnelle à l'intrigue.

Sans personnages secondaires, un protagoniste se sentirait détaché. Les héros méconnus que sont les personnages secondaires insufflent la vie aux romans et les transforment en livres captivants. Un roman serait fade sans eux, car rien ne permettrait à un protagoniste de garder les pieds sur terre. Les personnages secondaires apportent souvent une dose de normalité qui donne à réfléchir ou une impulsion d'irrégularités. Et si l'histoire est remplie d'expériences et de personnages extraordinaires, la plupart des phénomènes restent toutefois insolites.

Les personnages secondaires permettent au lecteur d'appréhender le personnage principal sous un autre angle. Les relations fortes et contrastées entre les personnages principaux et secondaires illustrent l'évolution des personnages, donnant l'illusion qu'ils subissent des changements considérables. La dynamique entre les personnages principaux et secondaires permet aux lecteurs de découvrir une toute autre facette des personnages, qui, autrement, serait restée cachée.

Les personnages secondaires ont des fonctions multiples, dont beaucoup sont aussi importantes que celles des personnages principaux. Chaque personnage de fiction, qu'il soit mentor, confident ou admirateur, entrelace de nouvelles réalités surprenantes dans l'intrigue. De plus, l'arc du personnage culmine avec des choix qui bouleversent complètement sa réalité, ce qui a des conséquences irréversibles sur la perception qu'il a de lui-même.

Les personnages secondaires contribuent à l'intrigue principale, mais leur traitement du sujet en fait des vecteurs. Ils expriment des questions sociales, des choix et des individualités, car chacun possède un passé, des raisons et une morale différents. Leur dialogue avec les personnages principaux donne au public des arguments raisonnables concernant, entre autres, l'éthique, la loyauté, la bienveillance et même la rédemption.

Ils ajoutent à l'authenticité et à la valeur émotionnelle du récit. Contrairement aux personnages principaux, qui servent souvent à mettre en scène les émotions, il est nécessaire d'apprécier les personnages secondaires, car ils tissent les fils de l'intrigue. Les marques qu'ils laissent dans l'histoire créent une expérience inoubliable pour le lecteur. Après avoir tourné la dernière page, les personnages secondaires accentuent la puissance d'un récit.

Le réalisme dans le détail : donner vie à des êtres fictifs

Le réalisme est une qualité majeure qui s'applique aux maîtres du récit. C'est la capacité à comprendre les caractéristiques intrinsèques et la profondeur d'un personnage de fiction. Dans le monde de la littérature, les œuvres de Stephen King mettent en avant l'attention portée aux détails, en particulier aux personnages, pour susciter l'empathie du lecteur et lui faire suspendre son incrédulité. En recomposant les particularités de ses personnages, King leur donne vie grâce aux détails qu'il décrit. King atteint un niveau de réalisme qui va au-delà de la narration et entre dans le domaine du vivant. Chaque personnage des livres, qu'il soit principal ou secondaire, est doté de textures riches que nous, lecteurs, apportons au monde. Les personnes qui lisent chaque livre conçu de manière complexe autour d'un monde qu'il a construit les voient comme des êtres complexes. Grâce à sa narration, il crée des images captivantes qui suscitent une profonde empathie chez les lecteurs. Il se concentre et leur assure qu'ils s'investiront dans les résultats et qu'ils feront preuve de compassion envers les personnages lorsqu'il leur dira ce qu'il veut qu'ils sachent. La valeur remarquable de l'attention décrite élève la clarté sur le monde d'une personne, faisant de chacun un fragment sophistiqué dans l'esquisse historique de Prince George, représentant le monde et comblant le manque d'engagement des lecteurs, enrichissant à la fois le contenu et sa signification. Cela enrichit également les lecteurs et garantit la continuité, chaque livre restant mesurable, ce qui inclut un engagement remarquable dans les matériaux que King raconte et s'adresse à chaque lecteur. Cette illustration capture chaque détail d'un personnage, le marquant.

Il en résulte quelque chose qui va plus loin et au-delà de la littérature écrite.

Avec sa description, King crée une manière fascinante de dépeindre les gens à toute heure du jour et de la nuit, en soulignant l'importance de l'attention portée aux formes et aux manières, allant au-delà de l'imagination articulée.

Qu'il s'agisse des rides sur le visage d'un shérif de petite ville, des pas timides d'un adolescent en détresse ou des doux murmures d'une silhouette fantomatique, l'attention portée aux détails par King fascine toujours les lecteurs et reste gravée dans leur mémoire. De plus, l'interaction parfaite entre les histoires personnelles, les phobies, les désirs et les aspirations des personnages renforce la profondeur et la texture de l'univers de King. Ainsi magistralement construits, ces personnages servent de véhicules à travers lesquels des questions et des sentiments profonds sont explorés, invitant les lecteurs à contempler les complexités de l'humanité et à se plonger dans la myriade de luttes émotionnelles qui se déroulent. Grâce au regard aiguisé d'un Stephen King observateur, les personnages cessent d'être de simples personnages et commencent à se matérialiser en entités qui s'impriment dans l'esprit. Avec chaque nuance et chaque détail, réalité et fiction se mêlent grâce à sa maîtrise descriptive, assurant la longévité de ses personnages dans l'esprit des lecteurs, même après avoir tourné la dernière page.

De la page à l'œil de l'esprit : des images qui créent une résonance

En littérature, l'imagerie intègre le texte écrit à la vision du lecteur. King intègre l'imagerie avec force dans l'ensemble de son œuvre, créant des personnages et des décors captivants, multidimensionnels, riches en couches et rayonnant de profondeur. L'attention que King porte aux détails lui permet d'aller au-delà des mots sur une page et de fournir des descriptions fortes qui restent en mémoire même après avoir refermé le livre. Ces images sont puissantes, car elles font appel aux émotions, aux sens et au cœur.

L'auteur se concentre à la fois sur les aspects surnaturels et normaux de la vie. Le fantôme d'une ville abandonnée est inquiétant, et même la ville désolée suscite l'émotion. Les détails de King capturent le sens de la vue et invitent le lecteur à les visualiser en profondeur.

De plus, King parvient à insuffler de la vitalité à chaque personnage, même les plus grotesques, garantissant ainsi que ses personnages et ses histoires sont racontés avec des détails multidimensionnels. Les descriptions de King sont si puissantes que l'imagerie de ses personnages reste gravée dans l'esprit du lecteur. De la psyché complexe d'un protagoniste torturé à la nature insidieuse d'un méchant, chaque personnage est distinct dans les romans de King. Une telle compassion est rendue possible grâce à un art minutieux de la caractérisation : King manie l'empathie comme un outil tranchant, permettant de se connecter avec le public à un niveau émotionnel au-delà du texte.

Les œuvres de King évoquent des émotions et ont un impact profond sur la psyché du lecteur. Emplies d'une passion déconcertante, elles suscitent de vives réactions et confrontent le lecteur au summum des expériences humaines. La beauté envoûtante de son imagerie rappelle au lecteur la fragilité de la vie, où chaque mot peut altérer la réalité. Ce lien profond avec l'histoire invite les lecteurs à contempler une compréhension plus profonde de la vie à chaque nouvelle introspection, laissant une impression durable longtemps après la fin du livre.

La narration de King ne se limite pas à l'expérience de lecture immédiate, mais à l'impact durable qu'elle laisse sur le lecteur. Son langage descriptif et ses images mélodieuses captent profondément l'attention du public, l'entraînant dans un voyage envoûtant qui perdure bien après la fin de la lecture du livre. Cet impact durable témoigne de la puissance de la narration de King, qui résonne chez les lecteurs longtemps après avoir tourné la dernière page.

Transformations dynamiques : des personnages en crise et en évolution

Dans les livres de Stephen King, les transformations des personnages sont monnaie courante. Les personnages de King changent radicalement en réponse aux crises effroyables qui se présentent à eux, et évoluent à leur tour. Ces changements sont parmi les traits les plus attrayants d'un être humain, et surtout, ils ont une forte capacité de résistance. Les maîtres et les maîtresses de l'humanité sont faits pour changer de peau et sortir de leur coquille protectrice et douillette. Le changement dynamique des personnages et de la symbolique de l'histoire à travers les yeux de King est éternel. La façon dont il transmet et articule le chaos intérieur de ces personnages et leur lutte pour s'épanouir auprès du public favorise un lien durable avec l'histoire. Qu'il s'agisse de la construction progressive d'un personnage ordinaire ou de l'ascension d'un protagoniste inattendu, King ne manque jamais une occasion de partager avec son public les changements perpétuels qui se produisent à travers son récit.

Chaque métamorphose est stratégiquement déployée pour susciter une forte réaction émotionnelle chez le public, construisant un arc narratif puissant et captivant. Le surnaturel, la torture mentale et la vie quotidienne incarnent la même diversité que les personnages en ce qui concerne les différentes raisons pour lesquelles les transformations se produisent. King comprend la portée de ces changements et les équilibre habilement avec la réalité afin que le contexte plus large de l'histoire soit plus convaincant. Tout au long du conflit et du changement, les personnages sont confrontés à des peurs internes et externes, ce qui alimente l'exploration de l'histoire tout en équilibrant les idées de rédemption, de sacrifice et de temps implacable.

De plus, les personnages de King, tout comme le reste de l'humanité, sont profondément imparfaits, ce qui ne fait qu'accentuer la nature envoûtante de leurs transformations. Lors des épreuves dominées par la performance, confrontés à leurs défauts et à leurs vulnérabilités, ces personnages deviennent plus proches et plus admirables aux yeux du public. Cette douceur renforce la proximité de leur changement et met en évidence la lutte et la victoire humaines.

En fin de compte, la représentation des changements puissants par King est une chronique profonde du changement intérieur que chaque personne porte en elle. Elle reflète la force de l'esprit ainsi que le danger des défis et de la distance qui accompagnent le développement personnel. Réfléchir à leur développement à travers la crise est un cadeau pour les lecteurs de King ; cela les oblige à réfléchir profondément à leurs récits de vie en voyant la profondeur insondable et la force brutale entrelacées avec les voyages de l'humanité.

Hantises intemporelles : analyser les impressions durables

Lorsque l'on explore plus en profondeur le monde de la littérature de

Stephen King, on rencontre une multitude de personnages qui restent gravés dans la mémoire des lecteurs pour l'éternité. Ces personnages ne sont pas de simples créations ; ils représentent des aspects troublants de la réalité que nous avons tendance à ignorer. À travers la description et la représentation de ces personnages, Stephen King façonne avec éloquence des sculptures de ces figures qui peuvent être analysées même après avoir refermé les pages de la fiction ou du récit. Sa profonde compréhension et sa créativité lui permettent d'explorer et de définir les impacts que ses lecteurs conserveront en eux longtemps après les avoir quittés.

La nature intemporelle des personnages de King découle de leur complexité intemporelle, qui les rend accessibles à tous, quelle que soit l'époque. Leur existence s'inscrit dans un contexte d'espoir, de peur et de vertu, ce qui les rend remarquablement pertinents, quelle que soit la période à laquelle ils ont existé. En analysant la profondeur et l'impact des personnages, on comprend pourquoi les créations de King sont si puissantes, car elles reflètent l'humanité sous toutes ses formes.

De plus, l'équilibre entre force et fragilité de ces personnages intemporels mérite d'être examiné de plus près, car leur impact se fait sentir dans toute la société. L'expérience humaine est unique et, à travers les conflits et les victoires des personnages, les lecteurs créent un lien plus fort avec leur propre vie. Ce lien fascinant permet aux lecteurs de ressentir une profonde empathie et une réflexion approfondie sur eux-mêmes lorsqu'ils s'engagent avec les personnages créés.

De plus, l'universalité des émotions et des problèmes présentés par les personnages de King ajoute à l'attrait continu de l'auteur. Qu'ils soient aux prises avec des dilemmes moraux, confrontés à des batailles psychologiques ou à des luttes extérieures, ces personnages représentent l'essence de l'humanité sous ses multiples facettes. Grâce à cette représentation incroyablement vivante des qualités humaines, les personnages de Stephen King gravent leurs noms dans le cœur des lecteurs, laissant une impression obsédante qui dépasse la fiction.

En essayant de comprendre les mystères effrayants que recèlent les personnages de Stephen King, il devient évident qu'ils continuent de résonner dans l'esprit du lecteur même après la fin du livre. Cela illustre l'impact que peut avoir la littérature, car ces personnages marquent de manière indélébile le cours de nos vies et nous enseignent la sagesse, la bravoure et l'empathie. En d'autres termes, les personnages ne sont plus ancrés dans les pages d'un roman, car ils font partie intégrante de l'humanité et transcendent les frontières du temps et de la culture à travers un large éventail d'expériences humaines, marquant de manière permanente le discours de nombreux ouvrages littéraires.

Conclusion : des échos éternels dans l'esprit du lecteur

En terminant par les personnages que l'œuvre de King donne vie, il est clair qu'ils ne sont pas seulement le fruit de l'imagination, mais qu'ils méritent d'être retenus. Les personnages de fiction de King ne quittent jamais vraiment l'esprit de quelqu'un, car ils sont créés avec des morceaux de réalité. C'est là que la maîtrise de King s'épanouit ; son œuvre de fiction est sculptée dans la réalité, et ses personnages sont profondément liés aux problèmes que la vie présente, qu'ils soient bons ou mauvais. King ne manque jamais de toucher le cœur de chaque lecteur à travers l'histoire à laquelle il s'identifie et qu'il imite. À travers une seule histoire, il raconte des milliers d'histoires dans lesquelles le public se plonge dans l'écriture, ce qui lui donne un avant-goût de sympathie, de colère et d'émotion tout à la fois. Les personnages n'existent peut-être pas, mais leurs homologues attendent que vous entriez dans le monde réel. On ne peut que constater l'impact de la fiction sur la perception qu'ont les gens de la vie et l'empathie profonde qu'ils éprouvent. Elle reflète les adversités et les luttes de tous ceux qui cherchent à explorer le monde.

De plus, l'effet de la capacité de la littérature à améliorer la vie reste toujours présent en nous. Elle change notre façon de ressentir, non seulement en écoutant les personnages, mais aussi en absorbant un raisonnement tourné vers l'avenir. En acceptant les échos, les lecteurs racontent des histoires qui les relient à des personnages sans pareil et à l'ensemble de la race humaine. Ainsi, nous considérons la fiction de King comme composée de personnages remplis d'impressions sans limites, méticuleusement façonnés à partir de l'imagination et des pensées de l'auteur. Ces impressions prennent vie et deviennent les drapeaux immortels de mondes inexistants, baignés dans les larmes de l'horreur de la vie réelle. Cela évoque le cerveau des lecteurs plus fortement que les mots ne le peuvent. Les mots sont inutiles pour expliquer cette horreur ; sans toucher aux émotions, le lecteur restera confus. En adoptant les leçons profondes et l'empathie capturées dans ces personnages, nous pouvons explorer les paysages plus riches de la réalité.

7

Au-delà de l'horreur

Explorer la profondeur psychologique des récits de King

La complexité psychologique de l'horreur

La finesse de Stephen King va au-delà des intrigues effrayantes pour intégrer les nuances psychologiques profondes qui se cachent sous la surface. En essayant de démêler les composantes fondamentales des subtilités psychologiques de l'horreur, il faut noter que les œuvres de King sont plus que de simples tentatives d'incitation au choc ; elles vont au-delà des émotions et des peurs humaines. Grâce à sa profondeur psychologique et émotionnelle, King choque les lecteurs et les pousse à réfléchir à leurs problèmes non résolus. Des nuances phobiques aux portraits de personnages empreints de terreur existentielle, la maîtrise de la prose de King témoigne de la force psychologique pénétrante qui suscite l'engagement du public. L'intonation de la peur chez King est personnelle mais universelle, élevant le statut de la littérature d'horreur au-delà de la fiction et la transformant en un vecteur qui expose nos peurs et nos vulnérabilités les plus profondes. Cette réflexion profonde permet d'établir une relation entre le public et l'histoire qui va bien au-delà du divertissement ; elle constitue également un stimulant pour examiner l'humanité.

Commencer par l'horreur psychologique dans les œuvres de King permet de comprendre à quel point il est important d'exploiter les peurs et les vulnérabilités. L'exploration suivante cherchera à révéler les couches complexes de la douleur émotionnelle et les luttes existentielles de King, qui invitent ses lecteurs à explorer les parties les plus sombres de l'esprit humain. Cela permettra de comprendre l'interaction entre la peur et la psychologie de la peur.

La peur entretient une profonde interaction émotionnelle avec les êtres humains. Dans la littérature d'horreur, Stephen King se concentre sur les profondeurs de la peur, allant bien au-delà de la simple terreur. Le thème central de ses récits est l'exploration approfondie de l'horreur à travers l'humanité, et parfois l'étude de la façon dont les émotions primaires affectent les pensées, le comportement et l'esprit d'une personne. À travers des descriptions vivantes de scénarios et de personnages terrifiants, King donne vie au concept de peur, révélant lentement la dynamique de la psychologie humaine face à la terreur.

Les paysages variés créés par King attirent les lecteurs, mais il est impossible d'échapper à la pléthore de peurs qui accompagnent les angoisses et les émotions. De la peur de l'inconnu et de la perte à la confrontation troublante avec son moi intérieur, King englobe tout cela et bien plus encore, racontant une histoire qui va au plus profond du cœur. En mêlant la peur à des émotions complexes, King distingue sa fiction des tropes de l'horreur, traversant les domaines traditionnels de la contemplation humaine exquise.

De plus, Stephen King transcende le monde fictif en générant une peur réelle chez les lecteurs, les mettant mal à l'aise sur le plan émotionnel. La dimension psychologique présentée par l'auteur met les lecteurs au défi non seulement d'accepter les calamités, mais aussi de réfléchir à la profondeur des préoccupations existentielles qui affectent profondément l'esprit de l'humanité. Les œuvres de Stephen King obligent les lecteurs à renoncer au confort et à explorer des thèmes dérangeants, ce qui leur permet en fin de compte de mieux comprendre leur psyché.

Les rouages de la peur : profondeur émotionnelle et psyché humaine

Dans les œuvres de Stephen King, la terreur superficielle est le cadet de ses soucis. Le développement des personnages inclut un travail intérieur approfondi de l'esprit et ne se limite pas aux seules peurs et désirs extérieurs d'une personne. La façon étonnante dont il donne vie à ses personnages de multiples façons est contrebalancée par l'exploration de la profondeur psychologique, transformant ses histoires de simples romans d'horreur en études sophistiquées de l'humanité.

Dans l'univers fictif de King, chaque personnage reçoit toute l'attention qu'il mérite, car il est submergé par de nombreuses émotions, ainsi que par le traumatisme et l'espoir. De Jack Torrance, le personnage brisé mais torturé de Shining, à Beverly Marsh, la jeune fille blessée mais forte de Ça, chaque personnage est détaillé avec minutie pour être aussi précis que possible. Leurs peurs et leurs luttes sont déterminantes dans la progression de l'histoire, ce qui suscite l'empathie et une réflexion approfondie chez les lecteurs.

Ce qui distingue Stephen King des autres auteurs, c'est le réalisme et la familiarité de ses héros et de ses méchants. Il dépeint leurs luttes internes et leurs conflits émotionnels, ce qui interpelle et touche le public. Cela renforce l'intérêt du lecteur pour l'intrigue, car il est captivé par les pensées des personnages.

De plus, les personnages de King ont tendance à mener leurs combats parallèlement à des problèmes de société, ce qui montre la complexité de la peur et de la force. La manière dont il dépeint la croissance des personnages, ou leur absence, reflète une réalité fluctuante. Le parcours de chaque personnage offre une perspective unique de la condition humaine à travers des représentations authentiques de la vulnérabilité, de la force et de la transformation.

Il entrelace de manière fluide les attributs psychologiques profonds des personnages et les thèmes fondamentaux de l'histoire, ce qui est impressionnant. La relation entre l'évolution des personnages et le cadre de l'intrigue crée une expérience émotionnellement explosive et captivante. La divergence de Stephen King par rapport aux motifs d'horreur classiques permet aux lecteurs d'explorer les personnages plus en profondeur, ce qui a un impact profond sur leur psychisme.

En d'autres termes, le développement des personnages chez Stephen King ne se limite pas à instiller la peur ; il devient un outil permettant de pénétrer la nature multiforme de l'humanité et les sombres vérités de l'existence. Ses personnages représentent les luttes et les victoires vécues par les êtres humains, se taillant une place en tant que véritables personnages profonds, tant sur le plan psychologique que narratif.

Haunting Minds : le développement des personnages au-delà de la terreur superficielle

L'œuvre de Stephen King transcende la simple peur facile en plongeant profondément dans les rouages de la psyché individuelle. Sa capacité à peupler ses mondes de personnages riches témoigne de sa profonde compréhension de la nature humaine, transformant les histoires d'horreur en récits intellectuellement stimulants sur l'humanité.

Chaque personnage de King est un réceptacle dans lequel il déverse tout l'éventail des émotions : cicatrices, traumatismes et force durable. De l'esprit torturé de Jack Torrance dans Shining à la résilience brisée de Beverly Marsh dans Ça, chaque personnage est sculpté avec un souci du détail minutieux, ce qui en fait des miroirs reflétant l'humanité. Leurs peurs et leurs luttes profondément enracinées ne servent pas à faire avancer l'intrigue, mais sont essentielles à leur développement, suscitant l'empathie et la contemplation des lecteurs, qui se sentent profondément connectés.

Ce qui différencie Stephen King des autres auteurs en termes de développement des personnages est la plus grande force de son art : l'empathie et la complexité qu'il apporte aux protagonistes et aux antagonistes du récit. Il illustre de manière vivante leurs luttes et leurs doutes, dépeignant une multitude d'émotions qui sont à la fois en conflit et en accord avec le public. Cela, à son tour, incite le lecteur à s'impliquer davantage dans l'histoire puisqu'il s'immerge dans l'esprit des personnages.

De plus, une analyse plus approfondie des personnages de King révèle qu'ils ont tendance à lutter contre des problèmes internes et externes menés par d'autres personnes au sein de la société. Cela met en évidence la notion multidimensionnelle de la peur et la manière dont elle est liée à la résilience. La façon dont il dépeint la croissance ou parfois la régression des personnages est en accord avec la nature imprévisible de l'existence humaine. Le parcours de chaque personnage est un microcosme de la vie humaine par excellence, capturant des manifestations brutes de vulnérabilité, de puissance et de métamorphose.

Tout aussi frappant est la facilité avec laquelle Stephen King intègre le développement psychologique des personnages dans les thèmes centraux de ses intrigues. La synergie entre le développement des personnages et l'intrigue principale des histoires crée un mélange d'émotions qui, à son tour, confère à l'œuvre de Stephen King un effet profond et captivant. En ne suivant pas les stéréotypes improductifs de l'horreur et en les ignorant, il place ses personnages et lui-même dans les pensées et les esprits de ses lecteurs, établissant ainsi un lien avec eux et résonnant dans leurs pensées.

En d'autres termes, le développement des personnages de Stephen King va au-delà de la simple évocation de la peur pour s'intéresser à un examen approfondi de la psyché et des vérités troublantes de la vie. Ses personnages dépeignent les conflits et les victoires éternels qui composent la vie humaine, devenant ainsi des représentations vivantes d'une psychologie profonde alliée à une maîtrise de la narration.

Parallèles de la paranoïa : les peurs contemporaines reflétées dans la fiction

Le suspense dans les œuvres de Stephen King reflète les peurs contemporaines de la société. Il explore les extrêmes de la psyché humaine et crée des histoires qui reflètent les inquiétudes contemporaines. Il rend la peur tangible et attrayante en puisant dans des sources universelles d'anxiété et d'inquiétude. Sa perspicacité et son observation des schémas sociologiques et de la condition humaine sont stupéfiantes. Qu'il s'agisse de technologie, de santé mentale ou des horreurs indicibles qui rôdent dans la vie quotidienne, les histoires de King traduisent les inquiétudes ordinaires en crescendos terrifiants. Dans les phobies contemporaines, il capture de manière saisissante l'essence des peurs, les transformant en histoires qui trouvent un profond écho chez les lecteurs. La fiction de King, qui explore les tourments psychologiques et les terreurs contemporaines, offre une plateforme où les lecteurs peuvent se confronter à leurs peurs. Dans cette entreprise, Stephen King aide le lecteur à se purger de ses angoisses tout en les évacuant dans le récit. Il fusionne également les peurs contemporaines avec la littérature moderne, en les entremêlant habilement avec des thèmes séculaires, brouillant ainsi les frontières entre les angoisses du passé et les préoccupations actuelles.

En tissant des parallèles historiques avec les craintes actuelles, Stephen King incite les lecteurs à réfléchir à la nature cyclique de l'anxiété et à l'intemporalité des préoccupations humaines. L'œuvre de King montre que si les circonstances peuvent changer, la peur est ancrée au cœur de l'humanité. En outre, sa maîtrise dans la transformation des angoisses modernes en art souligne sa compréhension de l'humanité. Il établit un lien avec ses lecteurs à travers des peurs et des inquiétudes communes, tangibles, qui s'entremêlent à travers les fils sombres de l'incertitude mêlés à l'univers narratif, faisant le lien entre les peurs personnelles et les réflexions sociétales dans son œuvre.

Traumatisme et transformation : histoires de rédemption et de désespoir

Derrière un traumatisme profond se cache un espace de transformation, un concept exploré dans la prose de King. Dans la plénitude de l'humanité, il existe à la fois une immense souffrance et un immense espoir. À travers la peur, le désespoir et la rédemption, King explore en profondeur les tréfonds de l'expérience humaine, en s'accrochant toujours à la lumière. Ce fait est davantage mis en évidence à travers les personnages de ses romans. En utilisant des émotions intenses et des histoires complexes, l'auteur peut approfondir les thèmes de la transcendance des traumatismes, en embrassant la nature cathartique de la narration, procurant ainsi un sentiment de soulagement émotionnel au public.

Il n'hésite pas à illustrer l'impact du traumatisme sur la vie de ses personnages. Il plonge au cœur des expériences marquantes de ses personnages.

Son approche, qui capture la complexité des cicatrices psychologiques et émotionnelles, touche aux limites d'un traumatisme aux multiples facettes. Des échos inquiétants de l'enfance aux conséquences d'un événement traumatisant, King raconte des histoires qui représentent l'impact du traumatisme de la manière la plus authentique possible, rappelant ainsi aux lecteurs leur réalité et leur essence.

Tout en élaborant des récits autour du désespoir, King fait également preuve d'espoir sous la forme d'un changement qui montre le pouvoir indomptable de l'humanité. La lutte pour surmonter un traumatisme s'apparente à la quête sans fin de la rédemption, dans un voyage tumultueux rempli de désespoir, de peur et d'éclairs d'espoir. Les messages de King sont de puissants rappels de notre capacité à subir de profonds changements, et dépeignent la métamorphose constante de la recherche de la paix, de la guérison et du réconfort.

La relation nuancée entre traumatisme et transformation nourrit la complexité de la narration de King. Elle montre qu'il existe, même dans les moments les plus sombres, un potentiel pour se relever et se reconstruire. King symbolise l'introspection pour ses lecteurs, qui découvrent à travers ses histoires l'espoir qui s'amenuise et qui est emprisonné en soi. Dans ses œuvres, il révèle la relation nuancée entre le traumatisme, la métamorphose et la quête de guérison, et offre une perception profonde de ce que signifie la vie.

Résonance émotionnelle : faire le pont entre le réalisme et les fantasmes d'horreur

Les œuvres de Stephen King illustrent la beauté de la résonance émotionnelle, où le réalisme peut être entrelacé avec des fantasmes d'horreur. Comme on le sait, King est très doué pour mélanger le terrestre et le phénoménal avec l'horrible. Ce mélange permet à l'auteur de puiser dans les peurs universelles et de rendre ses histoires accessibles. En mélangeant les éléments pour rendre l'histoire réelle, Stephen King suscite une réponse émotionnelle dans laquelle son public peut ressentir une peur réelle, de l'empathie et de l'introspection. Les sentiments et émotions liés aux aspects surnaturels et à la réalité fictive créent un équilibre qui incite le public à ressentir les peurs présentées, alors que les personnages sont aux prises avec des horreurs tangibles. Grâce à ses techniques, King divertit le public, suscite la contemplation et enrichit la narration en lui conférant profondeur et sens. En outre, King explore les complexités de la nature humaine, telles que la peur, le courage et la résilience, en brouillant les frontières entre réalité et fantastique.

Les qualités uniques qui distinguent les œuvres de King résonnent encore à un niveau profond, mêlant les thèmes stylisés de la fiction d'horreur tout en séduisant des groupes démographiques divers qui recherchent de la profondeur dans ses histoires. Ses lecteurs sont confrontés aux émotions primaires et à la fragilité des personnages qu'il met en scène, et ils y voient à leur tour le reflet de leurs propres peurs. Le mélange d'horreur et de réalité de King expose les lecteurs à leurs côtés les plus sombres tout en explorant les facettes de l'humanité. En d'autres termes, la combinaison du réalisme et de l'horreur fantastique permet à King d'avoir un impact profond sur le lecteur, renforçant ainsi sa réputation de conteur respecté.

Des monstres intérieurs : les manifestations de conflits internes

Les luttes internes sont un thème omniprésent dans les œuvres de King. Elles sont intimement liées au développement de chaque personnage et de chaque intrigue. Ces aspects de la personnalité d'un individu sont souvent appelés les « monstres intérieurs », c'est-à-dire les peurs, les insécurités, les traumatismes et les dilemmes moraux qui luttent pour quitter l'esprit de la personne affectée. Il est évident que King intègre les « monstres » aux horreurs extérieures et franchit les frontières du monde physique et mental. Cela est visible à travers des personnages marquants comme Jack Torrance dans Shining, qui est alcoolique. Sa folie est une lutte intérieure causée par son addiction et sa rage chronique. Un autre exemple est Carrie White, dont les capacités télékinésiques sont le symbole d'une vie d'abus et d'isolement.

La manière simple mais fascinante dont King dépeint les conflits fait que les lecteurs s'identifient aux personnages et se remémorent leur propre vie. Les « monstres » intérieurs ressemblent à des démons, des rencontres difficiles à ignorer et auxquelles il faut faire face. Cela oblige les lecteurs à sortir de leur zone de confort et semble aller au-delà des limites de ce qui est considéré comme de la fiction d'horreur.

De plus, les monstres parallèles illustrent le cheminement difficile vers l'acceptation de soi et la découverte de soi, mettant en évidence les subtilités de la vie humaine. Les histoires de King traitent du mélange presque impossible du bien et du mal, dépeignant des personnes qui combattent leurs démons intérieurs tout en essayant simultanément de se racheter et de transcender leurs limites. L'exploration de ce thème améliore non seulement l'histoire, mais renforce également la crédibilité psychologique qui constitue la base de la narration habile de King.

De plus, les éléments surnaturels de King sont animés par le conflit débridé de sa personnalité. En mêlant le surnaturel au mental, King élève le genre de l'horreur à quelque chose de plus grand que des notions imaginaires en approfondissant les liens entre le terrifiant et l'intime. En conséquence, les lecteurs se retrouvent dans un monde où l'ordinaire est chargé de possibilités extraordinaires, qui estompent la frontière entre la réalité et le cauchemar.

Les monstres intérieurs que nous rencontrons illustrent le mieux le génie de conteur de Stephen King, car ils obligent les lecteurs à explorer les profondeurs de la condition humaine. Ce mystère doux confronte les lecteurs à leurs peurs et à leurs insécurités absurdes, et leur permet, après une lutte psychologique, de repartir avec une compréhension qui jaillit du monde de leurs sentiments les plus intimes.

Perceptions et réalités : le voile fin qui sépare les mondes

Les œuvres de Stephen King sont un voyage palpitant dans les profondeurs de la psyché humaine. Remplies de préjugés et de conflits brutaux, elles présentent une imagination vivace que le commun des mortels perçoit autour de lui. Elles témoignent de la façon dont des perceptions différentes peuvent susciter en nous des émotions profondes, créant un monde de lutte pour la survie et la réalité.

De plus, les lecteurs reçoivent des indices qui leur permettent de confronter les soupçons de surface aux faits. En construisant le monde romanesque de King, il a utilisé de nombreux paradoxes sculptés comme des illusions visant à créer une définition du repos, enlevant le voile de la perception qui l'entoure et tissant les fils de réalités contradictoires.

Que dit-il de l'impact profond des arts sur la société, en particulier dans le cas des œuvres de Stephen King ? Ses récits servent souvent de miroir à nos peurs et angoisses sociétales, nous faisant nous sentir connectés et compris.

Stephen King laisse tomber ses métaphores sans détour, mais c'est au lecteur de les saisir et de les interpréter. Cette implication active avec le texte permet au lecteur de gagner en perception et de les mélanger, entrelaçant la réalité la plus vivante, les saturant d'un choc flou et insufflant un véritable art.

Cette reconnaissance et cette compréhension sont recherchées par une influence sociétale remarquable sur les métaphores, c'est-à-dire... la danse. Dans les œuvres de King, la danse sert de métaphore aux mouvements complexes et souvent imprévisibles de l'esprit humain et à l'interaction entre la perception et la réalité. Tout comme une danse peut être à la fois belle et chaotique, l'esprit humain, tel que représenté dans les œuvres de King, peut être à la fois fascinant et terrifiant, brouillant les frontières entre le réel et la perception.

De plus, l'idée de mondes parallèles et de dimensions alternatives, où différentes versions de la réalité coexistent, est particulièrement perceptible et frappante dans les œuvres de King. Ce concept ajoute un autre niveau de sophistication à la perception déjà profonde et au kaléidoscope de la réalité. Dans les récits de King, ces mondes parallèles représentent souvent différents aspects de la psyché des personnages ou des chemins alternatifs que leurs vies auraient pu prendre, remettant en question la perception de la réalité du lecteur et l'invitant à repenser son acceptation des normes par résonance avec le récit de King, qui est tissé de manière transparente à travers des paysages changeants.

Les personnages qui vivent dans les univers de King permettent par ailleurs d'examiner en profondeur le lien fragile entre les perceptions et les réalités. Ces personnages aux multiples facettes sont confrontés à la terrible prise de conscience d'une illusion de réalité en train de se désintégrer et au monde brutal qui se cache derrière. Les luttes des personnages dépeignent un mélange de troubles civils et de chaos, naviguant sur la fine ligne entre la raison et la folie. Ceux-ci enchante et séduit le public, l'entraînant dans le piège des perceptions et des réalités.

En trouvant le délicat équilibre entre perception et réalité, les histoires de King explorent en profondeur la nature humaine, tout en amenant le lecteur à se poser des questions sur la réalité, sa santé mentale et les éléments obsédants qui se trouvent juste au-delà de notre compréhension. En agissant ainsi, King pousse son public à tenter de percer les nombreux mensonges qui dissimulent les vérités innombrables sur notre existence, des vérités qui se trouvent souvent à une distance inconfortable des territoires interdits, au-delà de ce que nous connaissons.

Techniques narratives : la création d'un thriller psychologique

Les procédés techniques sont toujours nécessaires pour créer les fondations d'un thriller, car ils rehaussent l'atmosphère et le contexte de leur contenu principal. Dans les œuvres fantastiques de Stephen King, ces procédés sont si bien utilisés que ses lecteurs se retrouvent dans un état d'inconfort et de profonde réflexion sur eux-mêmes. L'un des procédés les plus efficaces est l'utilisation d'un narrateur peu fiable. Ce procédé oblige le lecteur à remettre en question la plausibilité et les faits présentés. Les lecteurs adoptent une position plus critique envers les événements présentés, car les faits et leur interprétation sont étroitement liés. L'utilisation de sous-catégories de chronologies, en particulier de récits temporels multiples, permet une exploration plus fine des motivations, des actions et des conséquences du personnage. Cela modifie la prévisibilité et maintient ainsi les lecteurs en haleine tout au long d'une histoire (en boucle) aux multiples ramifications. La capacité de Stephen à contrôler et à réguler le rythme et le suspense du récit s'inscrit dans la meilleure tradition de son art narratif brutal et implacable. Une biographie concise qui met en avant chaque émotion et chaque fait oblige le lecteur à se plonger plus profondément dans l'histoire qui se dévoile et dans les problèmes des héros eux-mêmes.

De plus, l'utilisation du symbolisme et de la métaphore dans l'écriture de King ajoute un autre niveau de nuance à l'histoire que les lecteurs doivent interpréter, les obligeant à travailler pour saisir le sens plus profond sous le flux conscient de l'intrigue. À travers les thrillers psychologiques, King ne se contente pas d'intégrer des éléments de suspense ; il incorpore ces couches métaphoriques pour construire un cadre complexe de terreur qui transcende l'horreur traditionnelle. Il oblige les lecteurs à se pencher sur des questions difficiles liées à leurs peurs fondamentales et aux dilemmes moraux de l'histoire. Ces techniques transforment le genre du thriller psychologique tout en comblant le fossé entre la fiction et la réalité. En naviguant dans les intrigues captivantes de King, les lecteurs revivent une expérience multidimensionnelle qui les amène à s'interroger sur la complexité de leurs émotions et du monde au-delà des pages. Cette expérience leur permet de réfléchir à des thèmes qui persistent après la dernière phrase.

Conclusion : des échos de l'esprit dans les chefs-d'œuvre de King

En conclusion, l'exploration de l'œuvre de Stephen King est un voyage transformateur qui explore les limites de la structure délicate d'un récit et de la réflexion psychologique complexe qui y est intégrée. À travers le prisme de l'horreur et des subtilités psychologiques, les histoires d'horreur de King renferment des miroirs de nos peurs, de nos désirs et de nos vulnérabilités les plus intimes et incitent les lecteurs à les affronter et à les transformer. En parcourant ses histoires, les lecteurs sont inévitablement confrontés aux échos de leurs peurs et pensées les plus réalistes, enfouies au plus profond de leur esprit, ainsi qu'à leur potentiel de changement et de croissance.

Sa capacité à écrire des œuvres d'art à résonance psychologique est sans égale parmi les écrivains de fiction d'horreur, ce qui le distingue à mes yeux. Les personnages de King sont tissés des fils de personnes réelles aux prises avec les démons de leur passé, de leurs traumatismes et de leurs combats personnels sous une forme ou une autre. La tonalité inquiétante de chaque œuvre amène le lecteur à s'interroger sur lui-même, ce qui l'incite à une exploration introspective pour affronter les monstres qui se cachent au plus profond de lui.

De plus, les œuvres de King se caractérisent par une structure narrative complexe, due à la représentation nuancée des peurs contemporaines et des angoisses sociétales qu'elles expriment. Par exemple, son exploration de l'isolement, de la perte et de la fragilité de la raison reflète les angoisses qui prévalent dans la société moderne. Les récits de King servent souvent de miroir aux peurs et aux angoisses de ses lecteurs, les aidant à contempler la vérité la plus objective et la peur commune qui traverse les âges et les cultures. En abordant ces peurs contemporaines, les œuvres de King divertissent, mais provoquent également la réflexion et l'introspection.

En réfléchissant aux échos de l'esprit dans les chefs-d'œuvre de King, il devient clair que son impact va au-delà du domaine de la fiction populaire. Ses œuvres suscitent l'empathie, mettant en lumière les vulnérabilités que tous les êtres humains endurent. En mêlant horreur et profondeur psychologique, King nous permet de mieux comprendre l'énigme de l'esprit humain et dresse un tableau qui permet aux lecteurs d'apprécier leur propre complexité. À travers ce prisme, les chefs-d'œuvre de King mettent en lumière la façon dont des histoires puissantes peuvent traverser les régions inexplorées de l'esprit humain tout en laissant une empreinte marquante qui persiste en nous.

8

Au cinéma

Adaptations de la page à la légende cinématographique

Les débuts du cinéma transformationnel

Au fil du temps, les histoires de Stephen King ont toujours captivé le public grâce à leurs détails saisissants et à leurs thèmes horrifiques envoûtants. Maintenant qu'il commençait à gagner en popularité en tant qu'auteur, Hollywood ne pouvait plus attendre de pouvoir s'inspirer de ses livres et tirer profit de la « machine à faire de l'argent ». Les premières adaptations ont marqué un tournant pour le cinéma, car les cinéastes ont alors remarqué à quel point les histoires de King étaient intrigantes et commercialisables. La présence de King à Hollywood ne s'est pas limitée à l'adoption d'une tendance, de l'inquiétante Carrie (1976) au sombre et fascinant Shining (1980). Ce fut le début d'un héritage durable en matière de maîtrise cinématographique. Ces adaptations ont mis en évidence le talent de conteur de King et ont transformé le genre de l'horreur et du suspense au cinéma. Elles ont donc servi de prélude à l'univers de l'habileté inégalée de Stephen King. Le mariage du texte de King avec la narration visuelle n'a pas seulement rehaussé le genre de l'horreur, mais a également conquis les cinéastes et le public.

En plongeant dans l'origine du voyage interétatique d'un livre de King, on découvre des domaines de créativité et de collaboration qui ont radicalement transformé l'industrie cinématographique. Les films produits à partir des histoires de King ont établi une référence pour les adaptations futures, marquant le début de son héritage polyvalent à l'écran.

Les premières adaptations : prendre pied à Hollywood

Les premières tentatives de mise en scène des œuvres de Stephen King, qui reflètent les changements apportés à ses récits écrits, marquent ses débuts dans le monde du cinéma. Basés sur ses livres, ils présentent un mélange de possibilités et de limites, ouvrant la voie aux futures adaptations de ses œuvres. Les films Carrie (1976) et Shining (1980) marquent le début des tentatives d'adaptation de romans au cinéma. Ces adaptations ont eu un impact significatif sur l'industrie cinématographique et sont devenues l'épine dorsale de la transformation du genre horrifique. Ces films ont non seulement accru la popularité des romans de King, mais ont également marqué le début de sa carrière dans le monde du cinéma.

Cette période a vu un intérêt explosif pour l'horreur et le suspense, qui coïncidaient parfaitement avec la fascination culturelle pour le macabre. Les cinéastes ont pu créer des adaptations captivantes et puissantes de l'œuvre de King grâce à la profondeur et à la complexité de son écriture. En particulier, Carrie a émerveillé les spectateurs par sa représentation effrayante d'une lycéenne exclue dotée de pouvoirs télékinésiques.

Dans le même temps, Shining explorait l'effondrement psychologique d'un écrivain et de sa famille dans un hôtel isolé. Ces premiers succès ont démontré la capacité de Stephen King à exploiter les peurs et les angoisses omniprésentes susceptibles de toucher un large public.

Malgré le succès de King, obtenir un accueil positif n'a pas été aussi simple. Adapter un récit complexe et nuancé à la structure plus rigide d'un long métrage reste une tâche difficile. Il fallait trouver un équilibre délicat entre l'esprit du matériau et les éléments visuels de narration du cinéma. En outre, le défi créatif majeur consistait à adapter la riche dynamique des personnages et les thèmes complexes détaillés dans l'œuvre de King sans en perdre l'essence.

Les adaptations cinématographiques de ses œuvres ont eu du mal à saisir la complexité de ses récits à plusieurs niveaux, mais elles ont reçu un accueil positif. Cela a contribué à consolider la réputation de King en tant que figure littéraire du cinéma. Les films étaient incroyablement attrayants pour le public. Ces premières adaptations des livres de King ont été saluées, ce qui a favorisé de nouvelles collaborations entre les cinéastes et l'auteur. Elles ont établi un héritage qui a donné naissance à d'excellents films qui ont séduit aussi bien le public que la critique.

L'ère des superproductions : Stephen King et le succès au box-office

Dans l'histoire du cinéma, Stephen King est souvent considéré comme ayant eu l'impact le plus profond. En tant que roi de la littérature d'horreur, l'ère des superproductions a commencé avec ses romans adaptés, qui ont fait exploser les ventes. On attribue cette hausse des revenus à l'émotion transmise dans les livres de King et à la profondeur passionnante avec laquelle il explore l'esprit humain. Dans ces circonstances, ses films sont devenus la pierre angulaire de l'industrie des superproductions hollywoodiennes.

Son style narratif et sa maîtrise des peurs et des désirs primaires ont naturellement trouvé un écho sur le grand écran. À partir de ses classiques Carrie et Shining, les cinéastes ont cherché à capturer la richesse de l'œuvre littéraire de King et à la faire vivre visuellement et émotionnellement pour un public mondial. Avec la sortie de ces films, King a étendu son influence, ouvrant la voie à une douzaine d'adaptations cinématographiques qui ont été considérées comme des succès culinaires sans précédent.

Ce qui rend ces adaptations uniques, c'est la façon dont elles traduisent les personnages complexes et les intrigues complexes de King en spectacles visuels. Ses personnages bien-aimés, Pennywise, Annie Wilkes et Jack Torrance, ont été présentés au public mondial dans des représentations puissantes qui ont marqué les esprits. La façon dont ces adaptations ont fidèlement représenté l'esprit des œuvres de King a fait de l'auteur une figure culturelle, consolidant ainsi son statut de classique dans l'histoire du cinéma moderne.

Avec chaque adaptation réussie, Stephen King est devenu un exemple mondial du potentiel marketing des superproductions, transformant à lui seul la vision de l'horreur de l'industrie tout en revendiquant son titre de père de la littérature d'horreur moderne. Aujourd'hui encore, ses œuvres continuent d'attirer l'attention et l'intérêt des cinéastes et du public, ce qui montre que l'ère des superproductions sera toujours associée à King.

Pleins feux sur les réalisateurs : des visionnaires dans les coulisses

Lorsqu'il s'agit d'adapter les œuvres de Stephen King au cinéma, les réalisateurs jouent un rôle essentiel dans l'impact global et la vision du film.

AU-DELÀ DES PAGES 109

Chacun des récits riches de Stephen King est publié sous forme de livre, et leur adaptation cinématographique nécessite à la fois le talent artistique de l'auteur et une grande attention en raison de la nature complexe du récit. Voici quelques réalisateurs visionnaires qui ont mis tant de passion et d'efforts à adapter les histoires de King au cinéma.

D'autres cinéastes, tels que Brian De Palma, Stanley Kubrick, Rob Reiner et Frank Darabont, sont connus pour avoir produit des films de King qui ont marqué l'histoire du cinéma et changé le cours de l'horreur et du cinéma grand public. Grâce à leurs techniques uniques, ils ont transformé les histoires de King pour l'écran et, ce faisant, ont gagné la confiance des fans et des critiques, devenant ainsi des visionnaires respectés.

Cette partie examinera également la collaboration entre le réalisateur et King comme un dialogue créatif plus élaboré façonnant le cadre d'adaptation vertical à l'interface de ses histoires cinématographiques. L'équilibre trouvé par les réalisateurs entre les complexités de l'horreur et la profondeur des émotions humaines est remarquable, car ces réalisateurs ont enrichi la tapisserie filmique de l'univers de King tout en restant fidèles au matériau source.

Nous analyserons également les conséquences des décisions de réalisation sur les archétypes des personnages, les décors et le ton des adaptations, illustrant l'impact de la vision du réalisateur sur les moments et les personnages les plus transcrits des versions originales. Nous examinerons également l'adaptation des thèmes centraux et des motifs marquants du texte au film, en prêtant attention aux modifications qui ont contribué à l'impact durable des histoires de King sur la culture populaire contemporaine.

Ainsi, nous pouvons constater le remarquable travail des cinéastes qui, grâce à des interviews approfondies, des enregistrements et l'analyse critique des coulisses, s'efforcent de proposer aux spectateurs le meilleur des chefs-d'œuvre cinématographiques de King. L'univers des romans de King est rempli de lieux effrayants comme l'hôtel Overlook et Derry ; avec beaucoup d'imagination et de talent artistique, les cinéastes les animent, donnant vie aux mondes effrayants de King et apportant une nouvelle perspective à l'imagination des cinéastes.

Traduire l'horreur : les défis de la fidélité au matériau source

Les romans d'horreur offrent aux cinéastes un riche champ d'imagination. De la réalité démantelée au traumatisme psychologique brut, la traduction s'avère toujours être un défi. Les adaptations de Stephen King sont notoires et ont une capacité d'horreur qui fait peur à des familles entières. Capturer la peur qui fait hurler met en scène une histoire complexe profondément ancrée dans la psyché d'êtres fragmentés. Pour les cinéastes, se concentrer et tenter de rester fidèle à une adaptation est le moyen le plus simple d'ajouter une corde à leur arc. Avec autant de séries dans le monde, la ménagerie psychologique déjà redoutée se transforme en cirque.

Tous les fans de King se demandent ce qu'il faut garder et jeter. Il construit la terreur avec des attentes subtiles et incroyablement raisonnables. Équilibrer les histoires de King et laisser de la place à l'imagination du lecteur devient l'objectif le plus crucial du travail d'un scénariste. De plus, capturer l'imagination pure placée dans des limites obsédantes est une autre science, tout comme les attentes visuelles.

Adapter les œuvres de King, en particulier ses films, nécessite de veiller à préserver sa voix narrative unique, ainsi que les différents aspects du développement des personnages. La complexité des personnages de ses romans est captivante et épuisante en raison du grand nombre de forces antagonistes auxquelles ils sont confrontés, y compris eux-mêmes. Trouver un équilibre entre ces subtilités tout en adaptant l'histoire pour qu'elle tienne dans le cadre archétypal d'un film de deux heures n'est pas une tâche facile ; cela implique souvent une interprétation impitoyable du développement crucial des personnages et de la progression de l'intrigue.

De plus, le genre de l'horreur pose des difficultés particulières en matière d'adaptation. Adapter les romans de King signifie traduire l'atmosphère déstabilisante et l'horreur pure en expériences visuelles, ce qui nécessite de maîtriser les techniques d'induction de la peur en matière de cinématographie, de conception sonore et de montage. La tension narrative palpable doit être maintenue, mais l'expérience émotionnelle du public doit également être intensifiée et approfondie par des éléments visuels.

L'analyse sociologique et les thèmes fondamentaux de la nature humaine que l'on retrouve dans la littérature de King sont tout aussi importants. Ses histoires les plus effrayantes ont souvent pour thème central une question sociétale plus profonde et un conflit humain complexe. Il est essentiel que ces thèmes, aussi délicats soient-ils, soient préservés lors de la réalisation d'un film basé sur le livre, car ils enrichiront le film et offriront au public quelque chose de plus que de la terreur.

Quelles que soient les difficultés qu'elles peuvent présenter, les adaptations réussies des œuvres de King ont démontré qu'il est possible de transposer l'horreur d'un roman à l'écran pour réaliser des films formidables et durables, qui respectent l'œuvre originale tout en ayant leur propre caractère. Lorsqu'elles sont réalisées avec soin et dans le respect de l'intention de l'auteur, ces adaptations illustrent le pouvoir de la narration dans la littérature et le cinéma.

Des récits axés sur les personnages : donner vie à des personnalités complexes

Dans les adaptations de Stephen King, la représentation des personnages est fondamentale. Ceux-ci ne sont pas de simples personnes, mais plutôt le produit d'une fusion d'expériences et d'émotions qui est au cœur de la structure narrative de l'auteur. Les faire vivre à l'écran est toujours une entreprise délicate mais importante. L'une des caractéristiques distinctives de l'œuvre de Stephen King est le souci du détail qu'il apporte à la construction de ses personnages, et c'est sur cette base qu'ils sont créés pour les adaptations.

La transmission de la personnalité à travers la performance fait appel aux subtilités comportementales des personnages, à leurs motivations et à la myriade de détails qui les accompagnent. Toutefois, il est difficile de concilier ces deux objectifs. De l'emblématique Annie Wilkes dans Misery au plutôt sournois Roland Deschain dans La Tour Sombre, ces personnages résistent à l'examen minutieux de l'adaptation et restent fidèles à eux-mêmes. Les récits de King coulent de source, imprégnés d'une riche dynamique de personnages, grâce à l'exécution réfléchie de ces diversités.

L'analyse des actions des personnages en fonction de leur psychologie, de leur traumatisme et d'autres questions complexes de la nature humaine apporte une profondeur supplémentaire. Ces éléments deviennent les moyens par lesquels le public fait l'expérience de la psyché humaine. Ainsi, ces récits, portés par des personnages, témoignent de la capacité de transformation des histoires de King, de la façon dont elles attirent et engagent les gens dans un domaine plus profond que le simple divertissement.

La représentation des personnages est tout aussi importante pour les actrices et acteurs talentueux qui donnent vie à ces personnages, en incarnant chaque nuance et chaque détail de leur personnalité, telle que décrite dans le livre. À travers leurs performances, le public apprécie la véritable essence de ce que King a créé. Leur talent artistique transforme les émotions et les conflits de chaque personnage en une tapisserie de la vie, afin que les spectateurs puissent faire l'expérience de couches de réalité plus profondes et plus vraies que la fiction.

Les adaptations des œuvres de King par Dramática nécessitent un « investissement de ressources » pour garantir que ses personnages restent fidèles à leur essence. Ainsi, la coopération entre scénaristes, réalisateurs et acteurs est nécessaire pour révéler la richesse qui sommeille dans l'œuvre de King. Ce n'est alors que les personnages dépassent le mot écrit, en libérant le potentiel de transformation de l'héritage narratif de King et en les intégrant dans la trame du film.

Accueil critique : analyse du point de vue des critiques

L'évaluation critique des nombreuses adaptations cinématographiques des romans de Stephen King est particulièrement fascinante du point de vue de l'intersection entre littérature et cinéma. L'étude de cas de l'analyse d'un critique suggère que ses préjugés sous-jacents ont influencé son jugement, y compris celui de nombreuses œuvres, ainsi que les interprétations de la littérature et même ses préférences, certaines thématiques et d'autres purement esthétiques. Outre le grand public, les critiques ont la première occasion d'exprimer leurs opinions, qui déterminent souvent le succès en salle et l'importance culturelle d'un film. En exprimant leurs opinions, ils mettent l'accent sur de nombreux éléments tels que le développement et la construction de l'intrigue, la mise en scène, le jeu des acteurs et même la conception générale de la production du film.

L'une des principales considérations est le respect des matériaux, c'est-à-dire la fidélité à la source. Les critiques analysent attentivement la manière dont l'adaptation rend compte des personnages, du cadre et des étapes importantes par rapport à l'œuvre de King. Cela sert de référence à de nombreux experts et novices, qui évaluent si le film est resté fidèle à l'original. En outre, cela enrichit les discussions sur les revendications d'intégrité et de préservation de l'originalité de l'art, qui deviennent la base d'une analyse importante.

Dans le cadre de l'étude, la mise en scène et les choix opérés pour raconter les histoires de King à l'écran sont également explorés. Les choix des réalisateurs en matière de style, de ton et de rythme de l'histoire sont critiqués, en examinant l'impact des décisions de mise en scène sur l'immersion et le lien émotionnel du public. Souvent, les critiques jugent si l'adaptation réussit à mettre en valeur les éléments les plus captivants du récit de l'auteur ou si elle ne parvient pas à les capturer, ce qui influence alors les jugements des spécialistes.

La représentation de personnages examinés de manière critique rappelle au public les personnages dont il a lu l'histoire et soulève un autre point que les critiques examinent. Chaque représentation est critiquée par rapport à l'interprétation du personnage par le Roi, ce qui permet aux critiques d'évaluer cette interprétation. Les personnages sont interprétés différemment, mais la représentation de leurs actions, qu'elle soit dramatique, sympathique ou complexe, façonne le jugement critique et influence l'évaluation de la résonance émotionnelle et de la profondeur de l'adaptation concernant ses personnages centraux.

La beauté visuelle et l'éclairage sont également l'objet d'une analyse critique. L'atmosphère des mondes de King est examinée en termes de capture de la beauté étrange et de l'atmosphère obsédante qui imprègnent ses récits à travers le symbolisme et les métaphores visuelles. Les critiques analysent l'intégration des images et de l'action, reconnaissant sa valeur dans la transformation de l'adaptation en un film de grande qualité.

En résumé, l'examen de la réception critique offre une vision complète des divers facteurs qui caractérisent les adaptations cinématographiques des œuvres de Stephen King. En examinant les points de vue des critiques, on apprécie la complexité des relations entre les composantes créatives et les dimensions interprétatives que ces adaptations ont reçues, marquant les adaptations comme des jalons importants dans l'histoire du cinéma.

Engagement du public : cultes et réactions des fans

L'engagement du public envers les adaptations de Stephen King va bien au-delà du divertissement. Il s'agit d'un phénomène culturel qui transcende les générations, des lecteurs passionnés aux fans de cinéma et de télévision. Une base de fans dévoués attend avec impatience chaque nouvelle adaptation des histoires de King, créant une excitation sans pareille dans la narration moderne.

Les fans dévoués des œuvres de King se réunissent souvent au sein de clubs de lecture, de forums en ligne et de conventions littéraires et cinématographiques annuelles qui célèbrent son travail. La plupart de ces fans éprouvent un attachement profond pour les histoires, les personnages, les thèmes ainsi que l'œuvre dans son ensemble, qui perpétue un sentiment de communauté partagé avec enthousiasme.

De plus, les discussions entre fans reflètent des perspectives diverses et mettent en évidence les effets des récits de King sur différentes personnes. Les histoires emblématiques prennent vie à travers des discussions passionnées, des analyses et des réinventions qui sont certainement au cœur de l'appréciation de la profondeur et de la beauté de ces récits. L'œuvre de King reste importante en raison de son impact émotionnel sur le public à travers les adaptations réalisées, ce qui en dit long sur sa pertinence culturelle.

Les relations de collaboration entre les fans et leurs adaptations vont au-delà de la simple visualisation ou lecture passive du contenu ; de nombreux fans s'engagent activement dans des projets croisés, notamment des fan fictions, des illustrations ou tout autre type d'adaptation multimédia se déroulant dans l'univers de King. Cette participation dépasse le cadre de l'engagement traditionnel et conduit à une narration collective qui s'appuie sur le récit, enrichissant ainsi l'héritage des œuvres de King.

Les adaptations de King suscitent des frissons et une profonde réflexion sur soi-même, ce qui est peut-être leur plus grand atout et reste la raison principale de leur popularité. Ces réactions mettent en évidence le génie de l'auteur dans l'élaboration de ses histoires et leur commercialisation, qui ont imprégné une culture largement partagée et continueront toujours à faire l'objet d'éloges.

En résumé, les interprétations durables de Stephen King témoignent de la grande intersection entre les consommateurs et les créateurs, reflétant l'impact de leur réception, qui sera visible pendant longtemps. Leur héritage ne se limite pas à l'argent et à la renommée ; il représente la profondeur et la durée de leur souvenir dans l'esprit des gens et de sociétés entières, aussi éloignées soient-elles.

Des bandes originales emblématiques : une musique qui amplifie la tension

Penser aux adaptations cinématographiques et télévisuelles de Stephen King invite à une évaluation approfondie de son œuvre et de ses sonorités. Il est également important d'analyser les bandes originales, ignorées par la critique. Les adaptations cinématographiques de King ont une musique très particulière qui accentue la tension tout au long des récits de King et de leurs films correspondants. La combinaison de la vue et du son a toujours eu un impact puissant, et de grands compositeurs ont écrit de la musique pour capturer l'esprit des histoires de King. Il y a le thème au piano de « Cimetière vivant » et les effroyables cordes de « Misery » qui s'amplifient, brouillant les frontières entre la musique et l'histoire et plongeant le public dans un voyage effrayant et captivant. Ces œuvres sont des chefs-d'œuvre de grands musiciens tels que John Williams, Howard Shore et Christopher Young, qui ont mis toute leur âme dans la musique, donnant vie aux terreurs inexplicables cachées dans les mots de King. Les adaptations de King utilisent également le son à la fois diégétique et non diégétique, donnant de nouvelles dimensions à l'expérience cinématographique qui vont au-delà des images, façonnant des tournants cruciaux et ancrant une tension et des idées puissantes dans l'esprit du spectateur.

Les adaptations des personnages et des décors sont souvent devenues célèbres, tout comme les adaptations dites « sonores » de Stephen King. Au-delà des écrans, le son enrichit les souvenirs associés à l'expérience de l'exploration des adaptations de Stephen King. Avec les progrès de la technologie, la bande-son surround intégrée aux adaptations devient de plus en plus élaborée, ce qui renforce l'immersion du public. Des morceaux de musique acclamés soulignent la profonde compréhension de l'œuvre de King par les créateurs contemporains, ainsi que l'impact de la narration et de la musique, qui amplifient les émotions déjà puissantes de l'écriture de King. Renforçant ce lien, la musique et le récit témoignent de l'héritage imprimé dans les chefs-d'œuvre du cinéma tout au long de l'histoire du cinéma : ils expliquent pourquoi ces adaptations sont intemporelles.

L'héritage des adaptations : impact sur le cinéma et la télévision

Les adaptations de Stephen King font partie intégrante du cinéma et de la télévision contemporains. Elles ont marqué l'évolution de la narration au cinéma et à la télévision. Les œuvres de King en tant que romancier et auteur ont captivé l'imagination du public, non seulement par l'écrit, mais également par les défis et les opportunités significatives qu'elles ont posés aux cinéastes, façonnant le cinéma pendant des décennies. Même en dehors du divertissement, les impacts sociaux et culturels des histoires de King ont changé la vision du monde de la société. Ainsi, l'importance de ses histoires dans les adaptations cinématographiques et télévisuelles s'inscrit dans un contexte plus large d'analyse de l'impact de l'imagination et de la créativité de King. Une caractéristique remarquable de ses adaptations est leur large acceptation par différents groupes d'âge et catégories démographiques. Son œuvre est populaire en raison des thèmes universels et des personnages réels présentés dans les adaptations, auxquels tout le monde peut s'identifier, ce qui en fait un élément essentiel de la culture populaire. Non seulement les adaptations ont augmenté l'audience des films et des séries télévisées, mais elles ont également transformé l'interaction du public avec les médias visuels. Elles ont établi de nouvelles normes pour les genres de l'horreur, du suspense et du drame, et sont utilisées par de nombreux créateurs ultérieurs pour s'en inspirer.

De plus, les adaptations de King ont lancé la carrière de nombreux acteurs, réalisateurs et scénaristes. Ces impacts soulignent profondément la puissance de son travail dans l'industrie du divertissement. En outre, la portée du marketing et du merchandising est également influencée par les adaptations de King en raison du large éventail de produits et de souvenirs de la culture pop qu'elles ont créés. Des poupées aux figurines d'action, en passant par les différentes lignes de vêtements, la portée de ces adaptations va au-delà de l'écran et s'étend à la vie quotidienne. En outre, les adaptations ont également suscité un examen académique des récits de King concernant les processus d'adaptation de la littérature au cinéma, nourrissant ainsi un engagement critique important envers son œuvre. Elles sont devenues des exemples pédagogiques pour étudier les concepts d'adaptation, de genre et de réception du public, et ont élargi les connaissances sur les récits visuels. En substance, les adaptations de King ont eu un impact commercial durable sur l'art de la télévision et du cinéma, mettant en évidence leur présence croissante dans la littérature classique et les courants changeants du paysage cinématographique. Ces adaptations marquent des étapes importantes dans l'évolution des médias visuels.

9

Le mal, l'empathie et tout ce qui se trouve entre les deux

Le bien contre le mal dans l'univers de King

Définir le bien et le mal dans la littérature

Dans la plupart des œuvres littéraires, ce thème a toujours existé et constitue l'épine dorsale du récit. Des mythologies anciennes aux best-sellers modernes, la dualité du bien et du mal captive les lecteurs et les universitaires, déclenchant des débats sur la moralité, la nature humaine et les constructions sociales. En théorie littéraire, la dualité du bien et du mal est étroitement associée à l'éthique, à la philosophie dualiste et à la recherche de sens dans les récits. Les écrivains ont tenté de représenter des batailles acharnées entre des éléments opposés en dépeignant des personnages et des intrigues pleins de vertus et de vices, mettant en évidence les subtilités de ce thème. Par ailleurs, tout au long de l'histoire littéraire, les auteurs ont utilisé le binôme du bien contre du mal comme une lentille à travers laquelle ils ont pu capturer le comportement humain, la structure morale et la tapisserie non dite de la société. L'exploration de cet élément thématique fondamental permet de mieux comprendre le tissu même, la moralité et les conflits qui façonnent notre compréhension du bien et du mal. Il est essentiel de réfléchir à la manière dont nous définissons l'humanité par rapport aux questions morales, tout en exposant les nuances de la conscience sociale.

L'analyse de la vertu et du vice dans la littérature révèle par ailleurs l'intensité sans limites de la vie humaine ainsi que les dilemmes et crises éthiques qui l'accompagnent et affectent nos histoires personnelles et collectives. En s'engageant dans ces domaines de réflexion, il faut noter le flou des frontières entre le bien et le mal ; souvent, ces extrêmes se situent dans un spectre ou se fondent en une seule unité. Ils se développent et se déploient dans l'intrigue, permettant aux lecteurs d'explorer les changements et les contradictions morales. En d'autres termes, le conflit littéraire entre le bien et le mal est bien plus qu'une simple histoire : c'est un paradoxe insaisissable à travers lequel nous réfléchissons, philosophons et comprenons mieux l'humanité. En abordant ce thème spécifique, on se rend compte des motifs qui captivent l'imagination et qui poursuivent la confrontation perpétuelle entre l'intelligence et l'oubli.

Les complexités de l'antagonisme : les multiples facettes des méchants de Stephen King

Les antagonistes de Stephen King ne sont pas des méchants typiques. Ce sont des personnages complexes dont les subtilités défient les stéréotypes. King ne se contente pas d'attribuer des traits maléfiques à ses protagonistes ; il donne à ses antagonistes des raisons profondes à leur malveillance, à leurs troubles mentaux et à leurs histoires déchirantes. Ces antagonistes sont malveillants à tant de niveaux qu'ils doivent posséder un surmoi, défiant la vision traditionnelle de l'immoralité en fusionnant des attributs moraux opposés. De Randall Flagg dans The Stand à Pennywise le clown dans It, les antagonistes de Stephen King sont terriblement séduisants et profondément inoubliables.

Ce qui différencie les antagonistes de Stephen King, c'est la profondeur de leur lien avec les émotions du public. L'humanisation de ces personnages permet au public de Stephen King de s'identifier à eux, ce qui signifie qu'ils ne peuvent pas être considérés comme des méchants sociopathes sans âme. Le conflit intérieur, les passés tourmentés et les illusions sadiques qu'ils possèdent mettent en évidence la lutte même qui réside en chaque être humain, amenant les lecteurs à s'interroger sur les profondeurs sinistres qu'ils recèlent. Par cette autoréflexion, King oblige son public à affronter le côté obscur qui se cache en chaque personne, dissolvant les frontières entre le bien et le mal.

De plus, les méchants de King, analysés en profondeur, reflètent une raison ou une peur très particulière au sein de la société actuelle. Ils servent de rappel synthétique des questions sous-jacentes qui attendent d'être découvertes et d'approfondir l'humanité encline à franchir la ligne de la moralité. En allant au-delà de la catégorisation unidimensionnelle d'un antagoniste, les méchants implacables de King deviennent un moyen de dépeindre la complexité de l'humanité ainsi que sa morale mêlée à la guerre sans fin entre la lumière et l'obscurité.

Cette malignité stratifiée est rendue complexe par une combinaison de facteurs, notamment l'absence de morale et un niveau de détresse psychologique plus faible. En cela, King subvertit l'archétype traditionnel du méchant. Cette forme raffinée de méchanceté élargit la portée du récit en ajoutant des couches de profondeur philosophique et existentielle. Rencontrer les antagonistes dans les œuvres de King évoque une lutte profonde contre un mal irrésistible, et soulève des questions profondes sur la méchanceté débridée, la moralité grossière et un conflit permanent pour la rédemption.

Les méchants de King sont bien plus profonds que prévu, car ils vont au-delà des limites tracées par les histoires populaires. Les recoins les plus sombres de la conscience humaine sont entièrement déverrouillés et explorés. Son mélange charmant et paradoxal de traits présente un changement étonnant dans la méchanceté littéraire, qui assure leur place dans la mémoire de tout lecteur.

L'empathie, le pont : comprendre les protagonistes et leurs motivations

Dans l'univers de Stephen King, les personnages centraux servent de guides aux lecteurs, leur permettant de connaître les limites éthiques du bien et du mal. Pour bien saisir les nuances de cette bataille perpétuelle, il faut explorer les motivations et les subtilités des personnages centraux. La capacité de Stephen King à présenter des protagonistes profondément enracinés qui luttent contre des problèmes réalistes permet aux lecteurs de s'immerger dans l'histoire. Ce lien nourrit l'empathie et comble le fossé entre le monde de la fiction et la vie du lecteur. Un personnage héroïque est efficace s'il incarne plusieurs traits qui reflètent des personnes réelles, permettant au public de les comprendre différemment. De plus, les protagonistes de King représentent souvent des origines, des expériences et des valeurs différentes, ce qui ajoute de l'ampleur à leurs triomphes et à leurs luttes. En essayant de naviguer entre le bien et le mal, la bonté et la méchanceté, les personnages de King allient vulnérabilité et force, tout en exhortant les lecteurs à affronter leurs propres dilemmes moraux et à réfléchir à ce qu'est vraiment le bien et le mal. Lorsque les lecteurs s'investissent émotionnellement dans ces personnages, ils ont tendance à se préoccuper de la résolution du conflit central, car cela modifie leur interaction avec l'histoire, qui passe de la résolution passive de l'énigme à l'engagement actif dans le récit.

Ainsi, la compréhension de l'empathie accordée au protagoniste devient emblématique de l'empathie envers les idées centrales du récit. King subvertit les archétypes en donnant habilement vie à des personnages profondément imparfaits et aux prises avec la dualité de leur existence, tout en tentant de se racheter ou de se corriger. La lutte intérieure est une représentation captivante de l'effort intemporel pour succomber au vice ou le surmonter et rechercher la vertu. King approfondit la complexité de ses héros et anti-héros, qui, aux prises avec leurs défauts authentiques, sont contraints de faire des choix lourds de conséquences, soulevant de profondes questions éthiques. D'une part, l'empathie pour les protagonistes facilite l'appréciation du livre et encourage la réflexion, aidant les lecteurs à faire le point sur leurs propres attitudes et principes moraux. Trouver les raisons pour lesquelles les protagonistes et antagonistes de King vivent de telles aventures motive à la fois la réflexion et les émotions, l'empathie servant d'outil pour plonger dans le bien et le mal dans le cadre du récit élaboré de King.

Ambiguïté morale : des personnages pris entre la lumière et les ténèbres

L'univers fictionnel complet de Stephen King contient une dualité du bien et du mal avec une division dichotomique grossière, ce qui donne naturellement des personnages moralement ambigus ayant une nature complexe, comme ceux de la vie réelle. Ces personnages luttent avec de nombreuses nuances de bonté et de mal moral alors qu'ils sont confrontés à une myriade de conflits internes et de forces externes qui les tentent de se rendre au côté le plus sombre de la nature humaine. King saisit si bien l'ambiguïté morale de la vie tout en explorant les limites des abjections démoralisées qu'il donne naissance à des personnages qui ne peuvent être classés uniquement comme bons ou mauvais. L'auteur tisse de manière complexe la tourmente éthique de ses protagonistes pour contraindre les lecteurs à réfléchir à ce qui les pousse vers le bien et le mal. Avec ces paradoxes moraux, King défie cyniquement la société tout en construisant une nouvelle perception de l'humanité souffrante. C'est un moment merveilleux d'être témoin à mi-parcours du récit de King et de rencontrer sa maîtrise dans la description de la lutte qui dépeint de manière exhaustive un champ de bataille impitoyable de vertus et de vices en conflit. Cela suscite la sympathie du lecteur car il déterre des démons pesants en lui-même dans sa lutte pour revendiquer des indicateurs clairs de vertu et de moralité. D'autres remettent également en question les limites morales. Un tel état d'esprit, dans les frontières de l'art, est stimulant et constructif. Il permet une méditation active sur l'observation du dualisme de l'esprit humain et du spectre de la moralité, et favorise une définition fluide au sein de constructions rigides à double définition.

En dépeignant des personnages problématiques, King amène le lecteur à réfléchir à la lutte entre le bien et le mal en chacun de nous, un thème universel. Les différents personnages créés par King illustrent différents aspects de l'humanité, en montrant que la réalité est loin d'être aussi simple que ce que les gens souhaitent. La plupart du temps, la vérité est dissimulée dans les circonstances personnelles, les coutumes culturelles et la multitude de sentiments auxquels une personne est confrontée, révélant ainsi l'ambiguïté inhérente à l'expérience humaine. Les gens sont obligés d'accepter que la société dans laquelle ils vivent est très différente de ce qu'ils voudraient qu'elle soit et que leurs perceptions, ainsi que les perceptions véhiculées par la culture, doivent être analysées de manière critique. La réflexion morale de Stephen King sur les gens est un appel au lecteur pour qu'il comprenne la complexité de la nature humaine et la relation entre le bien et le mal. Elle l'invite également à réfléchir à l'obscurité et à la lumière qui se trouvent non seulement autour de lui, mais aussi en lui.

Symboles et métaphores : les outils de la narration morale de Stephen King

Dans l'univers de Stephen King, les symboles et les métaphores participent à l'acte essentiel de construction des vérités morales et des concepts philosophiques. De l'aura inquiétante de l'hôtel Overlook, dans Shining, au clown malveillant de Ça, les symboles jouent des rôles multiples, dépassant leurs significations concrètes et fonctionnant comme des représentations plus puissantes. Dans Ça, le ballon rouge emblématique symbolise la peur, l'enfance et la perte de l'innocence alors que les personnages sont aux prises avec la force maligne. De même, le labyrinthe nocif de Shining se métamorphose en symbole de la folie de Jack et du mal incontrôlable qui règne dans l'hôtel. Les procédés allégoriques reflètent l'appel du maître à transcender le récit extérieur et à se plonger dans une contemplation existentielle.

En outre, le fait d'accorder une profondeur symbolique à des objets et des décors anodins élève le récit de King et le rend multidimensionnel aux yeux des lecteurs. Le motif des phénomènes surnaturels ou inexplicables dépeint les forces inquiétantes qui menacent constamment les protagonistes et symbolisent l'incertitude et la peur de l'humanité. Cette technique littéraire évoque la tension et enchante la curiosité du lecteur, approfondissant ainsi l'histoire.

King inclut régulièrement du sens dans ses décors, comme la dynamique d'une petite ville dans Les choses de la vie, qui reflète les tensions sociétales et le déclin moral. Grâce à ce symbolisme intentionnel, King construit une riche tapisserie de sens dans ses histoires et met les lecteurs au défi de réfléchir à des questions fondamentales concernant le bien, le mal et la condition humaine. En interprétant les symboles et les métaphores, les lecteurs construisent activement le sens et révèlent les questions plus subtiles qui se cachent sous la surface des récits de King. Plus important encore, cela ne procure pas simplement du divertissement, mais encourage également la réflexion et l'analyse critique. Les lecteurs ne se perdent pas simplement dans les pages de King ; ils se retrouvent face à des images puissantes qui les incitent à remettre en question leurs valeurs. Ainsi, les symboles et les métaphores sont des éléments essentiels de la narration morale de Stephen King, permettant une profonde réflexion sur des questions existentielles et une compréhension renouvelée de la complexité morale de ses œuvres.

Rédemption et ruine : l'arc de transformation des personnages

La transformation dynamique des personnages, comme l'évolution de Jack Torrance dans Shining et d'Annie Wilkes dans Misery, constitue le fondement du récit et attire le lecteur dans les histoires captivantes de l'univers de King. Les principes de rédemption et de ruine fonctionnent parfaitement avec les protagonistes et les antagonistes de l'univers de King, qui sont confrontés à des choix contextuellement riches et à des conflits moraux qui les mènent vers leur évolution ou leur chute. Avec des personnages centraux comme Torrance et Wilkes, King parvient à un équilibre délicat entre la rédemption et la ruine, et dévoile la vulnérabilité de personnages d'une complexité étonnante. Goldstein suggère que ces personnages sont des représentations frappantes du mélange de personnages multidimensionnels de King qui parcourent ses mondes. La spirale tragique de ces personnages vers le désespoir souligne l'impact dévastateur de la ruine, tandis que les moments fugaces d'illumination et de guérison suggèrent l'espoir, faisant écho à la possibilité du désespoir. L'exploration par King de la représentation des personnages à travers ces récits ajoute une nuance incroyable à la profondeur de son écriture et à la vulnérabilité de l'existence humaine, plongeant avec élégance les lecteurs dans la dure vérité du monde. Le contraste entre la rédemption et la ruine enrichit l'essence du texte, laissant présager une réflexion sur la profondeur de l'expérience humaine, ancrant celle-ci dans la sphère émotionnelle.

En entreprenant des voyages introspectifs, les individus sont confrontés à leurs faiblesses et à leurs forces intérieures, ainsi qu'à la dualité de leur nature, y compris leurs attributs vertueux et vicieux. Cet effort pour comprendre l'aspect de l'humanité fait de l'œuvre de King plus qu'une simple histoire : c'est une expérience riche et pleine de sens. King explore l'équilibre complexe entre la rédemption et la destruction pour inviter les lecteurs à examiner leurs changements et leurs attitudes morales, ce qui lui vaut d'être reconnu comme un profond instigateur de réflexion et de compassion. En fin de compte, l'ampleur du développement des personnages dans les œuvres de King résume les complexités de la bonté humaine et de la quête de la vertu dans la dévastation.

Fondements psychologiques : la peur comme facteur de chaos

La peur, une constante de l'expérience humaine, apparaît sous des formes adaptées et complexes dans l'univers de Stephen King. Sa profonde compréhension psychologique lui permet d'utiliser la peur comme un moyen efficace de créer le chaos en créant des histoires finement tissées qui plongent dans les recoins les plus profonds de l'esprit humain. Dans les histoires de Stephen King, la peur est plus qu'un simple moteur de l'horreur. C'est une force qui permet aux personnages de combattre leurs peurs les plus profondes et d'affronter de réels dangers, brouillant souvent la frontière entre le bien et le mal. En y regardant de plus près, on se rend compte que la peur est un élément récurrent qui déclenche un large éventail de conflits moraux et de décisions éthiques, tant chez les protagonistes que chez les antagonistes. King utilise la peur comme thème psychologique non seulement pour perturber les lecteurs, mais aussi pour stimuler la réflexion critique sur eux-mêmes et sur leur vie. En faisant appel aux instincts et aux faiblesses les plus fondamentales que la peur fait ressortir, l'auteur raconte des histoires qui nous perturbent profondément, et nous invite à explorer la relation complexe entre le chaos et la peur, et ce que l'agitation suggère dans la vie.

King alimente habilement la peur d'une profondeur thématique, l'utilisant pour mettre en évidence la fragilité de la résistance humaine et les subtilités de la structure sociale. Les tentacules inquiétantes de la peur se multiplient partout, suggérant que sa portée transcende les personnages individuels jusqu'aux lieux mêmes qu'ils occupent, transformant les interactions et les décisions en une tension narrative. En outre, King utilise la peur de la désunion et du conflit qui caractérisent les groupes sociaux sous tension, révélant la dynamique complexe de la coopération, de la trahison et de la compétition face au mal et à l'inconnu. Cette notion d'intersection entre le comportement social et l'anxiété humaine profondément ancrée met en évidence le tissu psychologique épais des histoires de King, faisant passer la conversation sur la peur d'un niveau superficiel à un niveau critique. En considérant la peur comme un stimulus du désordre, King, utilisant le chaos qui est la destination de son discours sur la peur, devient un guide paradoxal qui invite son public à reconsidérer des aspects profondément cachés de leur existence.

Dynamiques interpersonnelles : le choc des idéaux en conflit

Pour Stephen King, le choc des idéaux est une source majeure de conflit dans ses fictions. Les conflits les plus fréquents dans ses histoires sont liés aux soins, principalement en rapport avec les valeurs, motivations ou idéaux des personnages. Ce ne sont pas seulement le bien et le mal qui épuisent les villes, mais aussi les bonnes et les mauvaises personnes qui se battent partout. Les questions plus profondes et plus complexes de la vie abondent, et celles-ci entraînent l'effondrement des valeurs, de la morale et bien plus encore. Ces événements contribuent à stratifier davantage l'histoire, créant des scénarios encore plus complexes car, avouons-le, le monde de King n'est pas facile. Mais ce qui rend cela possible, ce sont les subtilités de l'humanité à travers les valeurs, les souhaits et, très probablement, les peurs de chacun des personnages. Si l'on peut parler de volontés affligées, cela soulève la question suivante : de qui les gens veulent-ils de l'aide ? Contrairement aux maîtres qui font la sieste et haussent les épaules pour se sortir de l'altruisme, King brosse un merveilleux tableau du conflit, probablement qualifié d'espoir constructif ou de désespoir impitoyable, et l'intègre. Non seulement toute cette explication dépeint efficacement le maillage des relations et des personnes entrelacées les unes aux autres, mais les concepts tendus que King dépeint prennent également en charge le changement au niveau sociétal. Le choc des idéologies devient également un changement. M. King peut encore livrer quelque chose qu'il combat dans l'histoire et commente la belle complexité des liens que nous partageons avec les autres. Cela fait cependant l'objet d'un examen explicite de la part de Viking, un terme qui fait référence à un examen approfondi et détaillé, où quelqu'un demande où se trouve la certitude sur laquelle la morale pourrait s'appuyer.

La guerre intestine, terme souvent utilisé pour décrire un conflit au sein d'un groupe ou d'une organisation, est habilement présentée par King pour amener les lecteurs à se confronter à leur for intérieur et à accepter les contradictions, les tensions et les conflits qui se cachent dans leurs idéaux. Il a tenté d'inviter les lecteurs à apprécier le déséquilibre de l'humanité et l'équilibre entre des forces opposées à travers la représentation profonde et émotionnelle du conflit des idéaux. Alors que les personnages sont aux prises avec des espoirs et des valeurs contradictoires, les lecteurs sont invités à réfléchir et à méditer, approfondissant ainsi leur engagement avec les thèmes primordiaux des histoires de King. Le conflit des idéaux dans l'univers de King suscite plutôt une réflexion provocante sur les complexités des relations humaines et de la condition humaine qui font tourner la vie.

Réflexions culturelles : le commentaire de King sur la double nature de l'humanité

Une exploration de l'œuvre de Stephen King révèle que ses histoires illustrent de manière frappante la dualité de la nature humaine. King plonge au cœur de la foule pour observer et examiner le comportement des gens dans la société, dépeignant des êtres humains confrontés à des dilemmes et à des conflits moraux. Les lecteurs peuvent ainsi apprécier les enjeux sous-jacents de la société et la nature du bien et du mal qui existent toujours face à l'humanité.

Le commentaire de King se concentre sur le fonctionnement des petites villes et les éléments cachés de la vie quotidienne. En expliquant les constructions sociales et les interactions au sein d'une société, King attire l'attention sur les côtés les plus sombres de l'humanité et le mal qui se cache sous la normale. Qu'elles utilisent le paranormal ou la psyché, les histoires de King forcent les lecteurs à affronter les réalités de l'existence humaine, aussi inconfortables soient-elles.

Le commentaire de King sur la dualité de la nature humaine va au-delà de la représentation des personnages et critique la culture. Ses œuvres analysent la mentalité de groupe des gens ainsi que l'impact des règles et des systèmes sociétaux sur eux. L'existence de la malveillance, la lutte pour le pouvoir et les conséquences d'ambitions débridées figurent dans ses histoires, mettant en évidence l'équilibre entre le bien et le mal dans la société. Par conséquent, King ne cherche pas seulement à divertir ses lecteurs, mais aussi à les amener à s'interroger sur les vérités morales et les dilemmes sociétaux.

À travers l'examen minutieux des réalités humaines cachées, les récits de King nous encouragent à réfléchir profondément au fonctionnement d'un système social fondé sur des normes établies. En explorant l'énigme de la dualité humaine et ses ramifications socioculturelles, les récits fictifs de King incarnent l'esprit de la culture. Pour lui, l'homme est un livre ouvert et une invitation à découvrir sa souffrance, son honnêteté, son combat pour préserver la moralité et les conséquences de la méchanceté. Cela nous met en garde contre les complexités universelles dans lesquelles nous sommes tous enlacés, reliant tous les aspects de la vie et de l'existence.

En conséquence, l'interprétation du concept du bien et du mal par Stephen King met en évidence l'importance éternelle de la littérature lorsqu'elle plonge dans la psyché humaine. Un éventail complet de vertus et de vices se manifeste à travers divers personnages et décors, ainsi que des raisonnements convaincants, formant un mélange de chaos captivant qui se débat avec la bataille éternelle de la lumière et des ténèbres. À travers la culture et la distorsion de la réalité, il parvient à rééquilibrer les échelles de la moralité et à saisir une lacune monumentale dans la littérature grâce à la représentation dynamique du bien et du mal éternels.

Conclusion : l'impact éternel du récit du bien contre le mal de King

En tissant les fils de notre analyse, il est clair que le modèle du bien contre le mal de Stephen King est complexe et non simpliste. Il s'agit de plus qu'une lutte traditionnelle entre un héros et un méchant. Il s'agit plutôt d'une bataille archétypale qui plonge dans la psyché individuelle et la société. Les histoires de King capturent le mélange et les conflits de la moralité sur fond d'horreur, de suspense et de surnaturel. L'art littéraire de King ne se contente pas d'offrir une évasion aux lecteurs ; il les oblige à examiner et à réfléchir à l'essence de la vie humaine. Le récit du bien et du mal perdurera toujours dans les œuvres de King, qui entretiennent un lien profond et constant avec le public. Tout en traitant des failles les plus profondes de l'humanité et des faiblesses du bien, King oblige les lecteurs à réfléchir à leur morale, leurs croyances et leurs principes. Ses histoires regorgent de thèmes qui nous touchent de près, exposant le choc incessant entre le bien et le mal que nous portons tous en nous. Elles ont également permis aux lecteurs d'embrasser les capacités littéraires de King et de comprendre les vastes domaines que peut explorer un livre. Cette qualité durable confirme son importance dans la littérature et consolide sa place d'auteur de premier plan.

En outre, la réflexion de King sur la double nature de l'homme est un modèle pour les écrivains et les créateurs modernes, et les aide à construire des histoires qui examinent les aspects moraux de la vie. En d'autres termes, l'examen par King des thèmes fondamentaux du bien et du mal, de l'humanité, fascine et séduit les lecteurs de différentes époques et cultures. Les récits de King sont remplis de protagonistes profondément imparfaits et d'antagonistes ambivalents qui incarnent de manière chronique la lutte de chaque personne avec les limites éthiques et les défis du bien et du mal, quelque chose de bien plus puissant que ce à quoi les lecteurs sont confrontés aux côtés du protagoniste. Il est impossible de lire l'œuvre de King sans s'interroger sur l'impact de ces pièces sur lui. Il est clair pour ses lecteurs que ces histoires resteront à jamais un monument à la beauté des merveilles ravivées par l'espoir et au cœur de l'humanité. En fin de compte, la façon dont King dépeint les hommes et les femmes mêlant le bien et le mal fait de lui une figure marquante de la littérature contemporaine ; son œuvre, qui analyse la moralité, sera au cœur de la littérature pour des discours spécifiques pendant des décennies.

10

L'influence d'une icône

Comment Stephen King a façonné la fiction moderne

L'aube d'une nouvelle ère : révolutionner le genre de l'horreur

Les œuvres de Stephen King ont marqué un nouveau tournant dans le genre de l'horreur après avoir modifié les approches utilisées dans les œuvres précédentes pour un attrait beaucoup plus large. King a fondamentalement changé l'horreur en mettant en scène des personnages auxquels le public peut s'identifier, entremêlés d'expériences et de peurs surnaturelles à travers ses romans Carrie, Shining et Salem's Lot. Stephen King a dépeint des gens ordinaires aux prises avec des circonstances terrifiantes, rendant ses histoires plus accessibles et plus attrayantes pour un public plus large.

Le réalisme qu'il a créé a été rendu possible grâce à sa capacité inégalée à combiner le banal et le mystérieux. Cela a donné vie à l'impensable et plongé les lecteurs dans des mondes effroyablement plausibles. Stephen King a créé une prose glaçante qui maintient un niveau élevé de terreur et de peur, délicatement tissés à travers son rythme et ses choix de mots, entraînant les lecteurs dans son univers unique et obsédant. En abordant sans honte les aspects les plus sombres de la vie humaine, Stephen King a changé la littérature d'horreur et inspiré d'innombrables lecteurs amers, mais captivés, à travers le monde.

Ses premières œuvres ont ainsi transformé à elles seules le genre de l'horreur, tout en lui assurant son statut de l'une des figures les plus essentielles et durables de la littérature moderne.

Innovation narrative : remodeler les techniques de narration

Avec une maîtrise inégalée de l'innovation narrative, Stephen King a transformé les techniques de narration dans la fiction moderne. L'approche de King est unique, car elle dépasse les limites prescrites, offrant aux lecteurs des mondes sophistiqués où réalité et fiction s'entremêlent. Son invention d'un récit non linéaire entremêlant de multiples perspectives et des intrigues complexes a changé le visage de la littérature récente, captant l'attention des lecteurs et des écrivains. L'une des meilleures contributions de King est l'utilisation habile d'une atmosphère inquiétante et sinistre qui transporte les lecteurs dans un monde de tension et de malaise. La maîtrise de King du rythme et de la cadence suscite des émotions plus fortes et met en évidence sa maîtrise des éléments nuancés de la narration. De plus, son habileté à mêler différents genres, y compris les thrillers psychologiques, l'horreur surnaturelle et la fiction spéculative, offre aux lecteurs une expérience narrative diversifiée. Au-delà du divertissement, les techniques de King servent à aborder des thèmes multiformes, des préoccupations sociétales, des explorations de problèmes et les réalités brutales de la vie à travers le prisme de la psyché humaine.

L'amélioration innovante de la forme et de la structure a toujours été la marque de fabrique de l'œuvre de King. Ce faisant, il a ouvert une toute nouvelle plateforme d'expression littéraire. En combinant authenticité et profondeur émotionnelle, il a ajouté une nouvelle dimension à la narration et renforcé l'idée que la fiction attrayante est plus qu'une simple intrigue, mais une compréhension profonde de la condition humaine.

Complexité des personnages : présentation de protagonistes et d'antagonistes multidimensionnels

Les personnages de Stephen King sont l'un des éléments principaux de sa narration. La fiction de King se caractérise par ses protagonistes extraordinaires, ses antagonistes aux multiples facettes et dimensions, bien plus complexes que leurs homologues stéréotypés. Contrairement aux autres personnages qui peuvent être classés comme « bons » ou « mauvais », les personnages de King sont plus humains et plus accessibles. Ils ont du mal à représenter des facettes telles que leur conflit intérieur, leur ambiguïté morale et les conséquences de leur passé. Cette dualité reflète magnifiquement la réalité des êtres humains et permet aux lecteurs de sympathiser, de craindre ou de s'identifier aux personnages à un niveau intime.

En approfondissant l'étude de Roland Deschain dans la série La Tour Sombre, il est clair que King construit ses personnages de manière multidimensionnelle. La poursuite acharnée de la tour par Roland donne lieu à des moments de tendresse, qui révèlent ses conflits intérieurs et ses vulnérabilités. Les combats intérieurs de Deschain sont aussi formateurs pour son voyage que les conquêtes extérieures qu'il entreprend. Les antagonistes sont tout aussi fascinants, comme Flagg Randall, qui oscille entre le tragique et le mal absolu. En mariant des traits de caractère contradictoires, King s'assure que ses personnages conservent un élément de complexité qui fait plus qu'avancer l'histoire : il les immortalise dans le contexte de la littérature mondiale.

De plus, la profondeur et la complexité des personnages de King servent de tremplin à l'autoréflexion critique et à la contemplation de l'humanité. À travers leurs imperfections, les lecteurs sont confrontés à la profondeur de leurs propres complexités, peurs et espoirs. La capacité de King à susciter des réactions fortes est démontrée à travers Carrie White, Annie Wilkes et Jack Torrance, qui incarnent des luttes puissantes et auxquelles on peut s'identifier, et qu'il est impossible d'ignorer longtemps après avoir tourné la dernière page.

De plus, les caractérisations de King démantèlent les tropes et les stéréotypes qui défient les attentes et les normes sociétales en évitant les divisions trop simplistes. Ce changement enrichit le récit et renforce le discours sur la compassion, l'éthique et le spectre complexe qui incarne la vie humaine. En ce sens, les personnages de King reflètent la réalité en nous rappelant la condition humaine et la coexistence du bien et du mal en nous.

En somme, l'ajout de protagonistes et d'antagonistes complexes illustre l'ingéniosité de King ainsi que sa profonde compréhension de l'humanité. Ses personnages transcendent les frontières littéraires en renvoyant l'image de vérités indicibles et de tendres fragilités qui se cachent au plus profond de nous. Tout en créant des histoires plus captivantes, les personnages de King deviennent les témoins de la grandeur d'une narration puissante qui perdure.

Pionnier de la fiction en série : l'influence de La Ligne verte et de La Tour sombre

Les œuvres de Stephen King ont durablement marqué la fiction en série. Cela est évident dans La Ligne verte et La Tour sombre. Dans La Ligne verte, publié sous forme de roman en six parties, La Ligne verte incarne le talent de King pour créer des systèmes narratifs complexes et à plusieurs niveaux qui évoluent progressivement. Grâce à son format épisodique, « La Ligne verte » a non seulement captivé le public par son récit passionnant, mais a également démontré la polyvalence et le potentiel de cette approche littéraire. En outre, Stephen King a utilisé son style incisif dans différents genres, ce qui témoigne de sa capacité d'adaptation et de sa maîtrise d'une prose captivante et autonome, au-delà des limites de la fiction d'horreur. La Tour Sombre est également considérée comme une œuvre majeure de la fiction sérielle. Avec son univers riche et complexe, ses personnages profonds et l'interaction magistrale et souvent improvisée de différents éléments issus de genres variés, ce chef-d'œuvre défie toute catégorisation, transcendant les contraintes de la narration conventionnelle.

En intégrant la fantasy, le western, la science-fiction et l'horreur, Stephen King a fait progresser le genre de la fiction sérielle. Il invite les lecteurs dans un multivers sans limites, empreint d'une imagination extraordinaire. La Tour Sombre a établi une nouvelle référence en matière de récit sériel tout en révélant le talent remarquable de King pour créer des histoires sophistiquées et complexes qui touchent les lecteurs au plus profond de leurs émotions. King est une figure pionnière de la fiction sérielle, et ses œuvres profondément marquantes encouragent les écrivains contemporains à sortir des contraintes traditionnelles, à plonger dans le monde des histoires sérielles et à enrichir le monde littéraire d'innovation et d'ambition.

Mélange des genres : dépasser les frontières conventionnelles

Nous devons examiner à quel point Stephen King fait preuve d'audace en mélangeant les genres. Sa capacité à combiner des aspects d'horreur, de science-fiction, de fantastique et de thrillers psychologiques en une seule et même histoire a changé les perceptions et les attentes des lecteurs. La capacité de King à mélanger les genres et à transcender les frontières est sans précédent. En ajoutant des éléments surnaturels à des événements quotidiens ou banals et à une terreur inconnue, il a transformé les attentes liées aux genres. Il est remarquable de constater qu'il mélange également des genres disparates et explore l'intersection de ses romans tels que « The Stand » et « Under The Dome ». La marque de fabrique de la narration mêlant les genres est maîtrisée lorsqu'elle explore les notions de peur humaine. L'impact est profond. Au-delà des conventions, King s'est inspiré de diverses traditions littéraires et mythologies culturelles, prouvant constamment qu'il élève son travail au-delà des constructions génériques. L'entrelacement des légendes urbaines et du folklore encourage la narration, car ils révèlent des vérités universelles tout en faisant écho à une voix distinctive. Il est indéniable que l'approche novatrice de King a changé la littérature. Aujourd'hui, alors que tant d'auteurs contemporains jouent avec la fusion des genres, l'impact de King ne sera pas oublié.

En fusionnant la capacité de King à mélanger les genres, son talent distinctif pour dépasser les frontières et les contraintes de la classification préconçue ou de la taxonomie littéraire est incarné.

Portée mondiale : cultiver une base de lecteurs diversifiée

La capacité de Stephen King à cultiver une base de lecteurs à travers ses œuvres a connu un succès sans précédent dans la fiction moderne. Les récits puissants de King ont attiré l'attention d'un public mondial. Ses œuvres ont été adoptées par des populations de tous les horizons et de toutes les cultures imaginables, grâce à sa maîtrise de la narration et à ses thèmes universels. Les contes captivants de King ont été traduits dans plusieurs langues, y compris celles de personnes de différentes nations et origines linguistiques. De même, les personnes vivant dans des régions éloignées ont facilement accès à ses livres grâce à leur disponibilité dans de multiples formats. Cela a encore accru son influence. L'auteur a mêlé éléments d'horreur, suspense et drame humain dans ses récits, qui font écho aux expériences et aux émotions partagées par les gens du monde entier. L'impact de ses œuvres est évident dans les discussions et les analyses passionnées qui ont lieu dans les cercles littéraires du monde entier. Cette influence considérable permet à King d'enrichir l'expérience de lecture de millions de personnes et de favoriser un sentiment d'inclusion au sein de sa communauté de lecteurs diversifiée.

De plus, les engagements publics internationaux de King, ses interactions sur les réseaux sociaux et même ses interviews publiques ont permis de tisser des liens plus étroits avec ses lecteurs tout en renforçant l'idée que les bonnes histoires transcendent les frontières. Il est donc évident que le fait de cultiver un lectorat diversifié issu de cultures et de régions différentes inspire de nombreux écrivains en herbe, ce qui prouve que le dépassement des frontières culturelles a un impact fondamental sur la littérature, l'imagination et la créativité.

Des successeurs inspirants : l'impact de King sur ses collègues auteurs

Non seulement King a été un conteur prolifique pour le monde entier, mais il a également eu un impact profond sur le monde littéraire grâce à ses inspirations. King a abordé un large éventail de thèmes tout au long de sa carrière, ce qui constitue la source de motivation la plus importante pour les écrivains en herbe et a considérablement façonné la fiction contemporaine. Qu'il s'agisse de capter l'attention du public par des intrigues et des personnages séduisants ou par des récits à glacer le sang, King a placé la barre très haut pour les écrivains.

L'influence de King sur ses collègues auteurs et son impact sur la promotion de nouveaux talents sont sans précédent. Le récit honnête de ses expériences et des défis rencontrés tout au long du processus de création d'une histoire offre des perspectives inestimables qui ont permis à de nombreux écrivains en herbe de démystifier l'écriture. Beaucoup ont cité la capacité de King à raconter des histoires auxquelles le public peut s'identifier comme l'une des raisons principales qui les ont poussés à se lancer dans l'écriture.

De plus, les écrivains émergents ont été motivés par le mélange unique que King opère entre le quotidien et le surréel. Les écrivains qui souhaitent intégrer un réalisme effrayant dans leur travail ont trouvé l'inspiration dans sa capacité à mêler le banal et le macabre. Cela a considérablement façonné le paysage de l'horreur et de la fiction spéculative, ouvrant la voie à de nouveaux conteurs qui brouillent habilement les frontières entre le réel et l'irréel.

Par ailleurs, le fait que King défie la réticence toujours changeante à définir les frontières entre les genres a encouragé les auteurs à explorer les récits hybrides et les structures narratives complexes. Ainsi, King a renforcé la capacité d'un plus grand nombre d'écrivains à explorer un terrain littéraire sans précédent, qui dépasse les frontières établies, favorisant de nouvelles approches et perspectives.

L'entrée de King dans le monde littéraire a sans aucun doute eu un impact sur divers autres fronts et est tout aussi importante. Les efforts de représentation ont aidé ses pairs tout au long du même processus, en veillant à ne pas briser les barrières dans l'espace incroyable qu'elle a créé. En défendant les différences et en élevant ceux qui ne sont pas entendus, King a catalysé le changement dans l'espace littéraire, motivant différentes personnes à raconter leurs histoires et inspirant des écrivains d'horizons variés.

L'expression « impact le plus large, le plus diversifié et le plus transformateur » décrit le mieux l'effet de King sur ses collègues auteurs. La créativité déterminée de l'écrivain et son défi envers le côté sombre de l'humanité ont permis à d'innombrables personnes de trouver le courage de raconter leurs histoires. Même si King trace le cours de son héritage, la réalité est que, pendant des décennies, il influencera la littérature pendant un certain temps.

Un réalisme effrayant : insuffler des peurs quotidiennes dans des récits extraordinaires

Dans la fiction d'horreur moderne, personne n'instille autant de réalisme effrayant que King, et pour cause. Les peurs et l'anxiété inconscientes sont peut-être les plus grandes préoccupations de la plupart des gens, et King fait un travail magistral en plaçant ce malaise au premier plan. Ses œuvres vont au-delà du simple divertissement, car elles reflètent les peurs et les défis de la vie réelle. Contrairement à d'autres auteurs, le point fort de King est d'intégrer les peurs banales dans le domaine de l'extraordinaire et du surnaturel. Stephen King raconte des histoires captivantes autour de la peur toujours compréhensible de perdre un être cher, d'horreurs inconnues et de l'inévitabilité de la mort. L'une des marques de fabrique de Stephen King est de mêler le fantastique à l'humain en créant des personnages qui luttent contre des conflits profondément humains et qui sont en même temps facétieux et compréhensibles pour le public. En dépeignant des émotions et des expériences réelles, il oblige son public à affronter ses pires craintes, l'incitant à réfléchir et à compatir. Cette dimension intensifie l'horreur tout en renforçant l'impact sur le public et en augmentant l'enjeu émotionnel de l'histoire.

Enfin, la profondeur du traumatisme et de la peur dans les domaines sociétal et psychologique intensifie le réalisme déconcertant des œuvres de King. La désintégration de la psyché humaine et la dépression mentale favorisent une atmosphère profondément inconfortable, ainsi que le traumatisme, l'isolement et la dépendance. Cette atmosphère persiste longtemps après la dernière page. Le mélange de réalité et de peur fantastique rend le récit de King si captivant. Lorsqu'ils sont confrontés à ces éléments dans la fiction, les lecteurs ont la force de faire face à leurs véritables peurs. Cette qualité effrayante renforce l'impact de l'œuvre de King. Elle va au-delà de la littérature d'horreur traditionnelle et constitue une étude approfondie de l'existence humaine. Créer des fantasmes uniquement pour attirer l'attention sur la réalité fait de King un auteur exceptionnel. Cette capacité redéfinit les frontières de la littérature tout en encourageant les lecteurs à utiliser la peur pour analyser le monde et redéfinir la relation entre la peur et la résilience, les laissant éclairés et introspectifs.

Au-delà des livres : son influence sur le multimédia et la culture pop

Considérer Stephen King uniquement comme un auteur est une grande erreur concernant son héritage. Depuis plusieurs décennies, l'influence de King s'est étendue à toutes les facettes du multimédia et de la culture populaire, et son impact est stupéfiant. Son œuvre littéraire a été adaptée à l'écran, à la télévision, en romans graphiques, en jeux vidéo et même en comédies musicales, mettant encore davantage en valeur sa maîtrise de la narration et sa capacité d'adaptation. Il suffit de dire qu'il a comblé le fossé qui le séparait de l'auteur pour en faire une figure culturelle majeure, car la plupart des gens peuvent s'identifier à lui et entrer en résonance avec ses œuvres. Les histoires de Stephen King se sont infiltrées dans notre culture et ont façonné le monde pour de nombreux créateurs, et elles continuent de le faire. Chaque réinterprétation de l'œuvre de King témoigne de son héritage ; pratiquement chaque modification est le témoignage de la puissance durable de la narration de King. Cette transformation phénoménale n'a pas commencé avec la prolifération des médias numériques ; elle remonte à l'adaptation des créations littéraires de King au cinéma. Ces adaptations ont établi de nouvelles normes et attentes en matière d'horreur et de suspense, illustrées par les personnages de Stephen King tels que Pennywise le clown dansant et la ville inquiétante de Derry.

De plus, l'impact des œuvres de King ne se limite pas au secteur du divertissement, mais englobe une grande variété de la culture populaire. Stephen King est non seulement un auteur contemporain, mais aussi un musicien, un peintre et un créateur de mode, ce qui montre à quel point les gens s'inspirent de ses récits. L'univers vibrant de son imagination a fait l'objet de nombreuses références dans des chansons, des arts visuels et même des costumes pour Halloween. King est reconnu pour ses œuvres influentes, qui vont au-delà de l'art et de la créativité. Il s'immisce en effet dans les discussions sociétales en réfléchissant sur les êtres humains et la nature de l'homme, ce qui nous amène à réfléchir sur l'essence de la peur, sur les souffrances de la vie et sur la course constante entre le bien et le mal. Dans une société qui admire la créativité et l'imagination, Stephen King est la référence ultime pour ses récits uniques et ses merveilles sans limites, qui captivent les yeux et les oreilles de nombreux publics à travers différents médias. Son impact sur le multimédia et la culture populaire illustre cette réalité, prouvant l'influence d'un seul conteur qui est indéniablement influent dans cette ère moderne du divertissement.

Un héritage durable : définir ce que signifie être un maître moderne de la fiction

L'impact de Stephen King sur la fiction moderne et la culture populaire est sans précédent, ce qui fait de lui un véritable maître contemporain de la narration. Son influence s'étend sur plusieurs décennies dans le monde de la littérature, consolidant sa réputation de personnalité faisant autorité dans la fiction moderne. Au début de sa carrière, Stephen King a redéfini à lui seul le genre de l'horreur et est aujourd'hui célèbre pour ses récits en constante évolution qui défient les genres et sont devenus une obsession mondiale. Ses œuvres continuent de trouver un écho auprès des lecteurs et motivent d'innombrables auteurs en herbe dans le monde entier. La capacité de Stephen King à créer des mondes profondément immersifs, des personnages auxquels le lecteur peut s'identifier et des récits qui mêlent le réel et le surnaturel a établi une norme pour la fiction contemporaine. Dans le cas de King, on peut affirmer sans risque que la qualité l'emporte sur la quantité, car même avec d'innombrables œuvres à son actif, l'héritage qu'il a laissé dans la culture populaire raconte une autre histoire. Qu'il s'agisse de films, de téléfilms, de bandes dessinées ou de jeux vidéo, les romans de King continuent d'être adaptés à plusieurs reprises, si bien que ses mondes fictifs débordent des pages.

Les adaptations et les réinterprétations de l'œuvre de King à travers le temps témoignent de leur pertinence aujourd'hui, ce qui témoigne du savoir-faire de la narration. De plus, son étude approfondie de la peur et de la fragilité humaines ainsi que de la résilience face à celles-ci suscite des conversations sur des sujets que la société ose aborder. King a en effet façonné l'art de la narration et a contribué au discours plus large sur l'humanité, marquant une différence dans la compréhension de la vie et de l'existence, ce qui renforce son héritage. Au-delà des frontières de la fiction, l'influence de King a nourri l'imagination d'innombrables écrivains et créateurs, les incitant à explorer sans vergogne les profondeurs de leur créativité. Cette audace ancrée dans le tissu de l'humanité cimente l'héritage de King en tant que maître moderne de la fiction. En ce qui concerne l'impact de King sur la narration, il est évident qu'il n'a pas limité ses conseils aux seuls écrivains en herbe ; ses profondes réflexions sur la condition humaine ont repoussé les limites de l'imagination. Lorsque nous pensons à l'impact durable de King, nous sommes certains que son empreinte restera à jamais dans les cœurs et les esprits des générations futures, prouvant ainsi sa position de sommité littéraire.

11

Résilience et rédemption
Trouver la persévérance dans l'obscurité

Introduction à la résilience et à la rédemption

Stephen King est l'un des auteurs les plus lus de notre époque et a écrit des best-sellers tels que « Shining », « It », « Carrie », etc. Il s'est intéressé aux nombreux aspects de la résilience et même de la rédemption en tant que forme de développement d'un personnage tout au long de l'intrigue de ses œuvres.

Il ne fait aucun doute que les expériences de vie et les innombrables défis de l'auteur ont eu un impact considérable sur les éléments thématiques de ses livres, y compris sur la vie de King lui-même, qui est passé du statut d'écrivain en difficulté à celui de phénomène dans le monde de la littérature. Les expériences de King expliquent la théorie de la résilience et de la rédemption éventuelle dans la vie réelle. Sa capacité à affronter avec acharnement les difficultés personnelles et à les transformer en récits évocateurs reflète sa vision de la capacité humaine à supporter la souffrance.

Lorsque nous explorons les thèmes de la résilience et de la rédemption dans les œuvres de King, il est essentiel d'apprécier la perspective unique qu'il apporte. Sa profonde compréhension de la psychologie humaine et de la volonté d'atteindre des objectifs personnels, malgré de nombreux obstacles, crée une synergie entre la fiction et la réalité. Cette perspective unique élève la profondeur de la résilience et de la rédemption dans ses œuvres, les rendant plus convaincantes et plus stimulantes.

En étudiant la structure narrative de King, nous comprenons les émotions et les expériences qui nous concernent tous. Dans cette étude, nous commençons à comprendre les significations sous-jacentes de la résilience et de la rédemption dans les thèmes récurrents de King. En nous concentrant sur les personnages, les lieux et les idées dans ses différents écrits, nous comprenons plus profondément l'importance de ces idées. La façon dont King dépeint le triomphe de l'esprit humain contre d'énormes obstacles reflète sa ténacité et son dévouement à la vérité de sa vie et de son travail. Cette introduction nous prépare à une exploration plus approfondie du concept de force et de la nature bienfaisante de l'espoir face à l'adversité dans les écrits de King.

L'incarnation de la force : analyse des personnages clés

Lors de l'analyse du thème de la force et de la rédemption dans l'œuvre de Stephen King, il est essentiel de se concentrer sur les personnages transformateurs qui reflètent ces qualités complexes. Les personnages centraux des histoires de King subissent presque toujours d'intenses souffrances émotionnelles ou physiques, qui montrent l'étendue de la force et de l'endurance humaines. Nous analyserons certains personnages comme Paul Sheldon dans Misery, Danny Torrance dans Shining et Frannie Goldsmith dans La Longue Nuit pour comprendre comment l'œuvre de King démontre la résilience. Ses personnages, peut-être dans ses œuvres les plus célèbres, possèdent tous une résilience extraordinaire qui nous enseigne à la fois la force d'âme et l'esprit de défi de l'humanité. L'expérience déchirante de Paul Sheldon dans Misery, en particulier sa rencontre avec sa ravisseuse Annie Wilkes, témoigne de la retenue et d'une souffrance immense. Sa force intérieure et son besoin inexorable de vaincre des circonstances difficiles incarnent la résilience, quelle que soit la dure réalité qui l'entoure. De la même manière, les rencontres obsédantes de Danny Torrance avec l'hôtel Overlook et sa lutte contre l'alcoolisme qui s'ensuit illustrent davantage le concept de résilience lors d'un conflit psychologique auto-infligé.

La rédemption progressive du personnage qui révèle son parcours émotionnel met en évidence l'impact du traumatisme sur la résilience émotionnelle. De plus, dans The Stand, le combat de Frannie Goldsmith après la pandémie catastrophique démontre l'esprit humain indomptable face à des obstacles insurmontables. Sa détermination sans faille apporte de l'espoir aux opprimés et met en valeur le triomphe de la résilience dans les situations les plus désespérées. À travers ces analyses nuancées des personnages, nous voyons comment Stephen King dépeint avec brio des personnages aux prises avec une profonde noirceur, qui en ressortent comme des symboles émouvants de force et de rédemption. Les chroniques nous rappellent le potentiel inné de surmonter les obstacles et les difficultés, et encouragent les lecteurs à chercher du réconfort et de l'espoir dans leurs défis.

Arcs narratifs de persévérance face à l'adversité

Dans les œuvres de Stephen King, les personnages sont souvent confrontés à des obstacles majeurs qui nécessitent une immense persévérance. Ces épreuves ont toujours tendance à toucher profondément le public. King trace des chemins complexes, semés d'embûches et de désespoir, et d'adversité implacable. L'accent est mis sur la persévérance face à l'adversité et sur la façon dont chaque antagoniste est vaincu avec férocité. Tout au long de ses intrigues, Stephen King démontre à merveille le pouvoir absolu de la résilience humaine, qui lutte contre la volonté absolue d'éradiquer tout ce qui est cher au protagoniste. Chaque histoire a son équilibre : la lutte omniprésente entre la douleur persistante et la survie inébranlable. L'espoir et la rédemption sont également au rendez-vous, et chaque lecteur est entraîné dans le monde du chef-d'œuvre de la résilience. L'art magnifique de la narration se manifeste à travers des changements puissants et la rencontre de nouvelles formes d'adversité physique, émotionnelle ou psychologique de la part de chaque personnage.

Ces caractérisations subtiles capturent l'essence de la condition humaine et évoquent de profonds sentiments de compassion et de compréhension. De plus, les histoires de King abordent souvent les questions profondes et complexes entourant les traumatismes, montrant la réalité brute de la façon dont un traumatisme laisse des cicatrices à vie. Les parcours transformateurs des protagonistes sont des explorations profondes de la ténacité humaine et de la volonté invincible de renaître de ses cendres, même lorsque tout semble être contre eux. Ils illustrent la résilience pure et la force inébranlable et inexploitée de l'esprit humain. Dans les œuvres de King, la volonté inébranlable de tenir bon même lorsque l'on est à terre est une marque de notre persévérance. Ces histoires se concentrent sur les aspects les plus sombres de la vie et sur les moments les plus forts des réalisations possibles. En lisant ces histoires de tragédies et de victoires, les lecteurs s'interrogent sur la possibilité de rédemption et de métamorphose en eux-mêmes. Enfin, les récits de lutte et de victoire prouvent la force inébranlable de l'humanité ; la persévérance dans les moments difficiles est toujours récompensée.

Les symboles de la rédemption dans les œuvres de King

En explorant l'œuvre littéraire de Stephen King, les lecteurs découvriront de nombreux symboles présents dans ses histoires. Ces symboles, qui incarnent l'essence même de la rédemption dans les situations les plus terribles, sont ouverts à l'interprétation. King utilise des symboles pour susciter des sentiments profonds et des significations au-delà de la terreur et de la violence souvent présentes dans ses histoires. Par exemple, le phare symbolise la lumière et le guide qui se dresse au milieu d'une mer agitée. Il offre une protection pendant les terribles tempêtes décrites dans les récits de King. Qu'il s'agisse d'une structure métaphorique ou d'un bâtiment réel, le phare incarne l'espoir de trouver la rédemption même dans les circonstances les plus sombres et représente l'esprit indomptable. Les clés sont un autre symbole important qui servent souvent de passerelles pour découvrir de nouveaux mondes, libérer les gens de leurs chaînes métaphoriques et se racheter. L'interprétation de ces symboles par le lecteur ajoute une dimension personnelle à l'expérience de lecture, la rendant plus attrayante et plus significative.

La signification des clés dans les histoires de King met davantage l'accent sur l'action, tandis que le pouvoir démontre comment les personnages peuvent emprunter la voie de la rédemption, qu'ils peuvent atteindre en prenant leur vie en main. Les corbeaux sont d'autres animaux qui apparaissent fréquemment dans les œuvres de King. Ils servent de signes avant-coureurs de changement et de nouvelle transformation. Ces animaux représentent l'équilibre entre l'obscurité et l'espoir, et mettent en évidence la dualité de l'espoir et de l'existence, ainsi que l'espoir de rédemption qui se cache dans les profondeurs du désespoir. Les miroirs, qui ont une signification symbolique importante, jouent également un rôle important dans les histoires de King, car ils représentent les combats intérieurs des personnages et le chemin vers la rédemption de soi. Ils servent de passerelles vers l'esprit, où le héros affronte ses pensées tourmentantes, ce qui lui permet de changer. Ces symboles permettent à King de peupler abondamment ses récits de thèmes profonds et significatifs, tandis que la rupture des chaînes de tungstène de la lutte leur permet de repenser la quête de la rédemption, qui est nécessaire partout et quelle que soit la situation. Avec de tels symboles, King démontre sa maîtrise bien au-delà des frontières des genres en explorant des expériences humaines profondément entrelacées et pleines de rédemption cachée dans l'obscurité la plus épaisse.

L'interaction entre l'obscurité et l'espoir

Le contraste entre l'obscurité et l'espoir est d'une grande importance dans les œuvres de Stephen King, car il captive l'attention des lecteurs par la complexité de sa représentation de la force humaine. La narration de King capture l'essence de l'expérience humaine tout en éclairant les luttes de la vie. Comme toujours, les éléments concurrents de l'espoir et de l'obscurité résident dans la peur, l'adversité et les défis existentiels. Les luttes intérieures abondent alors que les personnages sont tourmentés par leurs souvenirs et les maux qui les entourent. En même temps, cependant, le paysage est imprégné d'un espoir qui modifie le cours de l'histoire par des actes de bravoure, de gentillesse et de force inébranlable. Grâce à cette puissante combinaison, l'auteur plonge dans les régions les plus sombres de l'humanité et dépeint la bataille pour la rédemption face à l'obscurité annihilante. En outre, King renforce l'ancre de l'espoir en permettant au public de voir le désespoir à travers le prisme de la possibilité et de la détermination. Cela nous rappelle que l'esprit humain est capable de grandes choses et qu'il se transforme même dans les périodes les plus difficiles. L'espoir est toujours présent dans les romans de King, que ce soit à travers des actes désintéressés ou des actes de bonté, et ouvre la voie au rétablissement et à la renaissance.

La relation entre l'espoir et l'obscurité ne cultive pas seulement la profondeur de la narration, mais met également en évidence les différentes vérités de la nature humaine représentées dans ses œuvres. Cela permet aux lecteurs de réfléchir aux complexités de la vie, à la force de l'esprit et au pouvoir de la volonté. Il invite les lecteurs à considérer le profond contraste de l'existence : la bataille sans fin entre l'espoir et le désespoir, le courage et la peur, l'obscurité et la lumière. Cette analyse saisit l'essence des récits de King qui, plutôt que de se limiter à des histoires d'horreur, servent de profondes méditations sur l'existence humaine.

Résilience psychologique : affronter ses démons intérieurs

L'univers de Stephen King semble mêler fiction et réalité. Les personnages luttent fréquemment contre des menaces extérieures tout en s'attaquant à des problèmes intérieurs, faisant preuve d'une remarquable résilience psychologique. Cet élément particulier est intégré dans son écriture, décrivant la lutte interne des protagonistes pour surmonter leurs peurs, leurs doutes et leurs regrets. En déversant ses pensées complexes dans les personnages, il illustre ces problèmes et offre des réflexions révélatrices sur la résilience psychologique au sein de l'humanité. Jack Torrance dans « Shining » et Carrie White dans « Carrie » dépeignent magnifiquement la lutte des victimes face aux abus. King n'hésite pas à s'enfoncer dans la psyché complexe de ses personnages et, ce faisant, nous offre un raisonnement étonnant sur la volonté humaine de surmonter les obstacles internes. Il est très facile de se perdre dans le tourbillon d'un esprit complexe que King met en avant dans son œuvre, mais il ne laisse rien derrière lui que la volonté pure d'exciter les endroits les plus fragiles. À travers ces représentations puissantes, le lecteur est encouragé à réfléchir à ses propres combats pour la santé mentale et à approfondir son interaction avec les personnages. Il n'y a pas d'échappatoire facile aux profondeurs captivantes de son esprit, mais un peu de reconnaissance peut changer la façon dont on vit le monde. Dans l'œuvre de King, il n'y a pas de poudre aux yeux avec la résilience psychologique. L'atmosphère créée par cette exploration permet au récit d'accrocher le lecteur, pour ensuite lui offrir quelque chose de tangible et de relatable à la portée de l'introspection.

En explorant les luttes des personnages contre leurs démons intérieurs, Stephen King renforce la profondeur émotionnelle de l'intrigue, créant ainsi un lien profond avec les lecteurs. En outre, la représentation délicate de l'endurance psychologique distingue l'œuvre de Stephen King des autres œuvres de fiction d'horreur, l'élevant au-delà du genre et abordant les vérités fondamentales de la nature humaine. Elle met en évidence les points communs entre les êtres humains et la force étonnante qui sommeille en chaque individu. Après tout, l'impact durable de l'endurance psychologique en tant que thème des histoires façonne le personnage, mais le lecteur est laissé à réfléchir longtemps après avoir rangé le livre. Au cours de l'histoire, la confrontation aux défis intérieurs se distingue comme un thème central, nous rappelant le pouvoir rédempteur de supporter les épreuves et alignant la croyance inébranlable avec l'effort accompli grâce à la force intérieure.

Le rôle du décor dans les parcours rédempteurs

Le cadre joue un rôle important et puissant dans la trame narrative des parcours rédempteurs dans la littérature de Stephen King. L'exploration du cadre par King va au-delà de la simple description ; il l'utilise pour créer un conflit et une résolution dynamiques, façonnant les parcours rédempteurs de ses personnages. De la ville dévorante de Derry dans Ça, à l'hôtel Overlook hanté et désolé dans Shining, en passant par l'aura tranquille mais étrangement mystérieuse de Castle Rock, les lieux richement détaillés des romans de Stephen King résonnent avec un sentiment de réalité et influencent considérablement les parcours des personnages. L'approche nuancée de l'auteur en matière de décors lui permet de construire des environnements qui interagissent activement avec les arcs rédempteurs de ses protagonistes et les affectent profondément. Les personnages sont confrontés à de nombreuses épreuves et difficultés, auxquelles King leur donne la capacité de faire face grâce à des décors évocateurs et finement détaillés. Les paysages extérieurs des histoires de King sont étroitement liés aux émotions intérieures des personnages et font invariablement écho aux conflits auxquels les protagonistes sont confrontés.

L'intégration des véritables mémoires personnelles du méchant machiavélique implique une touche finement troublante de légèreté quotidienne dans les parcours rédempteurs des épreuves des personnages. Et, plus encore qu'auparavant, la juxtaposition de la morosité sous-jacente de ce qui est supposé être des décors familiers et de leur nature intrinsèquement réconfortante intensifie les récits rédempteurs. La dualité des espaces oscillant entre confort et péril accentue la lutte rédemptrice des personnages. À travers des décors variés, chacun recelant d'innombrables histoires à raconter, King redéfinit des paysages multicouches synonymes de la rédemption qui se dévoile dans ses histoires. La distance entre le personnage et le décor renforce la complexité des parcours de rédemption, car l'environnement est l'aspect le plus saisissant ; leur évolution et leur triomphe définissent l'esprit face à l'adversité. À cet égard, le décor ne se contente pas d'être un simple ajout aux récits de King. Il se transforme en une force motrice irrésistible qui explore la résilience, la rédemption et la persévérance de l'esprit humain dans l'obscurité anti-héroïque.

Récits empiriques : réalisme et résilience

L'un des aspects clés de l'art de Stephen King est l'équilibre entre le réalisme et la résilience des personnages de son univers littéraire. Il fusionne harmonieusement la réalité humaine avec le surnaturel, créant ainsi un récit qui résonne chez les lecteurs à un niveau plus profond. Il utilise des récits empiriques, tissant ses histoires avec des réalités dures et des vérités brutes, s'assurant que son travail transcende les limites de l'horreur traditionnelle. Chacun de ses récits est ancré dans les défis complexes du monde réel auxquels les gens sont confrontés, les obligeant à réfléchir à leurs peurs, leurs angoisses et leurs émotions. Cela traduit la nature fondamentale de la résilience et la force qui se dégage des personnages qui font face à ces défis.

La dévotion de King au réalisme inclut également des questions socioculturelles qui dépeignent la nature multidimensionnelle des subtilités de l'humanité. Des questions telles que la pauvreté, la dépendance et les traumatismes constituent une toile de fond riche à explorer pour les thèmes de la rédemption et de la persévérance. Ces récits empiriques invitent à la réflexion et à la discussion sur la représentation de la résilience dans le contexte sombre de la survie, et servent de miroir au monde. Les œuvres de King nous rappellent l'extraordinaire portée de la force de l'esprit en opposant le banal à des défis extraordinaires.

Tout aussi importante est la fusion du réalisme avec l'horreur et le suspense, qui met en évidence la nature durable de la psyché humaine. Les personnages aux prises avec des problèmes auxquels le lecteur peut s'identifier dans des circonstances fantastiques démontrent l'attrait de King pour les genres croisés. Il s'adresse en effet à un large éventail de lecteurs. Le mélange de réalisme et de résilience qui façonne les œuvres de King explore l'expérience et le rétablissement humains, proclamant que faire face à des ombres persistantes nécessite un ancrage pratique dans les émotions. Si ces récits apportent un soulagement aux lecteurs, ils les confrontent simultanément à la vérité : la véritable résilience est une profonde vulnérabilité.

Les œuvres de Stephen King illustrent le lien réciproque entre le réalisme et la résilience, au cœur de la vie et de l'œuvre de l'auteur. À travers des récits fictifs basés sur des événements réels, il est possible de percevoir les nuances de la lutte et du pardon d'une manière qui va bien au-delà de la pitié et de la compassion. C'est la raison pour laquelle la littérature est considérée comme un vecteur de changement, car elle peut inspirer une telle force et une telle bonté à une personne, surtout si cette personne est perdue. S'appuyant sur cette vision complète de l'humanité, les histoires de King témoignent sans aucun doute avec force du parcours ardu de l'humanité qui lutte à travers les ténèbres pour atteindre la lumière.

Conclusion : la nature durable de la rédemption

La rédemption est un thème récurrent dans les œuvres de Stephen King et rappelle l'esprit humain indomptable et éternel. Après avoir examiné l'univers littéraire de King, il est évident que la rédemption n'est pas un acte de pardon passager, mais un voyage continu semé d'incertitudes et d'épreuves. Dans les histoires de King, les personnages sont confrontés à des luttes internes et à des crises morales et s'efforcent d'atteindre la rédemption, une réalité fondamentale commune à toute l'humanité.

Les œuvres de King démontrent que les histoires de rédemption sont souvent associées à l'empathie, à l'expérience humaine partagée et à la possibilité d'un changement positif. La capacité à se redéfinir est liée aux contextes sociaux et même mondiaux. Que le décor soit une petite ville rurale en Amérique ou des terres désolées post-apocalyptiques, les œuvres de King nous rappellent l'espoir éternel caché en l'homme et nous appellent à affronter nos peurs les plus profondes tout en inspirant le désir d'accepter le changement et le développement.

Plus important encore, la rédemption qui perdure dans les œuvres de King invite à examiner le rôle de la littérature dans la formation d'une vision commune du monde. Dans son processus narratif rédempteur, King ne se contente pas de divertir et d'absorber les lecteurs dans les pages de ses histoires. Il offre plutôt une perspective à travers laquelle la société est invitée à considérer ses propres possibilités de guérison et de transformation. Cette réflexion sur soi va bien au-delà des lecteurs individuels et s'étend aux lecteurs des communautés et des sociétés dans leur ensemble, car les idées universelles de rédemption potentialisent un discours, une réflexion et une action incessants.

En outre, ce thème de la rédemption durable illustre parfaitement l'héritage de Stephen King à la littérature et à la culture mondiale. Plus qu'une simple source de divertissement, les histoires de King procurent un sentiment d'espoir et de possibilité quant à ce que l'humanité peut endurer. Dans le spectre de la fiction et de la réalité, King fait ressortir la rédemption, ce qui renforce l'importance de la narration pour provoquer la réflexion, susciter des émotions et apporter des changements positifs.

Pour conclure, la qualité persistante de la fiction de King l'élève au-dessus du simple divertissement et l'invite à contempler les véritables luttes et triomphes de la vie, car la rédemption dans l'œuvre de King dépasse le domaine de la fiction. Nous nous souvenons du pouvoir inébranlable de la rédemption et, plus important encore, de la résilience, une marque d'humanité qui montre la capacité de changer. À travers les histoires remarquables de Stephen King, nous sommes témoins de l'aspect persistant de la rédemption et de la façon dont les paroles durables de l'auteur donnent l'espoir d'un renouveau profond, souvent enfoui dans les ténèbres.

Transition vers l'héritage : faire le lien entre la résilience et l'impact mondial

Associer la résilience à ses répercussions mondiales enrichit la portée de l'impact du récit de Stephen King, notamment dans la compréhension de la façon dont il décrit la résilience durable. En tant que société collective, nous passons de la vision individualiste de la lutte d'un personnage à son influence sociale, culturelle et mondiale. Shift Towards Legacy examine l'impact de la représentation par Stephen King de la résilience durable, et il ne s'agit pas seulement d'un changement de pensée, mais plutôt d'un voyage sans frontières géographiques.

Le refus de King de perdre espoir, quelle que soit la situation, est un sujet auquel de nombreuses personnes dans le monde peuvent s'identifier ; King lui-même a noté la façon dont ses lecteurs réagissent à ses écrits. Qu'un protagoniste d'une petite ville affronte des forces surnaturelles ou qu'un groupe de survivants lutte contre elles, ces intrigues sont faciles à comprendre. Les œuvres de King façonnent la compréhension et l'empathie, et à chaque page lue, elles peuvent contribuer à renforcer et à consolider un récit mondial de résilience.

Pour comprendre l'impact de la résilience sur la société, nous devons examiner les régions culturelles, sociales et psychologiques touchées. Les œuvres de King se concentrent sur la réflexion et la confrontation aux défis sociétaux prédominants, ce qui en fait un point central pour une réflexion personnelle approfondie et une discussion collective. L'impact est visible dans l'utilisation généralisée de ses œuvres sous forme d'adaptations dans d'autres médias et dans leur référence durable dans les écrits savants et les expressions qui sont devenues des mots anglais et d'autres dialectes à travers le monde.

Les effets de la littérature peuvent être observés au-delà du cadre des livres, car ils inspirent des actions en dehors de la société. Le potentiel inégalé de la narration, en particulier de la fiction, peut rassembler les individus et les communautés contre toute attente, preuve que la littérature sert non seulement à raconter des histoires, mais aussi à autonomiser, à forger une résilience inébranlable et à exercer une influence profonde au-delà des frontières.

En suivant le chemin de la résilience personnelle vers l'impact mondial, nous constatons que les histoires de King vont au-delà du divertissement ; elles forment une structure critique dans les cadres de l'idéologie, de la vision du monde, de la culture et du système de valeurs. La résonance de la résilience est une force d'harmonisation qui rassemble les différents fragments des sociétés, inspire le courage et suscite un effort commun pour le salut et la restauration. De cette manière, elle affirme la capacité humaine fondamentale de résilience et de surmonter les défis malgré la diversité des cultures et des frontières.

Le passage à l'héritage nous aide à comprendre pourquoi les œuvres de Stephen King continuent de nous concerner : elles positionnent ses histoires comme une ressource intemporelle qui relie la résilience et l'impact mondial.

12

L'héritage de l'imagination

L'impact de King sur la culture pop mondiale

Les pensées derrière la portée de l'imagination

Stephen King est devenu une icône culturelle et a eu un impact sur la culture populaire dans son ensemble, bien au-delà du domaine littéraire. Des profondeurs insondables de sa créativité et de son imagination fertile, il a façonné de nombreuses histoires qui ont influencé, d'une manière ou d'une autre, différents éléments de la culture populaire. L'influence grandissante de King dans le divertissement grand public remonte à son premier roman publié, qui a marqué le début d'une ère ayant bouleversé le paradigme de la culture populaire. Ce phénomène semble provenir de Carrie et de Shining, deux des romans les plus célèbres de King, qui l'ont non seulement propulsé vers la gloire, mais ont également joué un rôle essentiel dans sa carrière d'écrivain. Alors que King cultivait son arsenal d'œuvres littéraires, son influence s'est infiltrée dans une myriade d'autres sphères, telles que le cinéma, la télévision, la musique et l'art, qui étaient autrefois limitées à la sphère de la littérature. L'incroyable capacité de King à créer des mondes immersifs a conduit à une large acceptation et adoption de ses histoires sur différents supports. Les œuvres de King ont imprégné des imaginaires sans vie et se sont transformées en toiles dont de nombreux créateurs et artistes peuvent s'inspirer.

L'héritage de Stephen King est ancré dans ses techniques narratives uniques. Son œuvre, qui va au-delà de la culture populaire pour aborder des sujets de société tels que la peur, la résilience et la condition humaine, témoigne de sa capacité à traiter des thèmes complexes et à créer des personnages attachants qui défient toute catégorisation. Dans les sections suivantes, nous nous pencherons sur l'influence de King sur la culture pop mondiale et analyserons l'ampleur de son impact et ses implications.

L'essor du phénomène culturel

Le phénomène culturel de Stephen King a commencé avec ses premiers écrits. Ce changement de culture/modernité s'est produit socialement lorsque King a gagné en popularité pendant cette période. Tout au long de sa carrière, il a créé « Carrie », le seul élément différenciateur qui a placé King sur le piédestal littéraire.

L'exploration par King des côtés les plus sombres de l'humanité, mêlés au surnaturel, l'a distingué du reste de ses contemporains. Son succès avec Carrie a marqué la première étape dans la création d'une collection d'œuvres qui façonneront la culture pop pendant des années.

Les premiers romans de King ont eu un impact profond sur la société. Ses intrigants personnages aux histoires complexes, associés à un suspense à couper le souffle, ont marqué l'imagination des lecteurs. En mélangeant des éléments d'horreur, de fantastique et de psychologie complexe, King a réussi à rassembler une base de fans qui attendaient avec impatience ses nouvelles sorties, consolidant ainsi sa position dans le monde littéraire.

Avec la sortie de titres inoubliables tels que Shining, Salem's Lot et La Tourmente, l'impact de King sur la culture pop mondiale a explosé en parallèle avec le développement de ses œuvres littéraires. Ces histoires ont été des best-sellers et ont servi de base à leurs adaptations cinématographiques, qui ont attiré l'attention du public sur le travail de King.

L'effet des premières œuvres de King ne s'est pas limité à la littérature et au cinéma. Il a également eu un impact sur la musique, l'art et d'autres domaines. Les personnages et les thèmes de King ont peu à peu commencé à être référencés dans la culture populaire, montrant ainsi l'étendue de son talent de conteur.

Fondamentalement, les principales racines du phénomène culturel de Stephen King découlent de la pureté de son talent à créer des récits qui juxtaposent réalité et cauchemar. Cet effet de résonance sur différents publics à travers le monde a permis à King de s'épanouir en tant que figure permanente dont l'existence est gravée dans la culture pop en constante évolution.

Les histoires de King dans les médias populaires

L'influence de Stephen King s'étend bien au-delà de la littérature, ayant un impact profond sur les médias populaires. Avec l'évolution de la technologie, son travail a transcendé les limites des livres pour atteindre la télévision, les films et d'autres formes de divertissement, faisant de lui l'un des plus grands conteurs de l'histoire moderne.

Sa première incursion dans les médias populaires a eu lieu avec l'adaptation de son roman Carrie en 1976. Cela a marqué le début d'une longue et fructueuse relation entre ses œuvres et le monde du cinéma. Ce succès initial a ouvert la voie à de nombreuses adaptations de ses romans et nouvelles, donnant lieu à une œuvre cinématographique vaste et variée.

L'adaptation de certaines de ses meilleures œuvres en scénarios a permis aux gens de revivre ces films emblématiques dans la vraie vie. De « Shining » à « Misery » et « Ça » en passant par les célèbres séries télévisées « The Stand » et « Castle Rock », l'œuvre de King a influencé des millions de personnes dans le monde et est devenue une référence pour la culture. La nature des films réalisés a captivé le public du monde entier et s'est ancrée dans l'air du temps culturel. Avec leurs personnages fascinants, leurs images obsédantes et leurs thèmes récurrents, ils ont fait plus que divertir ; ils ont également suscité des discours significatifs, aux côtés de récits réparateurs et d'humanité, des réflexions sur la peur et l'expérience humaine.

Outre le cinéma et la télévision, d'autres secteurs du divertissement populaire témoignent de l'influence et de la portée de l'œuvre de King. Ses écrits ont été adaptés en romans graphiques, en jeux vidéo et même en styles musicaux, ce qui témoigne de la portée de ses récits. Ces différentes formes de ses histoires ont offert à une nouvelle génération de fans des moyens novateurs de découvrir ses récits et de consolider sa place dans la culture.

De plus, l'influence des contes de King sur les médias populaires va au-delà du divertissement, car ils cherchent à explorer les frontières sociales et psychologiques. De l'horreur au drame, les œuvres de King offrent un espace dans lequel confronter l'existence humaine et mettre en évidence des réalités effrayantes qui trouvent un écho auprès du public.

Dans notre monde numérique, où les médias évoluent rapidement, les histoires de King sont aujourd'hui plus pertinentes que jamais. Qu'elles soient diffusées en streaming ou accessibles par d'autres moyens, ses œuvres sont disponibles partout dans le monde et permettent ainsi à son univers imaginatif de rester vivant et influent, tout en garantissant que le public se sente engagé et connecté.

Influencer une génération d'écrivains et d'artistes

L'influence de Stephen King imprègne la culture pop mondiale, bien au-delà de ses fidèles lecteurs et fans. L'empreinte de King a pénétré le monde créatif des écrivains et des artistes de tous genres et contribue à motiver une génération de conteurs à réfléchir plus profondément. L'exploration par King du délicat équilibre entre la peur, l'espoir et la résilience a toujours servi de guide aux écrivains, pour qui il est bien trop facile de céder au côté sombre de l'humanité. Dans « What Kind of Monster Am I ? », il affirme que la structure inestimable des personnages de King, ses intrigues complexes et ses émotions brutes les inspirent tout au long de leurs efforts artistiques. Partout dans le monde, de nombreux artistes, des peintres aux graphistes, ont été inspirés par les capacités de conteur de King et ont créé de magnifiques visuels qui illustrent l'immense profondeur et la puissance de ses histoires. D'innombrables cinéastes, animateurs et romanciers graphiques ont tenté de lui rendre hommage en transformant ses œuvres en différents chefs-d'œuvre à travers leurs perspectives créatives uniques.

De plus, l'exploration par King de thèmes universels a revigoré l'art et la littérature contemporains, inspirant les créateurs à se confronter aux vérités de la société. Grâce à sa compréhension complexe de l'humanité et de la lutte incessante entre le bien et le mal, King a inspiré des écrivains et des artistes du monde entier à affronter l'existence avec une authenticité sans faille. C'est pourquoi la fiction, les arts visuels et le cinéma sont aujourd'hui enrichis par l'impact diversifié des récits de King, qui ont entraîné une métamorphose éternelle de l'innovation créative et de la narration introspective qui continue de captiver le public du monde entier. En favorisant un environnement qui permet aux idées de circuler librement, l'héritage de Stephen King reste un exemple frappant du pouvoir de l'imagination et de ses capacités transformatrices nobles à travers la culture au fil du temps.

Briser les barrières des genres : au-delà de l'horreur

Reconnu dans le monde littéraire depuis plus de quarante ans comme un maître de la fiction d'horreur prolifique, il serait injuste de prétendre que l'influence de King se limite à la sphère de l'horreur. Compte tenu de l'ampleur de son impact sur la culture populaire, il serait injuste de prétendre que son influence se limite à la sphère de l'horreur. La question est donc la suivante : quelles sont les frontières que King a franchies et qui nous permettent de le considérer au-delà des étiquettes et des genres ?

Il serait impossible de discuter de l'œuvre de King sans mentionner la façon dont il explore de manière innovante différents croisements. Cela est particulièrement évident dans ses éléments thématiques très variés, notamment la science-fiction, la fantasy, le thriller et le drame. Des œuvres comme « Shining », une horreur surnaturelle, et « Stand By Me », un récit poignant sur le passage à l'âge adulte adapté de « The Body », témoignent de cette polyvalence. Il a conquis le cœur d'un tout nouveau public avec elles : des lecteurs et des cinéphiles qui ne s'intéressaient pas traditionnellement à l'horreur.

En outre, l'influence de King ne s'arrête pas à la littérature ; elle se mêle à la télévision, au cinéma et même à la musique. Son œuvre littéraire a été adaptée en de nombreuses séries télévisées et films à succès, qui ont fait avancer la carrière de nombreux acteurs, réalisateurs et producteurs. L'influence de King se retrouve également dans les thèmes, les motifs et même le style de la culture populaire actuelle. Considérer ses œuvres comme de simples romans d'horreur, c'est ignorer les nombreuses émotions, les personnages et les questions socioculturelles qu'il dépeint et analyse avec maestria.

Lorsqu'on examine les réalisations remarquables de King, il est clair que ce conteur hors pair ne peut être enfermé dans un seul genre. Il explore différents domaines de l'expérience humaine et invite ses lecteurs et spectateurs à lutter contre la peur, à trouver du courage et à reconnaître la réalité de l'existence. La maîtrise de l'art de conter de Stephen King encourage le public à examiner d'importantes questions sociales et philosophiques, ainsi que l'essence de l'humanité, à travers des histoires captivantes qui dépassent toute catégorisation.

Même si l'horreur est au cœur du répertoire de Stephen King, elle n'est qu'un moyen d'explorer la psyché humaine complexe ou les vérités universelles. « Beyond Horror » capture l'étendue infinie de la narration de King en mettant en valeur la tapisserie qu'il a créée et qui résonne auprès de publics divers, indépendamment de leur association avec le genre de l'horreur. L'exploration de nouveaux mondes par King et son défi des frontières traditionnelles ont façonné sa position unique en tant que figure formidable de la littérature moderne, du cinéma et de la culture pop mondiale.

Stephen King à l'ère du numérique

Les progrès technologiques ont considérablement modifié la façon dont les gens lisent et interagissent avec la littérature. En tant qu'auteur prolifique, Stephen King a su s'adapter au monde moderne. Avec l'invention des livres électroniques, des livres audio et d'autres technologies numériques, les récits de Stephen King ne sont plus limités géographiquement ou dans le temps. La commodité offerte par les formats numériques a amplifié la disponibilité de ses livres et contribué à une plus large acceptation de la lecture et de la littérature, permettant ainsi à un plus grand nombre de personnes de se connecter à ses histoires.

Au-delà des lettres traditionnelles, Stephen King participe activement à la vie sociale et en ligne, ce qui lui permet d'entrer en contact direct avec son public par le biais des réseaux sociaux. Cela lui a permis de fédérer ses fans sur Twitter et Facebook, ce qui a donné lieu à des discussions plus approfondies, à des collaborations et à des éloges de son travail. Cette interaction directe avec les lecteurs a permis au public de cultiver un lien avec l'auteur, renforçant ainsi leur attention envers ses œuvres pour les années à venir.

L'ère de l'information a considérablement amélioré les possibilités de narration innovantes, en particulier en ce qui concerne les œuvres de King. La force et la volonté d'expérimenter de King ont été mises en évidence par sa collaboration avec des technologies audio et des programmes qui permettent la narration numérique sous forme de nouvelles audio, de séquences animées et d'interactivité et d'immersion dans les récits. Son adaptation aux nouveaux supports et formats a considérablement augmenté la disponibilité de ses histoires, mais a également créé des opportunités pour les futurs écrivains et conteurs de remettre en question les normes des cadres narratifs et de la narration.

En conséquence, le monde contemporain a découvert des contenus créés par ses fans et ses communautés numériques, qui ont inspiré des créations artistiques basées sur les œuvres de King. Les mondes créés par King ont suscité un nouveau niveau de créativité en inspirant des fan fictions et des fan arts, qui font l'objet d'une analyse en ligne et communautaire. De telles cultures, associées à la portée des plateformes Internet, encouragent les jeunes à montrer leurs compétences artistiques, tout en amplifiant les œuvres de King et en favorisant le nouveau domaine de créativité inspiré par son héritage.

Comme on peut le constater, l'analyse s'est principalement concentrée sur les avancées significatives dans tous les aspects de la littérature dues à l'impact du monde numérique. Les plateformes numériques ont permis aux lecteurs de mieux s'impliquer dans les livres et les auteurs qu'ils chérissent, permettant ainsi à Stephen King de construire une forte communauté de créateurs. Il marque le paysage en constante évolution des récits tout en renforçant son héritage de conteur depuis des années.

Des lecteurs aux adeptes de la culture : construire une communauté mondiale

Partout dans le monde, Stephen King est salué pour ses prouesses littéraires et pour avoir compris l'importance de la connectivité avec un public mondial, permettant aux fans de passer du statut de simples lecteurs à celui de followers. Aujourd'hui, sur Internet, on trouve une communauté de fans unis par leur adoration pour ses histoires. Sur les réseaux sociaux et les sites Web spécialisés, ils créent des groupes pour partager leurs opinions et leurs réflexions sur son travail et citent d'autres créateurs légendaires, inspirés par lui. Ils reconnaissent aujourd'hui son talent et l'apprécient pour avoir permis de connecter des personnes d'horizons divers.

Ce phénomène dépasse le cadre du fandom et se transforme en un mouvement culturel illustrant la profonde influence des œuvres de King sur l'imaginaire collectif. L'étonnante combinaison de terreur, de sympathie et de curiosité morbide a créé un lien unique entre les fans. Par conséquent, cette communauté participe non seulement au discours entourant l'œuvre de King, mais contribue également à faire émerger de nouvelles voix dans le domaine, ce qui accroît l'attrait et l'impact de la fiction d'horreur et de la littérature spéculative.

En outre, la création de clubs de lecture exclusivement consacrés à l'étude de ses œuvres a encouragé des recherches plus approfondies sur les récits de King. Des universitaires, des commentateurs et des lecteurs occasionnels se réunissent pour analyser les thèmes et les motifs, ce qui permet de dépasser le cadre de la simple théorie de la réception. Ce discours collaboratif a permis d'approfondir la compréhension et l'appréciation des œuvres de King, tout en accélérant la diffusion de la fiction d'horreur en tant que domaine d'étude académique.

L'impact de la communauté mondiale ne se limite pas au monde numérique. L'esprit de la communauté se retrouve dans la portée vivante de la culture populaire à travers des conventions annuelles, des événements thématiques et des célébrations de cosplay centrées sur l'univers de King. Ces événements et rassemblements permettent non seulement aux admirateurs passionnés de célébrer ensemble les œuvres de Michael King, mais ils favorisent également un sentiment d'appartenance qui va au-delà de la lecture isolée. Ils donnent le sentiment de faire partie d'une communauté plus large, unie par un amour partagé pour les récits de King.

En fin de compte, l'essor de cette communauté unie à l'échelle mondiale témoigne de la force indomptable de la créativité narrative pour créer des liens et nourrir l'imagination dans la société contemporaine. À l'inverse des lecteurs isolés avec lesquels il a commencé, King bénéficie désormais d'une base de fans dévoués qui est devenue un excellent exemple de la force inégalée qu'un auteur peut exercer pour rassembler autant de personnes différentes, en utilisant l'exemple de l'union d'individus divers au nom de la narration. Ses récits ont le pouvoir d'inspirer et de motiver, transformant les lecteurs en participants actifs d'une communauté mondiale.

Des récits qui façonnent la mythologie moderne

La culture populaire qui fait le tour du monde a une classification unique et distincte. Les histoires de Stephen King occupent une place marquante et éternelle. King a construit à lui seul des mythes et des sagas que ses franchises légendaires racontent à travers les époques et les âges. Avec un roi comme colonne vertébrale, ces récits résonnent dans le monde entier, des villes fictives du Maine aux personnalités imparfaites mais attachantes qui y vivent. Il a doté ses personnages d'une essence légendaire qui va au-delà des mythes.

L'une des qualités les plus remarquables de King est sa capacité à capturer la personnalité de la réalité dans des récits fictifs ; cette qualité unique entremêle une vie ordinaire avec des concepts abstraits. La capacité de King à placer des gens ordinaires dans des situations surnaturelles horribles donne à ses histoires des portées variées qui, le plus souvent, font d'un vide une réalité. Elles peuvent plonger dans la douleur et la victoire des personnages beaucoup trop rapidement, ce qui en fait plus qu'un simple divertissement et les place dans un domaine du folklore culturel.

De plus, les thèmes et les symboles répétitifs que l'on retrouve dans les œuvres de King contribuent à la construction d'une mythologie culturelle commune. D'une manière ou d'une autre, des éléments tels que la tour sombre et les thèmes universels de la rédemption et de l'endurance se sont cristallisés en pierres de touche qui relient les adeptes au sein d'un vaste ensemble d'histoires et d'idées, façonnant leur imagination. Ainsi, d'une certaine manière, les récits de King ne sont pas seulement divertissants, ils enrichissent également la compréhension et la solidarité entre les fervents admirateurs de ses histoires. Ils vous font vous sentir connecté et empathique, en comprenant la mythologie culturelle partagée qui unit les fans de King.

L'ampleur de la contribution de King à la mythologie moderne dépasse le cadre des livres et des films. Elle est tout aussi évidente dans la peinture, la musique et même le nouveau domaine de la narration interactive des jeux vidéo. Cet impact considérable s'ajoute aux histoires imprégnées de l'imagination de King et à leur profond potentiel pour cultiver et élever la mythologie culturelle contemporaine.

Avec l'évolution de la mondialisation, les histoires créées par King sont toujours d'actualité et véhiculent des messages novateurs sur des thèmes fondamentaux de la nature humaine. Elles remettent en question et transforment les coutumes primitives de la narration, tissant la trame de la mythologie contemporaine à travers chaque histoire captivante racontée. En explorant l'ombre la plus sombre marquée par des peurs et des désirs complexes, King a façonné l'essence de l'identité culturelle et garantit que ses histoires définiront les mythes contemporains pour les générations à venir.

Le langage universel de la peur

La peur est le seul sentiment qui n'a pas besoin d'être traduit, et c'est précisément ce que Stephen King maîtrise dans ses histoires. En suscitant des émotions primitives et brutes enfouies au plus profond de la psyché humaine, la peur joue sur l'instinct. King y parvient en maîtrisant la création d'une littérature d'horreur captivante. Déchaînée par des récits saisissants, la peur touche une corde universelle qui invite les gens de tous les groupes démographiques. Grâce à des récits vivants et des intrigues palpitantes, les êtres humains de toutes sortes et de toutes cultures transcendent les barrières géographiques, sociales et temporelles, et unissent le monde en un seul.

Les œuvres littéraires de Stephen King montrent comment la peur s'empare du monde. Tap-alone, comme l'inconnu qui rôde sans relâche toute la journée, attend la cigogne tout en embrassant sa vocation. Même la mort sera éternelle, la matière l'utilisera pour s'enfoncer. Capable de s'échapper et toujours éveillée jusqu'au sommeil.

Une compréhension forgée par la peur a permis de créer un lien mutuel qui rassemble les humains ; c'est pourquoi les histoires de King sont devenues un phénomène mondial. Cette expression transcende le monde du livre, ayant un impact sur le cinéma, la télévision et la culture dominante. La capacité de King à puiser dans la rage a motivé d'innombrables autres créateurs à explorer davantage les frontières de la peur dans leurs œuvres. Cette rage dans l'œuvre de King a également favorisé des phénomènes socioculturels tels que les mythes urbains, citant l'impact d'Halloween et s'implantant dans l'esprit des masses. L'impact de son œuvre illustre le pouvoir de la peur en tant qu'outil de communication et la transforme en un rythme de la société, s'enracinant dans l'essence de la culture. D'une manière générale, l'œuvre de King se concentre sur la peur comme attraction principale. Elle agit comme un langage sans frontières qui communique à travers les innombrables fils des cultures du monde tout en remodelant leur compréhension de l'imagination collective et en formant de nouvelles réalités.

Conclusion : une saga sans fin de l'héritage de Stephen King

Stephen King a gagné sa place dans le spectre de la culture pop mondiale. Son influence traverse les frontières, les langues et même les générations. En examinant de plus près le monde complexe de ses contes, il devient évident qu'il a laissé un héritage éternel qui continue de motiver les gens dans le monde entier. Comme dans les récits de King, le « facteur peur » relie les lecteurs, les spectateurs et les créateurs dans une chaîne de terreur collective. L'influence de King existe toujours, sculptant un espace unique dans la culture et la mythologie modernes.

En examinant l'héritage de King, il faut se pencher sur les recoins les plus sombres de Derry et examiner l'impact de ses décors de petite ville d'un autre monde. Non seulement King a fourni un décor pour affronter les peurs, mais il a également créé un environnement propice aux fans de l'horreur, attirant ainsi un public au-delà des barrières traditionnelles.

L'œuvre de King transcende les genres littéraires traditionnels, car son art du conte dépasse les limites de l'horreur. Ses histoires luttent contre les subtilités de l'humanité, évoquant des concepts intemporels de lutte, de rédemption et du conflit perpétuel entre le bien et le mal. À travers sa prose, King maîtrise les émotions et les expériences des gens, qui, façonnées et organisées à l'unisson, ont formé une conscience extraordinaire qui résonne à travers les âges et les siècles.

L'ère numérique met aujourd'hui en lumière la pertinence incontestable de l'œuvre de King, alors que nous assistons à l'adaptation continue de ses histoires en séries télévisées et en films à succès dans le monde entier. Il a un pouvoir indéniable pour attirer le public et l'immerger dans les mondes auxquels il donne vie, ce qui en dit long sur la profondeur de sa maîtrise de la narration. Ces dernières années, King est également devenu un acteur central du développement des interactions dans la littérature et de la narration transmédia, ce qui fait de lui une figure marquante de la littérature et du divertissement médiatique.

Une nouvelle vague de conteurs s'est vivement inspirée des personnages complexes et des thèmes obsessionnels des œuvres de King. Son héritage perdure, car il a profondément marqué la vie des individus tout en offrant un grand espoir d'avenir aux jeunes écrivains et artistes qui rêvent de créer quelque chose d'important. L'impact de King se fait sentir à travers la myriade d'histoires entrelacées de génération en génération, mettant en évidence la grandeur inégalée de ses talents narratifs.

Comme on l'a noté, « l'héritage de Stephen King est peut-être l'exemple le plus barbare de tout ce qui a jamais suscité d'hystérie dans la littérature de l'humanité depuis qu'il a révolutionné le genre de l'horreur ». En d'autres termes, il est incompréhensible qu'un individu puisse avoir une telle influence, non seulement sur la fiction, mais aussi sur la culture littéraire dans son ensemble. Notre monde moderne se nourrit de culture pop, notamment de films, de musique, de vidéos et de consoles. Il est indéniable qu'il a joué un rôle crucial dans l'évolution et la popularisation des films et de la littérature d'horreur. Alors que les consommateurs se laissent tenter par les jeux vidéo, les romans, les films et les jeux sur console, la fiction d'horreur reste l'un des genres les plus appréciés.

Pour conclure, « Un cauchemar n'est rien d'autre qu'un petit rêve, et nous ne recherchons pas quelque chose de grandiose. » Cependant, Stephen King restera sans aucun doute pertinent à jamais, soulignant encore une fois l'importance de la fiction et de la littérature, en raison de la douleur éternelle que son œuvre laisse derrière elle.

13

Les échos du Maine

Stephen King et son lien indélébile avec l'Amérique des petites villes

L'impact du Maine contrebalançant les œuvres de King

STEPHEN KING EST CONNU dans le monde entier pour ses livres et ses romans, mais beaucoup de gens ignorent que la plupart de ses œuvres sont inspirées du Maine, un État connu pour sa culture et ses communautés pittoresques. Cet État possède un paysage utopique, avec ses forêts denses et ses petites villes, qui contribuent à créer un silence inquiétant. Cela permet à Stephen King d'utiliser l'État comme toile de fond pour ses histoires, mais aussi de s'en inspirer. Les œuvres de Stephen

King ont une touche mystérieuse qui éveille l'imagination des lecteurs. La combinaison des caractéristiques envoûtantes du Maine et de l'imagination inquiétante de Stephen King offre aux lecteurs une nostalgie riche et détaillée à travers la beauté infinie de l'État. Ce mélange double capture l'essence, le thème central de l'attrait du Maine. La combinaison de l'état avec King rend indéniablement les romans de King classiques. Il capture parfaitement la beauté du Maine tout en y ajoutant une touche indélébile, faisant graviter les lecteurs vers l'endroit et faisant du Maine un personnage en soi. Parallèlement à cela, il capture l'essence de l'État tout en emmenant les lecteurs dans un voyage narratif onirique, un besoin actuel pour apprécier les romans de King.

Dans cette partie, nous tenterons d'analyser la relation profonde entre les paysages et la culture du Maine et la narration de King. Nous examinerons comment la culture et les paysages du Maine, avec leur mélange unique de tranquillité et de mystère, sont parfaitement intégrés dans ses histoires. Cela nous aidera non seulement à comprendre la culture et le paysage littéraire du Maine, mais aussi à mieux saisir leur influence sur la narration de King.

Les racines de l'État du pin : les années de formation de King

Stephen King, né le 21 septembre 1947 à Portland dans le Maine, est un écrivain dont la vie est profondément liée au paysage pittoresque et au tissu social très soudé de son État d'origine. Toujours résidant dans la petite ville de Durham, dans le Maine, Stephen King est entouré par la splendide vie de la Nouvelle-Angleterre, qui a considérablement influencé son écriture et son mode de vie. La culture du Maine, avec ses riches traditions et son modernisme, occupe une place centrale dans la vie de Stephen King et sert de base à la plupart de ses œuvres. Ce lien profond avec ses racines est quelque chose auquel beaucoup d'entre nous peuvent s'identifier, et c'est ce lien qui donne à son travail un sentiment d'authenticité et de profondeur.

Les premières années de la vie de King ont été décrites comme époustouflantes en raison des lacs brumeux et des forêts imposantes qui s'étendaient à perte de vue sur la côte du Maine. L'État alliant nature et océan, King a en effet de bonnes chances d'avoir une profonde appréciation de la nature. En outre, les petites villes du Maine, avec leur mélange unique de traditions et de modernisme, ont donné à King un aperçu de la façon dont les gens interagissent, des relations qu'ils établissent et de la façon dont la vie tourne autour de ces éléments. Ces éléments spécifiques de la culture du Maine ont profondément influencé l'écriture de King, façonnant ses récits et ses personnages.

Encore jeune garçon, King aimait les histoires liées à l'histoire du Maine. Il s'intéressait particulièrement aux histoires de fantômes et aux fables historiques basées sur des événements réels. Tous ces éléments se sont réunis pour former une partie de la meilleure littérature de la région. Ayant grandi entouré de tant d'histoires, il n'est pas surprenant que King ait produit des best-sellers que l'on ne pourrait que rêver d'écrire, surtout avec toute la nostalgie et le mystère qui les entourent.

L'impact de l'enfance de King dans le Maine se retrouve dans ses œuvres, de la représentation des petites villes et de la nature omniprésente, à la fois réconfortante et effrayante, au motif de l'isolement, de l'endurance et du charme de l'étrange inconnu. De fictif Castle Rock à la captivante Derry, les lieux préférés de King reflètent les États-Unis d'Amérique, qui l'ont façonné, lui et ses récits, d'une manière inégalée.

Sans aucun doute, les paysages du Maine, combinés à l'esprit de sa population, ont inspiré les recherches littéraires de King, approfondissant le lien émotionnel et la profondeur des histoires. L'attachement de toute une vie de King à l'État du pin lui a donné un avantage inégalé pour les narrations captivantes ; l'héritage du Maine est devenu la marque de fabrique de ses histoires.

Planter le décor : la présence du Maine dans les œuvres de King

Le Maine, souvent décrit comme la quintessence de la « petite ville » américaine, est un cadre à la fois paisible et menaçant, soigneusement sculpté dans l'écriture de King. Cela évoque un sentiment d'appartenance ; King capture l'essence du Maine comme étant profonde et complexe. De l'attrait captivant des villes pittoresques à la beauté sereine de la nature sauvage, le Maine gronde avec une puissance indéniable, déploie son mystère et émerge comme un personnage à part entière.

Au cœur de l'œuvre de King se trouve le lien fondamental et magique du Maine, où ses souvenirs se mêlent si merveilleusement à une région d'une beauté rustique époustouflante. Les falaises spectaculaires, les collines ondulantes et les forêts chargées de brouillard ne fascinent pas seulement par leur source inépuisable d'inspiration pour l'imagination de King, mais deviennent également le cadre de ses récits fictifs. C'est dans cet espace à couper le souffle que King manie la plume et place le cœur de ses récits, qui regorgent de lieux réels, car sa fiction ne saurait autrement captiver le cœur des lecteurs. Le rôle des paysages du Maine dans la formation des récits de King est indéniable, car ils fournissent la toile de fond et l'atmosphère qui donnent vie à ses histoires.

En outre, l'essence cinématographique du Maine va au-delà de sa géographie pour affecter les émotions des personnages de King. En capturant les complexités sociales et communautaires de l'État, King crée un monde captivant et accessible qui reflète l'essence profondément enracinée de la campagne américaine. À travers la représentation de communautés soudées et de secrets gardés par des villages endormis, King dépeint un monde unique, vivant, avec les vestiges de son histoire. Il décrit de manière vivante un monde aux souvenirs uniques qui résonnent fortement dans l'atmosphère.

Il est intéressant de noter que l'attrait du Maine fonctionne également comme une forge captivante du surnaturel et de l'effrayant, insufflant aux histoires de King un sentiment saisissant de terreur. Les caractéristiques saisissantes du Maine et ses vues époustouflantes créent une toile de fond expressionniste pour examiner la peur, la mort et le surnaturel. Le Maine devient alors un symbole de contradiction alors que la frontière entre l'ordinaire et l'extraordinaire s'estompe, créant un suspense profond qui rend les récits de King d'un réalisme effrayant. La beauté inexplicable du Maine se révèle sans cesse changeante et constitue le fondement des merveilles littéraires de King.

Les réalités des petites villes : capturer l'authenticité et le courage

Pendant des décennies, les petites villes américaines ont servi de toile de fond par excellence aux romans de King, se transformant souvent en personnage à part entière. Dans ses romans, King met en avant l'attention qu'il porte aux détails et à l'authenticité en capturant l'essence de la vie dans les petites villes, qui n'étaient pas seulement des cadres ; elles faisaient partie intégrante des personnages et de leurs histoires. La maîtrise des détails de ces lieux a valu à King le surnom d'observateur attentif des réalités des petites villes. L'interconnexion complexe des vies, la trame sociale d'un passé commun et les liens créés au fil du temps au sein de ces vastes territoires offrent au détenteur de ces identités une vaste toile sur laquelle explorer la nature humaine. Les livres de King mettent en balance le charme désuet des petites villes et l'ombre menaçante de l'obscurité qui les habite. À travers ses récits merveilleux, King capture la beauté des petites villes, y compris leurs multiples réalités, et leur imprime un sentiment de réalité palpable. Il va encore plus loin, transformant les villes en plus qu'un simple point sur la carte ; il leur donne vie, laissant les lecteurs s'interroger sur leur culture et leur héritage. Par ailleurs, la juxtaposition de la nature calme de ces villes et des cicatrices cachées et instables qui les habitent rend la narration de King encore plus captivante.

Il capture l'essence des petites villes en explorant leurs particularités et en soulignant leur importance dans un contexte plus large. Les lecteurs sont touchés par l'authenticité de sa petite ville fictive d'Amérique, à la fois reconnaissable et pleine de surprises sinistres. King suscite de fortes émotions avec sa description de Derry et de Castle Rock, évoquant le glamour décadent de son enfance. Chaque détail que King ajoute à ces lieux les transforme en personnages qui captivent le lecteur et laissent une impression durable dans son esprit. En explorant une seule ville, King élucide les théories de l'expérience humaine et de la société, dépeignant la beauté de la souffrance avec empathie. Les environnements qu'il décrit servent d'exemples de lieux qui renferment en leur sein les histoires et les émotions nées des êtres humains, affichant la nostalgie et la beauté de la petite ville énigmatique mêlées à la complexité de la vie humaine.

La personnalité de Derry et Castle Rock

Dans l'univers fictif de Stephen King, deux des petites villes les plus célèbres, popularisées dans le cinéma et la littérature, sont Derry et Castle Rock. Ces villes ne sont pas de simples lieux fictifs ordinaires ; elles jouent plutôt un rôle important dans le contexte des histoires, car elles fournissent des espaces de vie profonds qui donnent forme à l'intrigue et aux personnages dans les œuvres de King.

Dans le récit Ça, Derry, qui souffre d'être attaquée par des forces maléfiques, est une ville à la fois remplie d'une enfance charmante et bienveillante et de terreurs stupéfiantes et sans imagination. L'essence de la peur humaine est capturée dans les rues de cette ville. Les égouts sont encore plus horribles, remplis de l'obscurité cauchemardesque du subconscient. Pour endurer une telle diablerie, les enfants possèdent au plus profond d'eux-mêmes une détermination, un esprit d'équipe et une force sans égal, et sont également liés par l'amour pour résister au mal. Derry est aussi un microcosme. Castle Rock est un être éthéré dans de nombreuses histoires et possède un caractère séduisant, mais effrayant. Il englobe également des récits sur la campagne et des événements bizarres dans la région.

Il construit ces réalités particulières, les rendant riches en détails et en profondeur. Plus remarquable encore, elles sont radicales car elles ont tendance à offrir un sentiment d'avertissement tout en étant calmes et familières à la fois. La description des villes dépasse la fiction, car la compréhension culturelle intense de l'auteur, ainsi que son profond commentaire social, transcendent et offrent une plongée étrange dans les mystères de la vie dans les petites villes américaines.

De plus, Derry et Castle Rock fonctionnent comme des creusets narratifs où l'extraordinaire se heurte au banal, explorant les extrêmes de l'existence humaine. Tous deux servent de toile de fond aux recherches littéraires de King, où il fusionne la réalité avec le surnaturel pour générer une terreur globale et des peurs résonnantes.

Elles sont également l'épicentre de l'imagination de King. Toutes deux dépeignent la dualité de la nature humaine. La combinaison choquante de familiarité et d'inconfort confère à Derry et Castle Rock une importance dans l'examen de l'expérience humaine par King.

Derry et Castle Rock transcendent le simple lieu. Elles témoignent du pouvoir incommensurable du cadre dans la littérature. Ces décors permettent aux personnages de s'imposer et de se retirer dans les récits forgés par leur créateur, Stephen King. Ces lieux incarnent le traumatisme, l'amitié et la lutte permanente entre la lumière et l'obscurité. En même temps, la structure des racines de Derry et l'énigme de Castle Rock mettent en valeur la profondeur et l'authenticité inégalées de l'imagination de Stephen King.

De l'inspiration à l'imagination : traduire le Maine en fiction

Le cadre pittoresque du Maine dans les romans de King est à la fois le reflet et une partie intégrante des motifs de ses œuvres. La relation étroite que King entretient avec cet État affecte profondément sa narration, et cette connexion sert de pierre angulaire au réalisme qu'il intègre si magnifiquement à sa fiction. Cette partie explore la façon dont King capture l'esprit du Maine et le sculpte avec finesse dans sa fiction.

Il utilise l'essence du Maine, qui se caractérise par le charme envoûtant et époustouflant de l'État. Chaque œuvre est placée dans le contexte des forêts luxuriantes, des côtes pittoresques et des charmantes communautés qui servent de toile de fond à tous les romans de King. La beauté des brumes enveloppant la terre, la quiétude des commérages dans les petites villes et le calme trompeur cachant de terribles secrets s'ajoutent à la liste interminable des choses dans le Maine qui sont une source d'inspiration.

Si King saisit l'émotion et l'impact de la région du Maine, son écriture a une qualité presque cinématographique et parvient à donner vie à la région en la plaçant de manière saisissante dans l'esprit des lecteurs. En mêlant l'étrange et le familier, King a créé des récits qui permettent aux lecteurs de s'immerger au-delà des pages, pour habiter véritablement le monde qu'il façonne.

De plus, la description que King fait du Maine va au-delà d'une simple représentation géographique et se transforme en un puissant rappel d'expériences humaines auxquelles le lecteur peut s'identifier. À travers le prisme délicat de la vie dans les petites villes, de la famille et des particularités de la communauté, King résume le concept d'humanité. Dans ce mélange de représentation physique et métaphorique, le talent de King transparaît lorsqu'il dépeint le Maine non seulement comme une toile de fond, mais aussi comme la force motrice qui façonne le cœur de ses histoires.

Le fait que Stephen King transforme le Maine en un royaume fictif témoigne de son talent à entrelacer le réel avec des images de l'irréel, le banal avec l'extraordinaire. L'infusion de l'esprit du Maine dans ses œuvres trouve un profond écho auprès de son public, l'entraînant dans un voyage où l'imagination rencontre la réalité, et où le charme énigmatique du Maine enchante avec une fascination implacable.

Communauté, conflit et énigmes : les réflexions de Stephen King sur la société

Un examen de l'œuvre de Stephen King révèle que sa représentation de l'Amérique des petites villes ne sert pas seulement de décor à ses histoires surnaturelles ; c'est une toile qui dépeint un mélange de préoccupations sociologiques que King peint minutieusement à travers le prisme de l'horreur. Grâce à son talent d'écrivain, renforcé par une profonde compréhension de l'humanité, King met en lumière les schémas troublants associés aux relations communautaires. Il met également en évidence les réalités étranges, mais brutales, que vivent ses personnages. Ses riches portraits de personnages révèlent comment les gens luttent contre les autres membres de leur société, mettant ainsi en lumière le conflit et le désastre qui les attend.

Stephen King n'hésite pas à aborder des sujets tels que la discrimination ou les relations de classe et de pouvoir, les traitant d'une manière qui oblige les lecteurs à prendre en compte la société dans laquelle ils vivent. En fusionnant des éléments d'horreur avec la critique sociale, King empêche les lecteurs d'éviter l'auto-évaluation, les forçant à faire la lumière sur le côté le plus sinistre des relations sociales ainsi que sur l'ombre de l'histoire. Cela invite à réfléchir à leurs attitudes envers les communautés et nécessite une réflexion sur la vie communautaire en ce qui concerne le soi, les normes sociales et les cadres institutionnels qui dictent la coexistence au sein d'une société donnée.

Outre la terreur psychologique aiguë qui sert de fondement à ses histoires effrayantes, la critique sociale acerbe de King explique pourquoi son œuvre reste pertinente, populaire et étudiée aujourd'hui. En parcourant les rues sombres des villes de King, les lecteurs sont confrontés à des horreurs surnaturelles et à des reflets de la société dans laquelle ils vivent. Il tisse des éléments paranormaux et des commentaires sociologiques. Cela prouve une fois de plus que King peut horrifier les gens et les amener à réfléchir de manière critique aux aspects les plus troublants de la société humaine. En allant de l'avant, il est évident que l'examen minutieux et la contemplation de la société par King nous rappellent les forces complexes à l'œuvre dans nos communautés, mettant les lecteurs au défi de réagir en explorant ce que signifie être humain.

Façades idylliques et ténèbres cachées : une dichotomie explorée

Comme une dualité distincte sous-tendant la représentation de l'Amérique des petites villes dans les œuvres de Stephen King, j'aimerais mettre en évidence le mélange de surfaces sereines et de la menace latente des ténèbres cachées. Cette dualité, qui reste omniprésente dans l'œuvre de Stephen King, représente les complexités de l'existence singulière. Elle le fait en opposant soigneusement la façon dont les petites villes pittoresques contrastent avec le mal sinistre et meurtrier qui semble toujours présent, tapi sous la surface, dans une myriade d'œuvres de King. Cette dualité touche au cœur de la condition humaine et explore les complexités profondes de la société, de ses constructions et de la psyché humaine. En créant un contraste saisissant entre les éléments, King suggère que même les endroits les plus improbables et les villes à l'apparence innocente recèlent des secrets de grande désolation. Cette tranquillité tapageuse qui masque des vérités troublantes n'est en effet que l'incarnation du monde étouffé sous le paysage d'une ville américaine. Outre la représentation d'environnements, King se penche également sur les subtilités de la psychologie humaine, qu'il dépeint minutieusement à travers une riche tapisserie de troubles sur fond de maisons d'apparence ordinaire.

Dans cette exploration, l'auteur élève ces œuvres vers l'intersection du fantastique et du profondément humain, plutôt que d'accentuer l'horreur. Cette dualité est un véhicule narratif à travers lequel King explore la peur, la foi et la fragilité de l'esprit humain. Elle marque la collision de la lumière et de l'ombre, de l'espoir et du désespoir, et dévoile la beauté et la terreur de l'existence. Alors que les lecteurs naviguent dans des paysages idylliques où règne un chaos sous-jacent, ils sont confrontés à une tapisserie sombre reflétant l'essence de la vie humaine fragile. Grâce à son talent inégalé, King dépeint l'expérience humaine de manière provocante, invitant les lecteurs à regarder au-delà des sanctuaires parfaits et exposant des vérités peu enviables. Ces réalités résonnent à un niveau fondamental. La juxtaposition fait de King un maître de la narration et entraîne le public dans l'étreinte merveilleuse de façades idéalisées, qui se transforment en l'attrait poignant des ténèbres cachées.

Le Maine en tant que personnage : analyse de son rôle transformateur

Dans les œuvres de Stephen King, le Maine n'est pas seulement un État ; c'est un personnage qui influence le récit. Cette section explore la manière dont le paysage du Maine affecte la narration de King et la place prépondérante que l'État occupe dans ses œuvres. La géographie du Maine, avec son atmosphère intimidante mais unique imprégnée de culture, influence fortement les écrits de King. Des petites villes inquiétantes aux vastes étendues sauvages, le Maine est un chef-d'œuvre complexe que l'auteur dépeint à travers ses histoires d'horreur et de compassion.

En examinant de plus près l'analyse de l'État, nous observons comment ses décors révèlent la nature multiforme de l'expérience humaine. La beauté sereine de ses paysages apparaît comme l'exact opposé des horreurs qui s'y cachent, accentuant la dualité de la lumière et de l'obscurité. Le Maine n'est pas seulement un personnage au sens physique du terme ; il incarne également un sens de l'histoire et du folklore qui s'intègre dans le tissu même de l'histoire. King cultive l'interaction entre son cadre fictif et la réalité du Maine, et grâce à des détails et des descriptions complexes, il captive les lecteurs du monde entier.

L'impact du Maine dans les œuvres de King va au-delà de la simple géographie ; il modifie également les aspects émotionnels et psychologiques des habitants du monde de King. Les petites villes du Maine, avec leur charme discret et leurs sociétés soudées, créent une riche tapisserie qui sert de scène parfaite au drame et à l'horreur qui accompagnent les récits de King. En incarnant la conscience collective du Maine, King donne de la grandeur à l'État en le plaçant au cœur des luttes et des triomphes universels de l'Amérique, au plus profond de l'expérience humaine.

En étudiant le rôle transformateur du Maine, nous remarquerons également comment l'État prend une vie propre en lien avec les autres thèmes sous-jacents des récits de King. Dans cette synergie, le Maine joue un rôle important dans le récit, car il fournit le cadre de l'histoire, riche en caractéristiques émotionnelles, à la perception du lecteur. Il ressort clairement de cette analyse que le Maine devient plus qu'un simple lieu géographique ; il se métamorphose en une incarnation des forces mystérieuses qui se cachent derrière l'écriture de King.

En résumé, considérer le Maine comme un personnage au sein des univers non linéaires de King nous permet d'apprécier la profondeur du métier et les significations multiples qui se cachent derrière ses récits. King intègre magistralement le Maine dans ses histoires, créant un lien naturel et éternel. Nous apprécions également le fait que, grâce au pouvoir durable de l'art, l'État se retrouve distillé au cœur du monde littéraire.

Réflexions finales : des échos intemporels et des inspirations infinies

En résumé l'évaluation de la relation unique de King avec l'Amérique des petites villes, il est clair que l'essence intemporelle du Maine dans ses œuvres n'est pas une répétition, mais plutôt une motivation sans fin. La combinaison de la réalité vécue, de la marque unique de la compréhension américaine de la géographie du Maine et de ses communautés a créé un tissu narratif intemporel et percutant aux yeux des lecteurs du monde entier. Dans cette dernière partie, nous nous concentrons sur l'impact du Maine sur les histoires de King et sur la fascination de ses petites villes pour le public du monde entier.

L'identité du Maine dans les œuvres de King, toujours sans pertinence possible, représente le cadre de petite ville de King et est mise en valeur par un projecteur d'arrière-plan reflétant le lien entre le lieu et l'intrigue. C'est la preuve de l'authenticité d'un romancier envers ses racines et du soin qu'il a mis à utiliser le véritable lieu de ses pensées, à savoir le monde qui l'entoure, et cette symétrie doit être ressentie. Le Maine, sous ses différentes formes, n'est pas seulement un lieu, mais aussi, et peut-être même surtout, un personnage, un personnage sculpté par les mensonges, les vérités et les énigmes qui se cachent derrière sa façade calme.

De plus, les petites villes de Derry et Castle Rock incarnent le microcosme de l'existence humaine, dépeignant la dualité de la lumière et des ténèbres, de l'espoir et du désespoir, ainsi que la lutte sans fin du bien contre le mal. À travers ces décors, King démontre sa maîtrise dans la création d'un reflet des complexités de la société qui incite les lecteurs à réfléchir et à se confronter aux profondeurs de la condition humaine. Alors que les histoires se déroulent dans le Maine, le lecteur devient partie intégrante des liens profonds de la narration de King et du charme enchanteur de la dynamique des petites villes.

Les échos du Maine invitent doucement la petite ville à devenir la pièce maîtresse, tout en attendant, à côté, de sonner pour une consommation. Les doigts légèrement drapés s'enfonçant dans les bords doux des murs impeccables, tannés et dorés, marqués de peinture écaillée, ont canalisé les souvenirs alors que les œuvres de King prennent vie dans nos pensées. L'Amérique des petites villes de King nous oblige à nous interroger ; cependant, considérez l'universalité pérenne des expériences humaines qui résonne puissamment dans le récit du Maine. À travers ses histoires, King nous met profondément au défi d'affronter nos pires cauchemars et nos luttes intimes, le tout dans des villes et des campagnes familières qui apaisent le combat intérieur avant de contribuer finalement à libérer l'âme par l'esprit de la triomphe.

La source d'inspiration inépuisable qui émane de l'essence du Maine met en valeur le talent de King pour évoquer la nostalgie et captiver l'imagination même de ceux qui n'ont jamais visité l'État du pin. Cela montre comment la narration peut être vivante et mélangée au charme de l'Amérique des petites villes, sans perdre la fascination pour les complexités géographiques et créatives du Maine. Par conséquent, après avoir terminé cette exploration, on est obligé d'accepter que l'inspiration intemporelle dérivée du sol du Maine continuera à enrichir la littérature pour les années à venir.

14

Des étagères aux guichets

La pertinence culturelle de Stephen King

Un phénomène littéraire : l'ascension de Stephen King

Compte tenu des progrès remarquables de King dans le monde entier, son approche littéraire constitue un voyage unique. Il possède une capacité de narration irrésistible, qui l'a tant aidé tout au long de sa vie. La combinaison de la réalité et de la fantaisie dans ses œuvres le rend très distinctif ; de plus, les évaluations psychologiques d'une intensité choquante et son imagination vive pour créer des histoires captivantes ont contribué à changer le monde littéraire.

Pour comprendre l'essor de l'œuvre de Stephen King, il faut l'étudier de près. L'un des aspects à prendre en compte est la relation qu'il entretenait avec ses lecteurs. En plongeant au plus profond de leurs peurs et de leurs inquiétudes, il a ouvert une voie unique. Son récit ne se contente pas de raconter une histoire, mais en abordant des peurs universelles telles que le vieillissement ou le sentiment d'abandon au milieu de la vie et des difficultés, ses livres encouragent les lecteurs de tous âges à apaiser leur malaise dans le genre de l'horreur. Cette compréhension contribue à propulser ses livres dans l'esprit et le cœur des gens du monde entier.

Les auteurs contemporains de King n'ont jamais comparé sa capacité à intégrer les conventions du genre dans ses récits à une voix unique. Ses histoires, qui explorent des thèmes à la frontière entre le surnaturel et le banal, ont montré une flexibilité qui plaît à beaucoup. Son influence ne se limite pas à ses lecteurs, mais s'étend à d'autres auteurs, qui ont été inspirés par son style unique et ses techniques narratives, façonnant ainsi le monde littéraire.

Son engagement inclut également son acharnement apparemment sans fin à écrire un grand nombre d'œuvres, quelle que soit la charge de travail. Ce dévouement témoigne non seulement de sa productivité, mais aussi de la diversité des thèmes et des genres abordés dans ses livres. Sa qualité constante lui a permis de maintenir sa position dans le monde littéraire, et sa notoriété dans le domaine s'est renforcée grâce à cette créativité apparemment sans fin. Son engagement envers l'écriture est apprécié des lecteurs, des universitaires et des passionnés de littérature, car il lui a non seulement permis de s'imposer dans le secteur, mais aussi de façonner la culture autour de son nom.

Des œuvres telles que Salem's Lot et Carrie ont fait de Stephen King une figure dominante de la littérature moderne, en particulier dans le genre de l'horreur. Grâce à sa maîtrise de la narration, Stephen King s'est rapidement imposé comme une icône de la culture populaire. Ses œuvres ne se contentent pas de dépeindre le vaste impact et les changements que la narration de Stephen King a apportés au monde de la littérature ; elles ont également influencé de manière significative l'évolution du genre de l'horreur, établissant de nouvelles normes et inspirant toute une génération d'écrivains d'horreur.

Une narration novatrice : des thèmes qui résonnent au-delà des pages

La maîtrise de Stephen King en matière de narration va au-delà de la narration. En considérant attentivement les expériences humaines et l'imagination, King a réussi à mélanger l'horreur, la science-fiction, la fantaisie et le drame psychologique dans un genre singulier et distinctif. Il est surtout connu pour ses récits captivants qui traversent le spectre de la peur, de la perte, de la mort, de l'esprit humain et de la résilience, aboutissant à une tapisserie richement tissée qui reflète l'expérience humaine. En explorant l'universalité des préoccupations humaines, il a acquis une renommée mondiale en tant que figure culturelle d'une immense prouesse narrative. À travers ses romans, Stephen King a cherché à explorer les complexités de l'existence, ajoutant ainsi des éléments d'horreur riches en contemplation à des récits bien établis. Il est remarquable dans sa façon d'écrire qui plonge le lecteur dans une expérience bien plus grandiose que le choc et la peur associés à la fiction d'horreur. La profondeur et la sensibilité émotionnelle de King renforcent la compréhension et la valeur sous-jacentes de son art, le rendant pertinent et vital pour des publics issus de différentes couches de la vie et de la société.

De plus, les explorations de King sur les thèmes ont tendance à dépasser le cadre de la classification traditionnelle des genres, défiant les frontières littéraires traditionnelles et élargissant la discussion sur la fiction spéculative. Cette capacité unique à construire des récits puissants autour de thèmes complexes a valu à King un large lectorat à travers les âges et les cultures. Non seulement Stephen King a transformé le genre de l'horreur avec ses récits novateurs, mais il a également suscité un changement généralisé dans la perception de la fiction en popularisant la littérature spéculative, riche en émotions et en réflexion. Son influence ne se limite d'ailleurs pas à la littérature ; il a façonné et transformé le paysage culturel contemporain, influençant non seulement la littérature, mais aussi le cinéma, la télévision et d'autres formes d'arts visuels, ce qui renforce son statut de pionnier de l'art narratif.

Transcender les genres : établir un héritage de la culture pop

La plupart des gens considèrent l'œuvre de King comme un phénomène de la culture pop, et ce point de vue est tout à fait justifié. Il a connu un tel succès avec ses romans qu'ils restent des best-sellers à ce jour. Cette seule affirmation reflète sa profonde maîtrise des intrigues. Même aujourd'hui, alors qu'il existe une myriade d'autres écrivains et d'autres histoires parmi lesquels choisir, ses romans attirent des millions de lecteurs en raison de leurs récits pleins de suspense et de leurs rebondissements terrifiants.

De plus, il est polyvalent, abordant des genres thématiques tels que la haine, l'amour, la peur et les nombreuses complexités humaines. En conséquence, il n'est pas seulement aimé des passionnés de littérature, mais également apprécié par les non-lecteurs. Ces deux groupes célèbrent ses œuvres, ce qui démontre qu'il a réussi à défier les frontières de la littérature sophistiquée et commercialisée.

Ce qui rend King unique, c'est sa capacité à combiner des genres changeants avec des commentaires sociaux profonds, tout en tissant des histoires captivantes et complexes pour maintenir l'implication du lecteur. Cette adaptabilité a laissé une marque durable sur la culture, car ses œuvres motivent les créateurs de films, de télévision et d'autres formes d'arts visuels.

De plus, l'impact de King sur la culture populaire est démontré par l'intégration de ses personnages et de leurs décors et motifs emblématiques dans le discours culturel plus large. Les représentations remarquables de personnages extraordinaires mais fondamentalement reconnaissables et de lieux familiers mais effrayants ont, à ce stade, servi de points de référence aux artistes émergents, aux conteurs et à ses contemporains.

Les œuvres de King se sont taillé une place de choix dans le vaste domaine des livres tout en s'intégrant dans le tissu de la culture populaire. Son impact est attesté par les innombrables adaptations, hommages et discours qui font de lui une figure centrale dans les discussions sur la culture moderne. Cet impact durable sous différents angles témoigne de l'influence et de l'héritage de King, qui captive et trouve un écho constant auprès du public mondial.

Adaptation et transformation : donner vie aux récits sur grand écran

Il est clair que la narration visuelle, que ce soit au cinéma ou à la télévision, a facilement intégré les œuvres écrites de King. L'adaptation de ses œuvres est un processus complexe qui nécessite de trouver un équilibre entre le maintien de l'essence de sa saga et l'art du cinéma. Ce défi n'est pas propre aux showrunners ; il concerne tous ceux qui s'efforcent de transformer la prose en drame palpable et de captiver leur public. Le parcours de l'adaptation est semé d'embûches liées à la complexité thématique, aux subtilités des personnages, aux détails des décors et aux vérités préétablies concernant une franchise que tous les fans connaissent et qui garantit la crédibilité du public nouvellement découvert.

Une adaptation bien accueillie commence souvent par la biographie de l'auteur — dans ce cas, les éléments narratifs ont ancré les lecteurs dans les histoires de King, comme son imagination débordante, son imagerie émotionnelle et sa voix unique. Ces éléments doivent être fidèlement capturés lorsqu'ils sont traduits visuellement au cinéma. King capture à la fois l'humanité et la terreur, les éléments constitutifs de la vie et les secrets qui l'habitent. Ces tropes traversent ses œuvres, de IT à Shining, un mélange d'horreur, de drame et de tension psychologique.

Les adaptations de certaines de ses œuvres les plus remarquables sur grand écran, telles que Les Évadés et Stand By Me, mettent en évidence l'influence inébranlable des récits de King. Elles capturent l'essence de l'humanité et des réflexions sur la vie, ainsi que les thèmes profondément ancrés qui ont façonné l'œuvre littéraire de King. Elles dépeignent la diligence des réalisateurs et des scénaristes qui ont exploité les prouesses narratives de King pour en faire des triomphes cinématographiques qui ont façonné l'essence de la culture plutôt que d'être de simples divertissements.

Avec l'essor récent des services de streaming et des séries anthologiques, il existe désormais de nombreuses possibilités de plonger dans les profondeurs de l'univers littéraire de King. L'approche en plusieurs chapitres a permis d'explorer des intrigues plus sophistiquées et de développer des personnages plus profonds, offrant une immersion totale dans ses histoires. De l'horreur épisodique de Castle Rock au format épistolaire de Lisey's Story, les adaptations en série continuent d'explorer de nouvelles dimensions des œuvres de King.

Bien sûr, chaque adaptation a ses détracteurs. Dans le cas présent, il est impossible d'échapper à l'examen minutieux de l'adaptation cinématographique de l'œuvre de King : les attentes des fans, l'équilibre entre la prise de liberté créative et la fidélité à l'œuvre originale, et les comparaisons frappantes avec le livre entrent en jeu. Chaque adaptation contribue à la relation entre la littérature et le cinéma, mettant en évidence l'impact de la transformation des histoires à travers différents supports.

En résumé, la création de versions cinématographiques et télévisées des chefs-d'œuvre littéraires de Stephen King est à la fois une entreprise artistique et un acte de révérence envers l'auteur légendaire. Les adaptations cinématographiques et télévisées de ses livres soulignent la pertinence inébranlable de ses œuvres. Elles dépeignent continuellement la nature humaine et la société avec une perspicacité sans faille tout en passant de la littérature aux films à succès.

Films emblématiques : décryptage du succès des géants du box-office

L'industrie cinématographique s'est vivement intéressée à la transposition des romans de Stephen King au cinéma, développant des intrigues incroyables, souvent entremêlées d'horreur et de fantastique. Certaines de ses histoires, telles que « Shining » et « Misery », ont battu des records au box-office et changé l'histoire du cinéma telle que nous la connaissons. Cela explique pourquoi Stephen King est considéré comme une icône culturelle. Le divertissement que procurent ces films est inégalé et va de pair avec l'exploration de questions sous-jacentes qui invitent à une réflexion plus profonde. Les adaptations des œuvres de King mettent généralement en évidence des thèmes universels tels que l'amour et la famille, auxquels presque tout le monde peut s'identifier, et explorent les émotions profondes des gens. « Les Évadés » est un excellent exemple de l'œuvre de King. Le film a remporté de nombreux prix grâce aux doux sentiments d'espoir, d'amitié et de rédemption qu'il suscite profondément chez son public. Enfin, Stand By Me est basé sur l'histoire écrite dans la nouvelle de King intitulée The Body. Le film a connu un grand succès car il mêle l'imagination et le fantasme de chaque adolescent, ce qui a captivé le public.

De plus, Ça et sa suite ont établi de nouveaux records au box-office, tout en recevant des éloges pour leur interprétation du clown Grippe-Sou, de son traumatisme d'enfance et de son expérience de l'amitié. Ces réalisations illustrent à quel point les récits captivants de Stephen King continuent de répondre aux attentes du monde du cinéma et de la culture. En plus de dominer le box-office, ces films ont fait la une des journaux en servant de nouvelle référence en matière de narration cinématographique, en pénétrant la culture populaire et le genre de l'horreur avec des images et des concepts indélébiles. Le mélange d'horreur, de drame et d'éléments psychologiques dans ces films témoigne d'une grande maîtrise et rappelle clairement qu'il est plus facile de les commercialiser en tant que films d'horreur qu'en tant que pièces de théâtre ou drames ; ils peuvent effectivement toucher le cœur d'un public diversifié. L'analyse de l'œuvre de Stephen King et de son impact sur le cinéma montre clairement qu'en plus de la prospérité des géants du cinéma, il y a la prospérité de l'industrie cinématographique et de la culture américaine qu'ils représentent, sans équivalent à celle des histoires de Stephen King. »

Les triomphes de la télévision : les histoires de King sur le petit écran

Les adaptations cinématographiques de King et ses lecteurs ont trouvé ses œuvres attrayantes, tout comme la télévision. King a réussi à se faire une place sur le petit écran. La télévision offre une plateforme parfaite pour les histoires de King, car elle n'a pratiquement pas de limite de temps pour capturer les détails de ses mondes fantastiques et de ses personnages élaborés.

Les contes de King ont été adaptés à la télévision dans presque tous les genres possibles, qu'il s'agisse de violence, d'horreur, de thrillers surnaturels ou de drames qui vous touchent droit au cœur. Ces adaptations ont universellement prouvé la valeur et l'importance des histoires de King, quel que soit le genre de représentation. Elles font ainsi de lui un personnage éminent. King a largement influencé la télévision avec des séries renommées telles que « Ça », « La Tour d'acier » et d'autres adaptations épisodiques comme « Castle Rock » et « Mr. Mercedes ».

L'un des aspects les plus frappants des triomphes télévisuels de King est l'expérience immersive qu'ils offrent. Ses intrigues sont plus profondes, offrant une progression riche des personnages, des thèmes et une construction saisissante du monde. Contrairement à son œuvre originale, l'univers complexe de King a été exploré en détail et avec contraste dans les adaptations télévisuelles, grâce au potentiel qu'offre la narration sérialisée. Cette approche garantit que les téléspectateurs ne sont pas de simples spectateurs passifs, mais des participants actifs à l'immersion profonde, sans dénaturer l'intention originale de l'œuvre de King.

La contribution créative de King a joué un rôle déterminant dans le succès de ses adaptations télévisées. Sa collaboration avec les showrunners et les réalisateurs a permis de modifier la structure du récit, tout en préservant l'essence de son œuvre originale. Cette approche pratique a non seulement assuré la fidélité des adaptations, mais a également permis au public de découvrir les chefs-d'œuvre de King sous un nouvel angle cinématographique.

Les adaptations télévisées de King ne se sont pas contentées de raconter ses histoires, mais elles ont également approfondi le commentaire socioculturel intégré dans ses œuvres. Elles ont permis de mieux comprendre les thèmes complexes de la peur, de la rédemption et de la condition humaine, incitant le public à affronter ses vulnérabilités et ses peurs dans un contexte de moralité et de résilience complexes.

En résumé, les histoires du célèbre Stephen King sur le petit écran et leurs récentes adaptations au cinéma contemporain marquent le triomphe de l'œuvre de sa vie ; toutes les formes d'art se combinent harmonieusement en un chef-d'œuvre captivant. Son travail dépeint visuellement la profondeur et l'attrait émotionnel de ses récits, qui sont sans égal. La diffusion à la télévision a permis à un public plus large d'accéder à ses histoires riches et stimulantes, qui captivent des dizaines de milliers de personnes dans le monde entier.

L'art du sous-texte cinématographique : techniques de narration visuelle

Au cinéma, la narration visuelle transcende le dialogue et l'action, explorant des domaines plus profonds de sous-texte et de symbolisme. L'adaptation des œuvres de Stephen King ne relève pas seulement du défi cinématographique, mais aussi de l'histoire de King à travers une riche tapisserie de thèmes à capturer, ce qui est un défi à la fois littéral et symbolique. Cette partie traite de l'amélioration de l'interprétation des œuvres de King en raison de la négligence des éléments visuels et de la profonde contemplation du sous-texte qui les transcende et les dépasse, allant au-delà de la profonde souffrance et de la compassion de l'humanité.

L'imagerie, la mise en scène et les thèmes ou messages sous-jacents sont les éléments les plus essentiels de la narration visuelle des adaptations de King. Les champs de maïs désolés de « Les enfants du maïs » et l'hôtel Overlook dans « Shining » sont des décors évocateurs qui perpétuent et évoquent des émotions complexes et racontent de nombreux événements. La sélection méticuleuse des plans de caméra, de l'éclairage et des couleurs utilisées renforce toujours les éléments psychologiques des récits de King, captivant le public.

En outre, la représentation des personnages à des fins d'exploitation visuelle ajoute une autre dimension au sous-texte des adaptations cinématographiques. Les cinéastes peuvent illustrer des luttes intérieures complexes par les mouvements des yeux, la posture et même les costumes. En incorporant les éléments visuels du matériau source, les réalisateurs et les directeurs de la photographie interprètent les personnages de King d'une manière qui touche l'esprit conscient et subconscient des spectateurs.

Le mélange du son avec la vidéo ou les images dans les films de King est un élément crucial de la représentation visuelle qui nécessite une attention particulière. La musique, les effets sonores et les bruits de fond permettent d'intensifier la tension et les moments d'émotion, ou de préfigurer le danger. Lorsqu'ils sont utilisés avec soin, ces sons améliorent non seulement l'expérience visuelle, mais rapprochent également le public des thèmes sous-jacents de l'histoire que King a voulu exprimer, lui faisant ressentir la tension et l'émotion.

Le sous-texte cinématographique n'a pas seulement un niveau macro par rapport à l'œuvre de King, mais aussi un niveau micro englobant l'œuvre et les scènes et les personnages individuellement. King met en avant à plusieurs reprises le thème puissant de la dualité comme une lutte pour l'évasion, analysée visuellement avec l'éthique et la moralité, et dans ses œuvres d'innocence contre le mal, parallèlement à une narration visuelle forte. L'épine dorsale de l'univers complexe de King est toujours présente. Tous ces concepts sont combinés en une idée puissante d'être noués en un seul système, permettant de décrire la chronologie d'une adaptation cinématographique de King à travers une seule image puissante.

En résumé, l'adaptation de l'œuvre de Stephen King offre une profonde complexité sous les frissons de surface grâce à une narration visuelle qui dépeint un sous-texte cinématographique, mettant en valeur les chefs-d'œuvre du cinéma dans le domaine de la narration. D'un point de vue artistique, ses œuvres tissent un réseau complexe de sens et d'émotions, même autour d'idées apparemment basiques.

Réception du public : la mythologie parmi les fans et les critiques

La réception par le public des œuvres de King implique une mythologie complexe et primitive résultant de la réception de son œuvre par ses fans et ses critiques. Le mythe de la symbiose narrative de King s'est développé au sein de l'imaginaire culturel multicouche. Ce mythe est le corps principal de l'histoire et symbolise les émotions intenses des fans envers les thèmes puissants et les expériences captivantes, qui sont l'un des dangers de mort et de destruction dans les récits de King. Pour ses fans de tous niveaux et de tous horizons, les récits de King et la façon dont ils dépeignent leurs peurs et leur donnent le sentiment d'être compris dans leurs émotions créent un tout nouveau niveau de compréhension. Le mythe de King, décrit en termes de sociologie et de psychologie, caractérise le discours sociétal environnant, qui permet de comprendre en profondeur les pensées humaines.

D'autre part, les critiques se livrent à des analyses nuancées en raison de la gravité insondable de son œuvre, ce qui les amène à creuser profondément les récits proposés. L'examen approfondi offre une réflexion différente sur les différents thèmes et récits, ainsi que sur les sujets abordés par King à travers ses écrits. À travers ses œuvres et le regard du monde universitaire, les écrits de King offrent une réflexion sociale sur le monde et analysent sa capacité à façonner les peurs de la société.

Ces analyses approfondies de la mythologie entourant les récits de King alimentent un discours qui jette un regard intellectuel plus approfondi sur les implications de son œuvre. Il en résulte un discours dynamique aux multiples dimensions, contradictions et mythes concurrents qui construisent le récit global des contributions de King à la littérature et au cinéma. En fin de compte, le public perçoit les récits de King comme une relation multidimensionnelle d'émotions, de pensées et de cultures, renforçant ainsi le mythe qui marque la légende de son talent artistique.

Impact international : l'influence de King à travers les cultures

Les histoires multidimensionnelles et complexes de King ont atteint le monde entier et influencé les cultures en raison de leur impact mondial. Sur de nombreux continents, ses œuvres ont été accueillies de façon positive, soulignant le caractère commun des peurs et des expériences que les êtres humains partagent. Grâce aux traductions et aux adaptations, les œuvres de King sont accessibles dans de nombreux pays, et chaque interaction offre l'occasion d'une nouvelle interprétation.

L'un des facteurs les plus remarquables qui marquent l'impact international de King est le lien entre ses thèmes et ses personnages, et les personnes de tous horizons. La représentation approfondie de l'Amérique des petites villes et l'exploration des angoisses universelles sont quelques-unes des nombreuses choses qui suscitent des émotions chez les gens. Il ne s'agit pas seulement d'émotions partagées, mais de sentiments universels. Les expériences humaines fondamentales que King dépeint dans ses récits ont un impact profond et étendu, et sont suivies par un large public dans de nombreuses communautés à travers le monde.

De plus, les récits de King sont flexibles, ce qui les rend culturellement pertinents dans de nombreuses communautés. Ses œuvres ont été adaptées au cinéma et à la télévision en intégrant des traditions locales, ce qui rend ses histoires et les cultures de différentes régions plus accessibles. Cela permet un riche mélange d'engagements et d'interprétations de la manière dont les thèmes universels interagissent avec les diverses cultures et élargit la portée des récits de King. L'influence de King s'étend au-delà de la simple consommation de ses œuvres, atteignant les domaines artistiques et imaginatifs de nombreux créateurs et conteurs du monde entier. Les créateurs multiculturels ont exploré les thèmes de la violence, de l'humanité et du surnaturel, s'inspirant de l'œuvre de King pour enrichir la narration mondiale.

Si l'on considère cela d'un point de vue mondial, les nombreuses interactions et dialogues entre les publics du monde entier avec les œuvres de King mettent en évidence l'importance intemporelle de l'œuvre du maître et soulignent la profondeur de leur impact. Les interactions continues des nouvelles générations et cultures avec les récits du maître susciteront toujours des explorations et des interprétations différentes de l'œuvre de King, garantissant ainsi l'existence d'un discours vivant qui modifie les perceptions, inspire la réflexion et favorise les connexions à travers le monde.

L'héritage dans les médias modernes : façonner en permanence le paysage du divertissement

Il est impossible d'ignorer l'impact de Stephen King sur les médias modernes, d'autant plus que son œuvre continue d'influencer la valeur du divertissement dans le monde moderne d'aujourd'hui. Stephen King occupe une place de choix dans la culture populaire mondiale grâce à son œuvre littéraire qui transcende les frontières culturelles. Son influence ne s'arrête pas à la littérature et se fait sentir dans les films, à la télévision et sur Internet, avec une profondeur sans précédent. Le fait que ses récits soient reproduits et racontés sous différentes formes médiatiques montre à quel point ses histoires sont pertinentes et puissantes.

Au cinéma, les adaptations cinématographiques des romans de Stephen King ont captivé le public par leur imagination et leur créativité. Les romans de King ont été adaptés à plusieurs reprises au cinéma, et certains sont devenus des classiques et des succès au box-office, comme les films d'horreur « Shining » et « Ça » ou « Stand by Me », un récit émouvant sur l'adolescence. Les œuvres de King fournissent aux écrivains une source inépuisable d'inspiration pour créer des histoires qui séduiront le public pendant des années, et la grande variété de genres présents dans l'œuvre de King permet aux cinéastes d'atteindre presque tous les publics.

De plus, l'impact de l'auteur a atteint le monde de la télévision, car la fusion de l'horreur, du drame et du surnaturel trouve un écho auprès de nombreuses personnes. Alors que les œuvres de l'auteur continuent d'être réinventées pour la télévision, les histoires de King perdurent dans des séries saluées par la critique comme Castle Rock et The Outsider, qui captent l'attention du public. Avec le potentiel d'approches novatrices du développement des personnages et des thèmes, la narration séquentielle à la télévision améliore considérablement la profondeur de l'histoire, amplifiant ainsi l'influence culturelle de King.

À notre époque, l'héritage de King se retrouve dans tous les services de streaming qui, avec les plateformes de réseaux sociaux, permettent aux fans de former des communautés où les discussions autour de ses œuvres fleurissent. Qu'il s'agisse de clubs de lecture analysant ses dernières publications ou de sites de fans consacrés à l'examen des subtilités de sa narration, la présence de King est palpable en ligne. Le contenu étant facilement accessible à tous, les histoires captivantes de King continueront sans aucun doute à trouver un écho auprès du public pendant de nombreuses années.

En fin de compte, nous pouvons conclure que l'impact de Stephen King sur les médias modernes met en lumière le génie d'un conteur. L'impact de King sur la culture populaire est indéniable, car il continue à réinventer l'industrie du divertissement et à motiver d'autres créateurs à faire de même.

15

La peur collective

Le miroir sociétal dans les histoires de King

La peur comme outil de réflexion

Plus qu'une réaction initiale, la peur alimente une réponse créative qui nous guide dans l'exploration des profondeurs de la réflexion existentielle dans la vie. La littérature explorant la peur au sein des anomalies socio-psychologiques agit comme un miroir qui dévoile nos préoccupations les plus profondes. Stephen King en est un exemple magistral, qui excelle à capturer l'essence de l'être humain à travers la peur. Cet outil peut être utilisé non seulement pour susciter la terreur ou l'étonnement, mais aussi pour pénétrer les couches complexes de la nature et la confronter. À travers de telles optiques, la littérature de King, axée sur la peur, devient un outil puissant à travers lequel l'anxiété collective est communiquée et profondément vécue. Elle fournit des aperçus profonds qui éclairent notre compréhension de la littérature et de l'esprit humain. Elle élargit également les horizons déconstructifs de la psyché, de la société et de la socio-psychologie.

Dans cette exploration à travers le prisme de la peur, nous examinerons comment Stephen King utilise stratégiquement cette émotion puissante pour exposer les profondeurs de nos peurs, reflétant les sombres réalités de la société et de la condition humaine. Ce processus de réflexion, alimenté par la peur, nous engage activement à comprendre et à traiter les angoisses qui imprègnent nos sociétés.

Comprendre l'anxiété collective par l'analyse littéraire

Partout dans le monde, la peur est une émotion et un sentiment que les êtres humains ont éprouvés. Elle est présente dans tous les milieux et toutes les sociétés. Dans la littérature, la peur transcende souvent l'expérience individuelle et peut refléter les préoccupations et les angoisses les plus profondes de la société. Les œuvres de Stephen King, par exemple, offrent un cas intéressant pour étudier l'anxiété collective à travers la littérature. Pour comprendre pourquoi King présente certains concepts, il faut systématiquement décomposer les thèmes, les personnages, les décors et la société. Il réunit les appréhensions que la société partage, capturant le lecteur tout en fournissant un moyen valable d'analyser la psychologie communautaire complexe. En étudiant les romans de King, les motifs sous-jacents de l'anxiété au sein de la société et les courants qui nécessitent une préparation littéraire approfondie font surface. Un tel examen révèle des motifs de terreur existentielle, de santé mentale et d'abus de pouvoir. L'appréhension des cultures qui renouvellent les peurs à travers l'histoire rassemble le tout, car l'anxiété collective de King à dévoiler une analyse profonde est nécessaire pour chaque élément de la narration.

La peur est confrontée à travers des personnages incarnant la peur sociétale, tandis que l'anxiété intervenue reflète divers personnages. Les décors, cruciaux dans les récits de King, sont les paysages où ces peurs prennent forme, reflétant l'impact du contexte sur la fabrication de l'effroi dans le récit. De plus, la relation entre les personnages et leur environnement offre une compréhension plus profonde des complexités socioculturelles de l'anxiété. La résonance de ces angoisses devient évidente à travers les générations et les cultures, illustrant que la peur transcende une réaction singulière. L'analyse de ces résonances nous permet de démêler les subtilités qui forgent ces peurs collectives, et de fournir une réflexion étonnante sur l'humanité de manière insondable. De telles explorations prouvent la relation intacte entre la littérature et la société, et la façon dont la fiction exprime nos inquiétudes. Une analyse approfondie de la littérature fait ressortir l'anxiété collective qui découle de la peur, en dépeignant son effet comme une mesure sociale qui reflète, défie et remet en question tout ce qui l'entoure.

Les contextes culturels et historiques influencent les récits de Stephen King

Les créations de Stephen King, qui comprennent des livres et des films, sont profondément influencées par les pratiques culturelles de l'époque où elles ont été produites. L'étude de la société et des événements historiques qui se sont produits pendant la vie de Stephen King nous donne un aperçu des peurs sous-jacentes sur lesquelles ses histoires s'appuient. La perception que King a pu avoir dans les années 1950 et 1960 illustre de manière frappante les angoisses liées à la guerre et l'évolution des attentes de la société. La peur d'une guerre nucléaire, associée aux transformations rapides de l'Amérique de l'après-guerre, était stupéfiante, et il est évident que King était aux prises avec des émotions puissantes et envoûtantes telles que la paranoïa, l'isolement et la méfiance dues à ces facteurs. En dehors de cela, les mouvements des droits civiques, la guerre du Vietnam et le stress croissant des années 1970 ont sans aucun doute joué un rôle essentiel dans la formation de la vision du monde de King. Ces événements ont nourri ses écrits de sentiments de contradiction morale et de déception. Au fil du temps, les récits de King se sont adaptés aux changements de l'environnement culturel et ont intégré de manière transparente les technologies émergentes ainsi que les questions environnementales.

De plus, les caractéristiques singulières de l'État natal de King, le Maine, avec son atmosphère de petite ville, son histoire particulière et ses paysages accidentés, servent de toile de fond à l'analyse des thèmes résolument américains de ses histoires. À partir de ce contexte, King façonne la tension et l'espoir collectifs de l'époque, permettant aux lecteurs de réfléchir à l'anxiété et aux enjeux sociétaux de leur monde. En analysant la culture et l'histoire qui alimentent les histoires qu'il raconte, nous pouvons découvrir la raison de l'intemporalité de son œuvre et de son importance, en soulignant comment chaque histoire résume l'expérience humaine.

L'interprétation par King de la peur sociétale dans des œuvres emblématiques

Malgré la diversité des intrigues et des scénarios de l'œuvre de King, il a prouvé à maintes reprises qu'il possédait une capacité unique à puiser dans les peurs et les angoisses de la société à travers des œuvres phénoménales telles que Ça, Shining et La Tour d'acier, qui illustrent sa profonde compréhension de l'humanité et de la conscience collective. Dans Ça, Stephen King explore la contagion des peurs et des traumatismes de l'enfance qui se prolongent à l'âge adulte, incarnant la perte d'innocence et le mépris qui pèsent sur la société tout en dépeignant les terreurs et les angoisses. De même, Shining capture l'isolement claustrophobe de l'hôtel Overlook, qui met en valeur la famille en deuil dysfonctionnelle, faisant allusion à la décomposition de la famille américaine et à l'isolement accablant et aux passés obsédants que tant de personnes sont contraintes d'endurer. « The

Stand » est une représentation cynique d'un monde assiégé par un virus brutal qui fait écho aux craintes actuelles entourant les pandémies et l'effondrement de la civilisation. Le récit de King et ses choix de personnages sont des pièces de narration magistralement conçues qui reflètent des inquiétudes universelles redoutées. En supprimant les couches de terreur que King a si soigneusement peintes, il révèle les recoins sombres et profonds de l'humanité, permettant aux lecteurs de s'unir contre leur peur et leurs vulnérabilités.

Grâce à une narration magistrale et à des métaphores puissantes, King met en lumière le malaise subtil qui envahit nos sociétés tout en tissant une profondeur bien plus grande que l'horreur simpliste. Son génie, qui mêle les peurs primitives aux préoccupations modernes, fait de ses œuvres un examen intemporel de la psyché humaine, renforçant la notion d'une figure littéraire éternelle dont les pensées résonnent encore en nous.

La manifestation des peurs modernes : une étude comparative

Alors que les peurs modernes continuent d'évoluer au sein de la société, il est essentiel de les analyser de manière comparative. Les œuvres de King, empreintes d'angoisses contemporaines, offrent un cadre important pour une telle analyse. L'étude comparative de l'œuvre de King nous aide à comprendre comment il dépeint les peurs contemporaines de son époque, mais aussi comment il y fait face. À cet égard, il devient essentiel d'établir des parallèles entre les différentes périodes et d'identifier les changements dans les peurs dominantes. Ainsi, nous pouvons analyser les changements sociétaux parallèlement à la réalité omniprésente des inquiétudes sous-jacentes. Nous avons l'intention d'étudier la représentation de la peur et sa pertinence dans différentes cultures à travers le prisme de King. En outre, l'étude de la représentation par King des peurs sociétales en évolution met en lumière les subtilités des expériences et de la conscience collective. Cette étude vise à établir des liens importants au sein d'époques spécifiques et à montrer comment certaines peurs sont restées intemporelles et universellement endurées tout en ayant un impact sur la psyché humaine.

En menant une analyse, nous tentons de comprendre les peurs et les préoccupations modernes ainsi que les thèmes qu'elles englobent et de découvrir leurs vérités humaines. Cette partie se concentrera sur l'analyse des peurs présentes dans les œuvres littéraires de King afin de comprendre l'impact de son travail sur la peur dans la société et la compréhension globale de l'humanité.

Allégorie et symbolisme : décoder le sous-texte

En ce qui concerne la fiction de King, les activités d'allégorie et de symbolisme sont essentielles pour révéler des significations plus profondes. King utilise ces procédés littéraires pour tisser un sous-texte complexe dans ses récits, qui nécessitent une réflexion sur des thèmes sociaux, psychologiques et existentiels. La force menaçante du surnaturel dans « Shining », la lutte symbolique contre la dépendance dans « Les Tommyknockers » ou l'interprétation allégorique du traumatisme de l'enfance dans « Ça » : King va au-delà de la narration et engage les lecteurs avec des couches complexes de sens à travers l'allégorie et le symbolisme. De plus, le sous-texte des œuvres de King révèle un aspect de l'histoire qui favorise la compréhension des complexités de l'humanité et des subtilités de l'esprit collectif. Des métaphores élaborées accompagnent souvent des thèmes omniprésents tels que la peur, la résilience et l'espoir. Cette exploration invite les lecteurs à défier leurs peurs personnelles et les appréhensions de la société, suscitant une réflexion profonde et un examen critique de l'essence de la vie.

En intégrant allégorie et symbolisme dans le récit, King enrichit le texte et approfondit le lien que le lecteur tisse avec les idées plus profondes du livre. S'engager dans le sous-texte des œuvres de King donne non seulement un sentiment d'épanouissement intellectuel, mais démontre également l'importance et l'influence de ses romans sur la société et les conversations modernes. En résolvant les énigmes allégoriques complexes que proposent les œuvres de King, les lecteurs sont libres d'aller au-delà des mots écrits et de vivre le voyage de l'introspection, de la compassion et de l'éveil. Ils ressortent de cette expérience stimulés et satisfaits intellectuellement.

Le Maine comme microcosme : le rôle du décor dans l'amplification de la peur

L'État du Maine est devenu synonyme des œuvres de Stephen King, qui a tendance à situer la plupart de ses histoires dans cet endroit. Ce n'est pas simplement un décor imaginaire dans l'histoire. C'est un microcosme qui permet d'explorer les différentes dimensions de la peur et de la relation à l'autre. La terreur primaire est au cœur de la trame des histoires de King. Les paysages accidentés et les villes isolées font du Maine la région idéale pour mettre en scène un univers où l'isolement se mêle à la terreur suspendue. King utilise ce cadre pour créer une atmosphère qui exacerbe les peurs et les angoisses qui ne demandent qu'à se déchaîner. L'image qu'il dépeint des villes du Maine est d'une beauté trompeuse, tandis que la réalité effrayante dépeinte dans ses œuvres frappe d'horreur. King met en scène le charme du Maine comme l'image d'une communauté tourmentée par de terribles secrets. Ces secrets reflètent les terreurs humaines, qui sont masquées sous la surface. La logique leur donne une explication, mais elles échappent à la compréhension. La représentation de ces idiosyncrasies et de la dynamique des petites villes par King imprègne ses mondes fictifs d'une peur et d'une vulnérabilité universelles.

En parcourant le Maine de Stephen King, les lecteurs découvrent les paysages de leurs peurs et de leurs insécurités les plus profondes, qui se fondent dans l'histoire. Le Maine sert de cadre à l'histoire et se transforme en une métaphore profonde représentant la terreur cachée dans les recoins de l'esprit humain. Il manifeste les tentatives de lutte contre l'inconnu tout en soulignant le sentiment de terreur dans la psyché commune.

Personnages communautaires : des miroirs de la complexité de la vie réelle

Dans les récits captivants de Stephen King, les personnages transcendent leur simple condition d'être humain. Ils incarnent la communauté, qui est une combinaison des complexités et des peurs qui les entourent. Ces personnages sont appelés « personnages communautaires » parce qu'ils personnifient les sociétés du monde réel et démontrent l'impact collectif sur les individus. Ils ne sont pas seulement des individus, mais le reflet de la société à laquelle ils appartiennent, leurs actions et leurs décisions étant influencées par les normes et les valeurs sociétales.

L'une des caractéristiques uniques de King est de savoir habilement mélanger les éléments des personnages avec les communautés dont ils sont issus. Par exemple, dans Shining, la lutte de Jack Torrance contre l'alcoolisme et sa relation avec sa famille reflètent les problèmes sociétaux de la dépendance et de la dynamique familiale. Chaque personnage représente les relations sociales et les conflits qui l'entourent, ce qui permet aux lecteurs de mieux comprendre les relations sociétales en jeu.

De plus, ces personnages communautaires aident à examiner les complexités sociales impliquant l'identité et l'appartenance. Ils sont utiles pour étudier l'aliénation sociale à des niveaux plus élevés. King décrit chacun de ses personnages comme luttant avec une certaine forme de position au sein de son identité et de sa communauté, de sorte qu'ils représentent tous le défi humain très réel de naviguer dans les nombreux systèmes de la société.

À travers chacun de ces personnages, tant dans leur coopération que dans leur conflit, King développe davantage la nature et commente la société. Par exemple, dans « Les choses nécessaires », King se penche sur la socio-anthropologie de la politique des petites villes de Castle Rock, montrant comment les dynamiques de pouvoir et les vendettas personnelles peuvent façonner une communauté. De la chaleureuse alchimie de Derry aux intrigues politiques de Castle Rock, les personnages de King montrent comment les gens sont façonnés par le système qui les entoure et, ce faisant, donnent aux lecteurs un aperçu des relations et de la sociologie.

En d'autres termes, ces personnages ne sont pas seulement voués à disparaître du domaine de la fiction, mais ils reflètent également les réalités positives et négatives, les défis et les réalisations des gens ordinaires façonnés par la société. En accord avec les réflexions présentées dans le chapitre précédent, les personnages communautaires de King illustrent la façon dont ils affrontent les obstacles, comblent le fossé de la tolérance, capturent la compassion et comprennent que la tapisserie de la société a besoin d'être réchauffée. La représentation des personnages communautaires par King suscite l'empathie envers leurs difficultés sans forcer les lecteurs à s'impliquer directement dans l'histoire.

En substance, les stéréotypes communautaires dans les œuvres de King renforcent l'idée que les gens sont inévitablement attachés à la société dans laquelle ils vivent et ont un impact sur le système social. À travers ses récits, King révèle la relation entre les individus et la société, expliquant comment l'expérience d'une personne ne peut être séparée de la société.

Les répercussions de la peur sur le développement des personnages

Dans les récits de Stephen King, la peur agit comme une pulsion psychologique et un obstacle, tout en servant d'outil puissant lors du développement des personnages. L'effet de la peur sur le développement des personnages est si important qu'il entraîne non seulement des réactions émotionnelles immédiates, mais aussi des modifications du comportement, des attitudes et des interactions sociales sur le long terme. Un thème récurrent dans les œuvres de Stephen King est la représentation de personnages aux prises avec la peur, chacun avec des faiblesses particulières et paralysantes qui approfondissent l'intrigue. L'exploration des conséquences de la peur sur le développement des personnages révèle les multiples facettes de la psyché humaine, la force et la fragilité au milieu d'une terreur partagée, intensifiant l'expérience du public face aux récits de Stephen King.

Il est indéniable que la peur est l'un des outils les plus efficaces pour tester les limites morales et éthiques d'un personnage. Les personnages soumis à des situations terrifiantes et horribles seront confrontés à certaines des peurs les plus difficiles, révélant généralement des aspects d'eux-mêmes dont ils n'avaient pas conscience auparavant. Cela entraîne souvent des événements qui changent la vie, obligeant les gens à affronter leurs démons, ce qui, à son tour, contribue à cultiver le développement personnel et l'acceptation de soi. En outre, cela peut illustrer à quel point les humains sont fragiles, forçant les gens à accepter leurs faiblesses, puis à faire courageusement quelque chose de remarquable alors qu'ils sont gravement menacés. Ces changements dans la façon dont un personnage est représenté nous en disent long sur la façon dont une personne peut évoluer dans la vie et se développer personnellement en affrontant la peur. Cela fait ressentir au public l'impact profond des récits de King sur les personnages.

De plus, la peur affecte profondément les interactions sociales et les relations dans les histoires de Stephen King. Elle peut entraîner de la méfiance, de la paranoïa ou créer des liens d'amitié qui affectent les relations des personnages. Elle crée un sentiment d'anxiété écrasante où les personnages doivent revoir leur loyauté et leur confiance envers les personnes qui les entourent. D'un autre côté, la peur crée une unité entre les personnages en les rassemblant contre un danger commun et contribue à renforcer les relations. Stephen King excelle dans la description de la nature complexe de la peur et de ses effets sur les relations sociales, soulignant que la vie sociale est toujours beaucoup plus multiforme, surtout en situation de stress.

Les conséquences de la peur sur le développement des personnages vont au-delà de la résolution d'un conflit narratif singulier, marquant ainsi les arcs de développement des personnages de diverses manières. Le traumatisme qui est un sous-produit de la peur s'incruste dans l'esprit des personnages, influençant leur perception du monde et leur interaction avec lui. Les conséquences de la peur peuvent façonner les actions et les prises de décision de certains personnages pour les rendre plus forts, tandis que pour d'autres, des faiblesses paralysantes détermineront leurs actions et leurs décisions. C'est ainsi que King rend compte de la complexité de la façon dont les conséquences de la peur affectent les individus, en décrivant l'impact bien au-delà des détails et en donnant un aperçu de l'emprise durable de la peur sur l'humanité.

Conclusion : l'écho sans fin de la peur

L'analyse de la peur dans les romans de Stephen King nous permet de comprendre des sujets profonds de manière intemporelle. En analysant les conséquences de la peur sur le développement d'un personnage, nous comprenons comment les angoisses sociétales collectives affectent la psyché individuelle. Il devient clair que la peur est plus qu'une émotion utilisée pour provoquer l'excitation ou pétrifier le public ; elle est canalisée comme un reflet profond de la société et utilisée pour captiver et éduquer le public. Dans cette dernière partie, nous discutons de l'importance omniprésente de la peur et de la façon dont elle est représentée dans les œuvres de King.

La peur que l'on retrouve dans la littérature est durable, car elle peut être reliée pendant de nombreuses années et à travers les changements sociétaux. La peur de King transcende le temps, car elle révèle aux lecteurs des expériences humaines qui restent inchangées à travers l'essor et le déclin de la culture au fil des ans. En examinant la peur, les lecteurs sont confrontés à des questions humaines qui sont toujours d'actualité, et le pouvoir de l'horreur est utilisé pour découvrir des vérités sur les efforts, les peurs et les espoirs humains.

Par ailleurs, la capacité inégalée de King à susciter la peur dans son œuvre découle de sa maîtrise de la création de personnages complexes dont les peurs sont authentiques et auxquelles le lecteur peut s'identifier. Cette qualité même des peurs permet aux lecteurs de sympathiser avec les personnages et, par conséquent, d'accepter leurs propres peurs et vulnérabilités. En mêlant les peurs fondamentales de ses personnages à celles de la société, King crée un mélange puissant qui transforme ses histoires de divertissement en commentaires sur la société.

Les histoires de Stephen King traversent remarquablement bien le temps. À une époque où ses peurs sociétales fondamentales seraient pertinentes, faisant écho à l'anxiété qui s'empare de la conscience collective, elles continuent de capter le pouls de l'époque. Alors que nous réfléchissons à l'écho éternel de la peur, il est essentiel de souligner que ses histoires vont au-delà de la fiction et servent de miroirs perspicaces à des questions sociétales complexes.

Pour résumer ce que nous avons développé tout au long de ce texte, le chef-d'œuvre de King souligne l'importance de la peur dans la vie humaine et révèle la contradiction et la tension constantes qui en découlent. Ainsi, la peur n'est pas seulement un humble mais puissant point d'ancrage qui terrifie le public ; elle rappelle également l'impact profond des préoccupations sociales. King tisse de manière complexe des sous-entendus et des vérités profondes dans ses récits. Cela donne à la peur un but : celui de susciter des réflexions et des reconnaissances, non seulement au niveau individuel, mais aussi au niveau de la structure sociétale globale. Elles créent ainsi une chaîne étonnante de terreur profondément palpable, qui dépasse la culture et le temps.

16

L'homme au-delà du mythe

Perspectives personnelles sur le personnage de King

L'homme derrière la plume

L'identité de Stephen King et la manière dont elle se fond dans son personnage nécessitent bien plus qu'un simple examen de ses œuvres. Il s'agit de comprendre la vie de l'individu qu'est King, en exposant les événements de sa vie, les facteurs personnels et les subtilités souvent négligées dans la culture populaire qui ont façonné l'auteur américain contemporain le plus prolifique et le plus célèbre. Cela permet de comprendre comment il est devenu un phénomène culturel. Pour comprendre les complexités de l'homme, il faut prendre du recul et s'efforcer d'apprécier les nombreuses strates liées aux racines de son parcours de vie, y compris les expériences de l'enfance, les traumatismes et les points d'inflexion qui ont façonné son esprit et son être.

Nous voulons retracer la vie de Stephen King pour découvrir les étapes, les interactions et les relations qui ont abouti à déterminer l'essence de sa voix et de son art, lui offrant une distinction narrative. Dissecting the Pen est une tentative de recherche des réponses à ce qui transforme Stephen King en une icône littéraire, en explorant ce que sa vie nous permet de voir de manière créative. Ce chapitre vise non seulement à clarifier les fondements de son imagination, mais aussi à approfondir la compréhension et à raconter l'humanité obscure qui se cache derrière les histoires qu'il raconte.

Les premières années et les influences formatrices

La vie de Stephen King a commencé dans une zone rurale pleine de gloire et de défis. Cette vie a marqué son enfance dès l'âge de 5 ans et le départ de son père a marqué l'éclosion de l'imagination débordante de King. Devenu adulte, Stephen King affirme que son amour de la narration, une passion qu'il a nourrie dès son plus jeune âge, découle de ces périodes d'isolement. Sa famille, en particulier l'influence de sa mère et la mort de son frère, a joué un rôle important dans l'élaboration de son écriture. De plus, il a rencontré des écrivains comme Richard Matheson et H.P. Lovecraft pendant son adolescence, ce qui n'a fait qu'attiser davantage ses inhibitions surnaturelles. La vie de King a ensuite pris un tournant avec la mort de son frère aîné, ce qui a également joué un rôle déterminant dans la préparation de ses romans ultérieurs. L'influence de Lovecraft, associée à l'intuition de King concernant l'histoire de la Nouvelle-Angleterre, dépeint l'énergie surnaturelle rayonnante qui s'oppose à la citation « Il n'arrive jamais rien de mal dans le Maine ».

Pendant les années formatrices de King, tous les aspects de sa vie, des défis et des succès scolaires à l'influence de sa mère et à la passion de son conseiller pour la littérature, semblent avoir contribué à nourrir sa créativité et à lui fournir une vision unique du monde. Contrairement à celle d'autres auteurs, la vie de King est un beau mélange de simplicité et de complexité. Décortiquer ces histoires complexes nous aide à comprendre la source de la créativité de King et à saisir l'homme derrière le personnage mythique.

La routine de l'écrivain : un aperçu de la vie de King

Son quotidien, retracé par le documentaire, illustre de manière saisissante la vie et la personnalité de l'un des auteurs les plus vendus au monde. Contrairement à de nombreux auteurs connus pour leur emploi du temps effréné et dispersé, les habitudes d'écriture extrêmement réglementées de King s'écartent remarquablement de la norme. Son dévouement à son art est évident dans ses séances d'écriture matinales, où il couche sur le papier avec diligence les fragments d'histoires qui occupent son esprit. Ces rituels constituent le fondement de la créativité de King et le cadre de ses activités artistiques. Ils démontrent également son approche unique pour maintenir sa productivité et favoriser sa créativité.

King suit un régime quotidien strict, qui consiste notamment à écrire pendant plusieurs heures avec une grande intensité. Il reste concentré sur la production littéraire, ce qui témoigne de son profond dévouement à l'écriture. Stephen King prend toutefois le temps de se détendre, ce qui est essentiel pour stimuler son esprit et l'orienter vers des activités plus créatives.

En plus d'écrire, Stephen King est un lecteur passionné. Il reconnaît que la lecture améliore ses compétences en écriture. Il affirme que la lecture de textes variés est fondamentale pour stimuler ses capacités intellectuelles et générer de nouveaux concepts. Ses nombreuses lectures témoignent clairement de sa volonté de favoriser la croissance et l'amélioration de son écriture.

Le processus créatif de Stephen King ne se limite pas à sa routine d'écriture. Il trouve également l'inspiration dans la musique, en particulier le rock et le blues classiques, qu'il écoute quotidiennement. Ces genres améliorent grandement son humeur et font partie intégrante de son écriture, lui permettant de se perdre dans ses projets créatifs. L'appréciation de King pour la musique renforce son objectif de créer une atmosphère qui encourage l'activité mentale créative, offrant un aperçu des diverses sources de son inspiration artistique.

Le soir, Stephen King termine ses écrits de la journée, passe le reste du temps avec sa famille et s'adonne à ses loisirs. Ce changement met en évidence la façon dont l'écrivain concilie travail et loisirs, ce qui est un signe d'harmonie dans la vie. Si les écrivains ont besoin de nourrir leur imagination, il est tout aussi essentiel de valoriser et d'apprécier leurs relations, et l'emploi du temps quotidien de Stephen King en est la preuve. Cet équilibre dans sa vie enrichit non seulement son écriture, mais sert également de modèle aux écrivains en herbe, démontrant qu'une carrière d'écrivain réussie peut coexister avec une vie personnelle épanouissante.

Un examen plus approfondi de la routine quotidienne de Stephen King illustre son dévouement extraordinaire à l'art de l'écriture et à l'appréciation de la vie. Son emploi du temps soigneusement structuré encourage de nombreux écrivains tout en montrant aux lecteurs la vie ordonnée et pratique menée par un auteur influent.

En ses propres termes : une exploration des interviews et des discours

Pour comprendre la vie aux multiples facettes de Stephen King, il suffit de regarder ses interviews et ses discours au fil du temps pour se faire une idée de sa vision du monde et de son processus de réflexion. Au fil des ans, il a partagé ses réflexions sur l'écriture, la narration et la vie que la plupart d'entre nous expérimentons à travers divers médias d'une manière captivante. De ses multiples interviews avec des relations publiques tristement célèbres à ses discours publics, il a essayé de présenter l'envers du décor que très peu de gens peuvent voir. Il équilibre si bien les idées avec simplicité que ses interviews constituent une mine d'or pour un écrivain en herbe ou un lecteur passionné. Outre ses romans captivants, il a également inspiré de nombreuses personnes par ses discussions franches sur l'écriture et en évoquant ses inspirations et ses défis en tant qu'auteur. Cela donne un aperçu de la vie d'une personne qui a capturé la psyché de millions de personnes pendant des décennies. En outre, les discours de King lors d'événements littéraires et de séances de dédicaces révèlent également son côté charmant et son amour pour son public, ce qui ajoute à l'autre dimension de cette figure littéraire. Parce que King a une conscience aiguë de ce qui se passe dans le monde, ses citations explorent à la fois la fiction et les questions actuelles concernant l'humanité.

L'éloquence et l'esprit de King sont évidents, qu'il raconte ses histoires personnelles ou qu'il discute de ses œuvres, ce qui ne manque pas d'étonner le public qui a eu l'honneur de l'entendre. À travers les interviews et les discours, les lecteurs peuvent découvrir les multiples facettes de la vie de l'auteur et voir comment il a changé au fil du temps, capturant ainsi la véritable essence de cet auteur emblématique.

Les liens familiaux : la vie personnelle en dehors des projecteurs

La famille s'entremêle dans la trame complexe des réalisations littéraires de Stephen King. Au lieu de résider dans un manoir extravagant, comme on pourrait s'y attendre de la part d'un auteur mondialement reconnu, King vit dans la même maison dans le Maine, où il a élevé ses trois enfants avec sa femme, Tabitha King, une romancière de renom. King adore passer du temps avec sa famille et ses jumeaux. Ils se rendent au lac ou à la librairie Barnes and Noble. Les liens qui se tissent au cours de ces activités sont une source d'inspiration puissante pour l'écriture de l'auteur, ainsi qu'une source de permanence émotionnelle et de soutien inconditionnel pendant ses séances d'écriture exténuantes. La famille est de la plus haute importance pour King ; il entretient des amitiés familiales avec des proches, qui contribuent tous à façonner sa vision du monde et ses idéaux d'auteur. Bien qu'il soit reconnu comme l'un des plus grands conteurs de notre époque, la plupart des œuvres de King s'inspirent de sa vie à travers le prisme des liens émotionnels les plus profonds.

L'étude de la relation entre les systèmes familiaux et les motifs récurrents dans les œuvres de King révèle l'héritage d'influence aux multiples facettes qui a façonné sa vie. En outre, l'exploration de son histoire familiale révèle les vulnérabilités et les triomphes qui ont paradoxalement alimenté la créativité inépuisable de King. Une analyse incisive des relations qui l'entourent permet de commencer à comprendre la vie de cette icône littéraire. Dans cet espace domestique, Stephen King passe du statut de maître de l'horreur et du suspense à celui d'un homme ayant vécu les tiraillements des liens familiaux. En plongeant dans ce domaine de sa vie, on se confronte aux contours de son empreinte littéraire, mêlée à celle de sa famille.

Épreuves et triomphe : surmonter les adversités

Des efforts incessants marquent la vie de Stephen King, alors qu'il cisèle méticuleusement la pierre de la renommée littéraire. Si des personnalités connues telles que King sont des modèles de réussite, leurs récits de vie révèlent souvent des luttes acharnées. Les obstacles qui jalonnent le difficile chemin de la reconnaissance sont susceptibles de mettre à mal la volonté d'une personne, et dans l'histoire de la vie de Stephen King, un accident a tout changé en 1999. Le célèbre auteur a été heurté par une camionnette alors qu'il marchait près de chez lui dans le Maine. Avec une myriade d'opérations en attente et une blessure qui menaçait sa carrière, la vie de King ne tenait plus qu'à un fil. Aux prises avec un long combat pour se rétablir, King a dû subir plusieurs opérations chirurgicales intenses suivies d'une longue période de rééducation. Dans son cas, la loi du plus fort a prévalu. À peine sorti de la phase d'efforts exténuants et épuisants, il était simultanément coincé dans un gouffre émotionnel, mais, contrairement aux autres, il a réussi à voir le bon côté des choses. Cette tourmente a inspiré ses œuvres telles que Duma Key et From a Buick 8.

Par ailleurs, ses discours sincères sur la toxicomanie révèlent l'emprise considérable que la dépendance a exercée sur sa vie et sa psyché. Cependant, on pourrait ajouter que le fait de surmonter ces démons reflète son esprit indomptable. La vision du monde de King mêle ses luttes personnelles et sociales, sculptant la profondeur de son récit avec une grande authenticité. Par ailleurs, King a dû faire face à des difficultés financières, ce qui signifie qu'il a perdu sa seule source de revenus. Cette expérience lui a appris le capitalisme brutal lié à la perturbation du marché libre.

King a reçu de multiples lettres de refus pour son travail et a connu découragement après découragement. Cependant, King n'a pas laissé ces obstacles diminuer sa passion. Au contraire, il a utilisé ces rejets comme une motivation pour perfectionner son art et affiner ses compétences. Ces revers ont contribué à renforcer sa résilience et son humilité, des qualités qui se reflètent clairement dans ses écrits. Malgré les difficultés, King a continué à poursuivre ses objectifs et a finalement réussi à s'imposer comme l'un des auteurs les plus distingués de l'ère moderne. À travers ses luttes et son triomphe final, King inspire les lecteurs comme les auteurs en herbe en soulignant que la persévérance indomptable et la détermination pure sont des traits essentiels pour réaliser toute entreprise créative.

Un esprit pour la fiction : les idées de créateurs contemporains

Pour apprécier pleinement le processus créatif de King, il faut explorer les innombrables perspectives de ceux qui ont travaillé en étroite collaboration avec le « maître » et ont partagé des espaces créatifs avec lui. En explorant l'univers des histoires, des personnages et des lieux de King, il faut prêter attention à l'objectif narratif de l'homme. Il tente clairement de capturer la nature humaine et en tire son engagement envers l'authenticité. La question intéressante est la suivante : comment construire l'imaginaire de King à travers les yeux de ses contemporains, en prêtant attention au mélange de créativité et de magie artisanale qui caractérise ses œuvres ?

Des écrivains, des artistes, des réalisateurs et même des collaborateurs de King nous livrent leurs réflexions, qui nous révèlent le profond talent artistique de l'homme et les forces qui ont façonné sa littérature. Leurs expériences de proximité mettent en lumière de nombreux aspects de la vie d'une icône littéraire comme King, et c'est à travers ces anecdotes que ses contemporains révèlent en profondeur l'impact qui résonne au fil des décennies. En sélectionnant certaines des meilleures anecdotes, les lecteurs comprendront le génie de King et la façon dont les pièces de l'homme sont profondément liées au monde de la littérature, et ne peuvent être dévoilées que par une compréhension complexe.

Excentricités et habitudes : dévoiler les bizarreries et les rituels

L'étude des habitudes et des routines d'une personnalité aussi célèbre que

Stephen King permet de révéler des détails importants sur sa vie et offre une perspective unique sur sa pensée créative. King n'a pas hésité à parler de ses rituels et de ses bizarreries, notant comment ces pratiques façonnent son état d'esprit et son attitude envers l'écriture. L'une de ses particularités frappantes est son aversion profonde pour l'ébauche de ses romans avant de commencer à écrire. Contrairement à la plupart des auteurs qui tombent dans le piège de la planification méticuleuse préalable à l'écriture, King compare l'expérience de l'écriture à celle de l'exploration de fossiles, où les histoires se révèlent lentement au fil d'une exploration continue. Cela témoigne de la confiance de King dans l'intuition et la spontanéité, et reflète sa foi passionnée dans la narration en tant que processus vivant et respirant. Il allie en effet une imagination débordante à un emploi du temps d'écriture discipliné. Comme la plupart des gens le savent, King est connu pour son dévouement et sa discipline dans l'écriture. Il insiste pour écrire au moins 2 000 mots par jour, quelles que soient les distractions ou les conditions extérieures. Cette approche met en évidence son engagement inconditionnel envers son art et révèle ses rituels quotidiens, prouvant ainsi comment il maintient un flux constant de créativité. Ils démontrent non seulement son approche unique en matière d'écriture, mais aussi la discipline et le dévouement qui sous-tendent son processus créatif.

Outre les rituels d'écriture de King, son engagement dans des activités physiques et l'environnement est un détail exceptionnellement remarquable de sa personnalité. Connu pour faire de longues promenades tout en étant un lecteur assidu, il trouve dans la marche un équilibre entre efforts mentaux et physiques. Ces activités constituent des formes de repos et de méditation qui stimulent l'imagination et la créativité à l'origine de son vaste univers littéraire. De plus, les compétences diverses de l'auteur ne se limitent pas à la fiction, car il est un musicien enthousiaste qui se produit dans un groupe, mettant en valeur son moi multidimensionnel. Ces particularités, bien que déroutantes, mettent en évidence l'approche complexe de King en matière de créativité et éclairent la nature multiforme de son élan d'écriture. L'étude de ces rituels et de ces particularités avec une approche plus ouverte élargit notre compréhension d'une figure littéraire remarquable qui repose sous des couches de mystère.

Personnalité publique, homme privé : comment King gère la célébrité ?

La célébrité est un casse-tête complexe et multiforme qui accompagne souvent ceux qui ont reçu une grande reconnaissance et ceux qui ont accompli de grandes réalisations créatives. Dans le cas de King, la vie publique et la vie privée semblent se faire concurrence. King, la figure littéraire aux ventes prodigieusement élevées, a maintenu une lutte égale pour la vie privée au fil des ans. Auteur à succès de certains des romans les plus reconnus de King, il parvient à maintenir un équilibre entre confidentialité et attention professionnelle qui lui est accordée, équilibre égal ou supérieur à celui qu'il reçoit. La retenue considérable dont il a fait preuve tout au long de sa vie pour éviter d'être exposé témoigne des efforts qu'il a fournis pour garder le contrôle de son intimité. Dans ces circonstances, il serait juste de dire que King, contrairement à de nombreuses personnalités publiques, parvient à contrôler l'attention des médias sans compromettre son côté obscur. Le mythe d'un auteur américain qui se fond dans le statut de célébrité alimente la dualité de sa personnalité publique et de son homme privé, composantes de son autre relation avec la célébrité, légèrement bizarre mais exacte pour le reste d'entre nous, qui offre des aperçus incroyables de la perception sociale.

King garde le contrôle de son exposition aux médias et aux cercles sociaux sans compromettre la vie secrète qu'il est déterminé à protéger, nous laissant entièrement libres d'influencer ce que nous, en tant que société, croirons de lui.

L'attention portée à la consommation de tous les médias par King est minutieuse, détaillée et pleine d'intention, ce qui lui permet de contrôler totalement la façon dont certaines parties de sa vie sont révélées. Cela aide le public à s'identifier à lui et entretient un sentiment d'intrigue, créant ainsi un équilibre entre les deux. Sa personnalité publique soigneusement élaborée protège sa vie personnelle tout en créant un lien plus profond avec son public. Elle l'encourage à participer à sa vie littéraire tout en gardant le contrôle de sa vie privée. Grâce à cette stratégie, King peut gérer les tensions liées à la célébrité avec grâce et modestie, réussissant à conserver sa dignité tout en étant félicité en public. Sa capacité à s'approprier les sphères privée et publique sans heurts en fait un bon exemple pour ceux qui doivent faire face aux conséquences de la célébrité et de la notoriété. L'étude de la relation entre la personnalité de King et sa vie privée nous permet de constater à quel point il respecte la réalité va au-delà de ses réalisations littéraires, guidant fondamentalement sa vie aux yeux du public.

Conclusion : établir un lien entre le mythe et la réalité

En explorant la vie de Stephen King, il est clair que l'on parvient à le comprendre comme une personne dont la vie est un riche mélange de réalité et de mythe. Tout en naviguant dans le domaine de la reconnaissance mondiale, il a su conserver une part d'intimité insaisissable, signe de résilience et d'engagement envers son travail. Cette dualité entre sa vie publique et sa vie privée permet à King de rester créatif et authentique malgré les exigences écrasantes de la vie de célébrité. Ce chapitre a cherché à expliquer la complexité de sa créature à travers le point d'intersection de sa personnalité publique et de sa vie privée, et, dans cet effort, à explorer au moins le mythe dont il s'entoure et la vérité de sa vie.

Ce voyage nous a permis de comprendre les complexités de King, ce qui suggère que sous le personnage bien connu de l'auteur se cache une autre figure complexe. La vie publique et privée de King nous a montré la force et la résilience inébranlables d'un homme qui tient tête à l'opinion publique tout en restant fermement attaché à la vie qu'il veut vivre.

En outre, cette analyse a contribué à élargir le champ d'étude de King en montrant que, indépendamment de son éminence littéraire, il est tout autant un être humain qui entretient des relations avec sa famille, qui se bat et qui tente d'atteindre la satisfaction créative. Nous comprenons la nécessité de respecter la vie privée de King en appréciant sa vie sans déconstruire sa personnalité publique, tout en tenant compte de l'impact négatif de ses contributions à la littérature, à la culture populaire et à l'identité nationale.

Il est impossible de mettre en lumière les détails saisissants de l'histoire de King, qui raconte l'ascension d'un adolescent d'une petite ville qui finit par devenir un nom connu dans le monde de la littérature. L'entrelacement du mythe et de la réalité marque son étonnant talent de conteur et son impact sur la population au-delà des frontières. Son imagination sans limites, qui donne naissance à des histoires étonnantes, influence la vie des lecteurs, le contenu des films et les créations d'autres artistes.

Comme nous l'avons vu, la personnalité de King nous rappelle que chaque figure emblématique est également plus petite que nature. Chacun d'entre eux reste une personne avec des rêves, des espoirs et des craintes. Si King peut être idolâtré dans son mythe, les gens sont profondément touchés par sa réalité domestique. Alors que nous clôturons ce chapitre, puissions-nous réfléchir à l'homme sous la façade et à l'héritage qu'il se bat encore pour construire.

17

La peur à l'œuvre

Les leçons du maître conteur

L'essence de la peur : comprendre les éléments fondamentaux

Sur le plan émotionnel, la peur est l'un des aspects les plus profondément ancrés dans l'esprit humain. Elle affecte la vie de chaque individu et, en même temps, marque son essence. Les êtres humains ont tous connu et compris la peur. Cette émotion laisse des impressions profondément ancrées par le biais de forces motrices qui exacerbent la perception et façonnent les choix. La peur a été largement étudiée à travers des prismes psychologiques et biologiques, révélant des instincts de survie profonds, des processus cognitifs et des réponses émotionnelles. En combinant tous ces éléments en une seule réponse, nous arrivons à la peur, qui démontre la diversité de nature à l'intérieur d'un individu. En ce qui concerne l'excitation physiologique et l'expression comportementale, la peur signifie également l'évaluation dans la terminologie. La peur est un aspect de l'humanité qui dépasse le cadre de la création, des sociétés et de la culture, car elle existe au-delà de l'imagination et perdure jusqu'à ce que l'évolution s'arrête. D'un point de vue évolutif, la peur remplit une fonction essentielle : éloigner les êtres humains des zones de danger tout en les alertant. Les espèces, après avoir évalué le niveau d'alerte, y répondent et prennent les mesures appropriées. En résumé, le mécanisme par lequel les humains tentent de vivre et d'échapper aux problèmes est inné. L'amygdale cérébrale, qui fait partie du système limbique et du réseau neuronal, porte la plus grande responsabilité lorsqu'il s'agit de contrôler les stimuli accablants. Cette amygdale neuronale aide à attribuer des réponses alimentées par le stress. En plus d'activer la réponse de combat ou de fuite, la personne survit. Au-delà de l'aspect médical de la peur, les théoriciens en psychologie tentent de comprendre pourquoi la peur existe et opère fortement en ce qui concerne les parties qui traitent de la mémorisation, de la perception et de l'attention.

Pour comprendre le concept de la peur, il faut explorer ses réactions phobiques, ses réactions de stress et ses troubles anxieux, qui englobent un large éventail de réponses comportementales et émotionnelles. La perception de la peur par un être humain n'est pas uniquement basée sur sa constitution biologique, mais aussi sur le contexte socioculturel et les expériences personnelles. La peur, en particulier en tant qu'émotion complexe, peut signifier différentes choses pour différentes personnes et est influencée par des éléments contextuels tels que les traumatismes passés et la présence de stimuli qui semblent constituer une menace. Cela permet de mieux comprendre à quel point les réponses sont multiples. Reconnaître la nature de la peur, qu'elle soit basique ou complexe, aide les auteurs à apprendre à façonner des histoires qui touchent des millions de personnes dans le monde entier sur le plan émotionnel. Cela renforce l'idée que, lorsqu'elle est comprise comme une puissance primordiale et englobante, la peur mêle brillamment ses aspects psychologiques et biologiques, et offre aux écrivains une toile sur laquelle ils peuvent créer des histoires qui captivent l'esprit et suscitent des sentiments profonds.

Créer une atmosphère : créer un cadre immersif

L'histoire s'inscrit dans un cadre qui, lorsqu'il est bien défini, capte l'attention du lecteur et l'incite à se plonger dans les événements qui se déroulent. Ce cadre met en valeur non seulement le lieu, mais aussi tout ce qui s'y trouve, comme les sons et les odeurs, ainsi que les personnages, qui aident le public à se transporter dans le temps et la vie du livre, et lui font vivre une expérience captivante.

Une atmosphère captivante nécessite une attention méticuleuse aux détails sensoriels, car créer une atmosphère qui captive l'esprit des lecteurs nécessite une grande attention aux détails trompeurs. Chaque son, vue, odeur, texture et goût doit être intimement lié au récit afin que le public soit transporté au cœur de l'histoire. Qu'il s'agisse du brouillard fantomatique enveloppant les forêts anciennes ou de la chaleur étouffante émanant des sables brûlants du désert, tous les détails contribuent à l'authenticité et à l'immersion de l'environnement.

De plus, la description n'est qu'un aspect d'un décor. Un décor global a du caractère ; il détermine les actions et les émotions des héros et des méchants de l'histoire. D'une ville flamboyante et animée grouillant de vie à un manoir décrépit débordant de frayeur, tout contribue et prend le contrôle de l'ensemble du récit, créant un fort sentiment d'appartenance.

Si les caractéristiques physiques du lieu sont importantes, son contexte historique, culturel et sociopolitique l'est tout autant. Ces couches contextuelles enrichissent le décor et ajoutent une complexité et une profondeur qui captivent l'imagination du lecteur. L'inclusion de coutumes locales, de monuments historiques ou de pratiques sociétales rend le décor authentique et crédible dans le récit.

De plus, des périodes spécifiques, telles qu'une période de l'histoire ou une société dystopique imaginaire, confèrent à l'histoire une pertinence et un sens supplémentaires. Le décor agit désormais comme une capsule temporelle, incarnant l'éthique et l'esprit de l'époque dont il tire ses racines.

En conclusion, pour créer un décor captivant qui respecte toutes les nuances, il faut trouver le parfait équilibre entre le contexte, l'attrait émotionnel et le flair descriptif. Une approche bien exécutée permet de créer une toile de fond séduisante qui captive le lecteur, l'ancrant dans l'univers de l'histoire et rehaussant l'expérience narrative dans son ensemble.

Complexité des personnages : créer des protagonistes et des antagonistes auxquels le lecteur peut s'identifier

Chaque genre littéraire possède un ensemble de personnages distincts qui permettent aux lecteurs de s'identifier au livre. Dans le genre de l'horreur, l'innovation de Stephen King vient de sa capacité à créer des antagonistes et des protagonistes humains auxquels le lecteur peut s'identifier, ce qui semble être un défi pour tous les auteurs à ce jour. Les lecteurs sont plus susceptibles de s'identifier à des personnages aux multiples facettes et qui possèdent diverses émotions humaines, ce qui les rend plus vrais. C'est extrêmement important dans le genre horrifique, car le lecteur doit être émotionnellement connecté à l'histoire. Lors de la création des protagonistes, ceux-ci doivent la plupart du temps avoir des défauts qui suscitent l'empathie, car cela les rend plus accessibles dans leur quête. Les personnages de King sont souvent confrontés à des luttes internes, ce qui les amène à affronter des horreurs extérieures. Il existe un équilibre entre la vulnérabilité et le courage, qui crée des personnages captivants. Les antagonistes, quant à eux, ne peuvent être négligés ; ils ne doivent pas se limiter à être des archétypes du mal. Les méchants de King sont souvent dotés d'histoires et de motivations complexes, ce qui les fait osciller entre le mal et des circonstances tragiques. Ils nous obligent à nous confronter à notre boussole morale en matière de bien et de mal, et nous incitent à nous débattre avec l'idée d'humanité. Il est important d'avoir des antagonistes auxquels on peut s'identifier pour créer les tensions et les sentiments émotionnels propres à la littérature.

En fusionnant les histoires, les phobies et les aspirations des protagonistes et des antagonistes, King élève le conflit à un niveau plus profondément personnel. Par conséquent, l'enjeu n'est pas seulement la survie, mais aussi la force morale et émotionnelle. L'interaction entre les personnages offre un terrain fertile pour explorer la peur, qu'elle soit extérieure ou liée à des démons intérieurs, ainsi que l'incertitude de ce qui nous attend. Ainsi, la construction d'un récit captivant, qui hante profondément le lecteur longtemps après la dernière page, repose sur une exploitation minutieuse de la complexité des personnages.

Tension rythmique : maîtriser le rythme et le timing dans la narration

Les conteurs accomplis savent qu'il faut un mélange parfait de rythme et de tension pour créer des spectacles effrayants et captivants pour le public. La différence entre un conteur habile et les autres réside dans la précision délicate de la construction de l'histoire grâce au rythme (et aux pics) : la progression de l'histoire révèle, culmine et résout, ce qui évoque un effet viscéral pour susciter l'émotion du public.

Pour contrôler le suspense, il faut retenir des informations afin de révéler des détails au bon moment. C'est le cas des séries télévisées qui tiennent en haleine leur public. En tant qu'écrivain, il est important de créer une atmosphère pleine de mystère sans causer de frustration. Le dilemme consiste à savoir quand atténuer le suspense et apporter des éclaircissements, et quand, au contraire, accroître l'ambiguïté. De nombreuses histoires de Stephen King illustrent le rythme soigneusement étudié et ses effets puissants sur les lecteurs ou les téléspectateurs. De l'accumulation inquiétante du suspense à sa chute soudaine, Stephen King dépeint des histoires qui captivent son public.

La trajectoire émotionnelle des personnages, les différentes forces auxquelles ils sont confrontés et les enjeux en constante évolution qu'ils rencontrent sont tout aussi importants pour créer le tempo de la tension. La tension peut aller d'une accumulation intense à une libération soudaine, transformant une scène banale en une scène palpitante. Cette technique provoque un choc temporaire chez le public et reste gravée dans sa mémoire. Rappelez-vous la peur croissante mais indicible qui se cache tout au long des pages de Ça de King ; la menace toujours plus intense qui, à un moment donné, éclate en une terreur écrasante qui, une fois enfin libérée, persiste longtemps après que l'on ait refermé le livre. Ce rythme est un parfait exemple d'escalade contrôlée suivie d'une libération cathartique.

De plus, le rythme peut être ajusté en utilisant des éléments structurels plus importants tels que les divisions de chapitres, les changements de perspective et les intrigues entrelacées. Ces techniques de composition dictent le tempo de l'histoire et, par conséquent, les changements de calme et de chaos tout au long de l'intrigue procurent au public un équilibre précis entre excitation et soulagement.

Les stratégies narratives efficaces qui utilisent le rythme, le timing et le tempo nécessitent une compréhension approfondie du public et une manipulation habile de son engagement psychologique. Cela signifie savoir quand accélérer ou ralentir le « rythme cardiaque » du récit. Une narration réussie est un mélange de suspense et de découverte, d'inquiétude constante et de réconfort passager. La maîtrise du rythme, en particulier du rythme de la tension, transforme les histoires d'horreur en expériences immersives qui ont un impact profond sur les profondeurs de la conscience humaine.

Horreur subtile : le pouvoir des menaces implicites

L'horreur subtile consiste à créer un sentiment d'appréhension et de peur en utilisant la suggestion plutôt que des menaces explicites. Elle repose sur l'équilibre entre ce qui est présent et ce qui ne l'est pas, ce qui est entendu et ce qui ne l'est pas, ce qui accentue le malaise du lecteur ou du spectateur. Cette méthode est plus efficace, car elle crée un malaise inquiétant et obsédant plutôt qu'un choc. Elle vise la peur primordiale de l'inconnu ; l'imagination humaine est plus puissante que la plupart des choses qui peuvent être montrées. Dans la littérature, cela peut prendre la forme de descriptions suggestives ou d'implications inquiétantes, et dans les films, cela peut inclure des sons, des indices visuels et des gestes qui signalent le danger sans le reconnaître explicitement. La beauté de l'horreur subtile réside dans le malaise qu'elle provoque, et non dans le fait de faire du mal. Dans les films, elle fait référence aux sons et aux mouvements qui font allusion au danger sans le révéler. Pour maîtriser la technique de l'horreur suggestive, il faut avoir une parfaite maîtrise de la psychologie humaine et un meilleur contrôle de l'histoire racontée.

Associer des éléments d'horreur subtile et créer une atmosphère pleine de tension et d'anticipation est un moyen infaillible de captiver et de marquer durablement votre public. Stephen King est connu pour maîtriser l'horreur subtile dans « Shining », « Cimetière vivant » et d'autres œuvres en cultivant une atmosphère de suggestion et de terreur troublantes. En manipulant la psychologie de la peur et de l'implication, il suscite de puissantes émotions chez son public, assurant ainsi son héritage en tant que maître du suspense. L'impact de l'horreur visuelle ou écrite reste toujours et imprègne profondément la psyché, suscitant une fascination éternelle pour les aspects les plus néfastes de l'humanité.

Voix narrative : établir des perspectives distinctives

Il est fondamental de parvenir à une voix narrative captivante pour ajouter de la profondeur à un texte que les lecteurs apprécieront. Chaque récit est empreint d'une « voix » unique qui caractérise son dynamisme. Chaque conteur adapte ses histoires sur mesure, et les nuances résident dans son style. Tel un maître, le conteur adapte les histoires avec la même fluidité qu'une rivière. King dépeint de nombreux personnages pleinement réalisés, chacun s'exprimant d'une voix distincte ; à travers eux, il explore des thèmes complexes et des émotions complexes. Les transitions fluides entre ces personnages permettent au lecteur de faire des changements puissants non seulement avec les personnages eux-mêmes, mais aussi avec leurs pensées, leurs émotions et leurs sentiments. Les récits entraînent les lecteurs dans un voyage de vidage du début à la fin ou même dans l'autre sens. Alors que les narrateurs changent, le monde construit reste remarquablement fascinant, chaque interprétation offrant une perspective différente du décor. De plus, ces voix uniques permettent à King de donner vie à des mondes qui respirent et qui existent au-delà du texte, de manière puissante.

Qu'il s'agisse du souvenir inquiétant d'une petite ville américaine ou des vastes étendues de régions d'un autre monde, chaque point de vue particulier permet aux lecteurs d'apprécier et d'essayer de comprendre la sophistication de l'univers fictif de King de manière distincte. La voix du narrateur crée également un lien entre le lecteur et le personnage, l'invitant à apprécier l'histoire d'une manière plus profonde et plus émotionnelle. Cela renforce l'impact de l'histoire. Ce degré de proximité permet aux lecteurs de comprendre la douleur et la joie des personnages, rendant le texte incroyablement mémorable. Cela, associé à une attention particulière portée à la voix narrative, permet aux écrivains d'insuffler une résonance qui persiste même après avoir tourné la dernière page. L'exemple de King montre comment l'utilisation magistrale de la voix narrative plonge les lecteurs dans un monde riche et authentique, révélant la valeur de la perspective dans la narration.

Symbolisme et métaphore : tisser des significations plus profondes

Tout comme le symbolisme et la métaphore en littérature, cultiver le sens de l'horreur, des surprises, du suspense et de la peur psychologique devient une forme d'art. Les auteurs d'horreur peuvent ainsi exprimer des thèmes éternels tout en évoquant une peur profonde. King n'est pas un simple conteur d'histoires, c'est un penseur profond. À travers ses œuvres, il s'efforce d'injecter des couches de sens qui résonnent au-delà de l'histoire. Dans Shining, King utilise des symboles pour décrire des lieux ; l'hôtel Overlook était un paradis qui est devenu l'incarnation de l'isolement et de la dépendance, avec des échos tragiques qui résonnent entre ses murs. King insuffle tant d'émotion à l'hôtel que celui-ci apparaît comme une entité vivante et respirante, enchaînée dans les chaînes d'une solitude obsédante. Les couloirs en spirale de l'hôtel qu'il décrit sont le reflet cruel des contours grotesques du cerveau d'un homme, où les souvenirs s'entassent comme des fantômes avides de terrifier. Avec des images puissantes, King plonge dans les profondeurs de la psyché de ses personnages et fait ressentir au lecteur l'attraction glaciale d'une autoréflexion qui donne à réfléchir. Dans Ça, Derry devient un véritable spécimen de mal irréel et pur, masqué sous l'illusion d'une ville ordinaire. Les égouts de la ville représentent l'obscurité putride de la société. Les bulles rappellent l'innocence ludique, mais le symbolisme de Thatcher les transforme en un rappel tout aussi sinistre d'un mal pressenti. King confronte son public à la dure réalité de l'humanité par le biais d'éléments symboliques, l'incitant à considérer ses peurs non pas comme des dangers extérieurs, mais comme des conflits internes avec lesquels il faut compter. De manière métaphorique, il aborde également des thèmes comme l'endurance, l'espoir et les liens indestructibles entre les personnes. La rose rouge emblématique de la série La Tour Sombre illustre l'unité de la beauté et du danger, entremêlant – et exigeant la contemplation – du sacrifice, de l'amour et de la nature cyclique de l'existence. À travers ses puissants symboles et métaphores, King invite ses lecteurs à explorer les complexités des expériences humaines, les implorant de se défaire des masques de superficialité et d'accepter les dures vérités qui unissent l'humanité. L'utilisation intelligente des symboles et des métaphores par King enseigne aux écrivains en herbe l'importance de ces procédés littéraires, en montrant qu'ils peuvent transformer la narration d'un divertissement éhonté en une exploration perspicace. En intégrant des symboles de manière créative dans l'intrigue, les auteurs donnent sans doute un sens multiple à leur œuvre, et permettent aux lecteurs de découvrir de nouvelles couches de perception émotionnelle et intellectuelle.

Des réflexions profondes sur des thèmes poignants permettent à la narration de lever le voile et de dévoiler les subtilités multidimensionnelles de la nature humaine. Sous ces formes, chaque métaphore et chaque symbole impliquent une connotation plus profonde qui conduit à la compréhension.

Dynamique du dialogue : cadence et nuance de la conversation

Utilisé efficacement, le dialogue est plus qu'une simple conversation entre des personnages. C'est un outil qui peut donner vie à une histoire, en créant un sentiment de réalisme et de connexion avec les personnages. Dans les récits d'horreur, où le but est d'évoquer la peur, la dynamique des dialogues joue un rôle crucial. Le rythme et les détails subtils des conversations des personnages peuvent considérablement renforcer l'atmosphère et la tension d'un récit. Écrire un roman sans dialogues reviendrait à produire un texte sec, sans développement des personnages, sans progression de l'intrigue et sans impact émotionnel. Cela permet de mieux comprendre les personnages et de laisser le lecteur s'immiscer dans leur esprit.

La cadence d'une conversation ne se limite pas au débit et au rythme, elle inclut également la vitesse de la conversation. Les changements de rythme dans un dialogue peuvent facilement refléter l'augmentation et la diminution de la tension dans l'histoire. Le rythme cardiaque du lecteur peut s'accélérer lors d'échanges frénétiques dans les moments clés du suspense. À l'inverse, les dialogues lents et interminables créent de l'anticipation ou des appréhensions. En manipulant le rythme du dialogue, l'écrivain contrôle les émotions du lecteur et le guide à travers la tension, le soulagement et tout ce qui se trouve entre les deux.

De plus, la complexité des interactions entre les personnages révèle les détails subtils et les thèmes sous-jacents enfouis dans les mots. Un personnage peut exprimer la peur, l'incertitude ou la menace par des remarques profondément suggestives, des réponses évasives ou des questions tendancieuses. Cette complexité ajoute une nouvelle profondeur aux interactions entre les personnages tout en créant un étrange malaise et une ambiguïté qui invite à l'interprétation. Un dialogue aussi nuancé incite les lecteurs à avancer dans l'intrigue, tout en les plongeant dans un sentiment étrange et en les invitant à analyser chaque mot.

De plus, le réalisme du dialogue d'un personnage a un impact significatif sur la crédibilité et la pertinence de son portrait. Chaque personnage doit avoir des traits, des origines et des émotions uniques, représentés par les schémas, le vocabulaire et les manières qui se reflètent dans son discours. Parallèlement au lien déjà établi entre les personnages et le public, le maintien de la cohérence dans le discours renforce encore ce lien. Les échanges authentiques font des merveilles, car ils permettent au public de s'investir dans l'histoire en rendant le sentiment de peur plus personnel et tangible.

En conclusion, l'équilibre entre le rythme et les nuances, tout en incorporant subtilité et authenticité, permet de maîtriser la dynamique des dialogues. Il a été prouvé que les dialogues bien construits sont un moyen efficace d'effrayer les lecteurs. Lorsqu'il utilise habilement la cadence et les nuances de la conversation, l'écrivain peut plonger le public dans les mondes effrayants de ses récits.

Refrains résonnants : des thèmes communs avec des rebondissements inhabituels

En parlant du phénomène des refrains résonnants dans le contexte du cadre narratif de Stephen King, il est brillant de noter comment l'auteur utilise des thèmes populaires de manière étonnante pour les moderniser et les rendre accessibles aux lecteurs contemporains. S'il est possible de souligner les thèmes récurrents de la peur, de la perte et de l'esprit humain indomptable qui se retrouvent dans toutes les œuvres de Stephen King, leur évolution et leur réinterprétation ajoutent de la valeur à sa narration. Par exemple, le thème récurrent de la peur va au-delà des simples thèmes d'horreur, car Stephen King maîtrise l'utilisation des angoisses humaines à plusieurs niveaux, de la peur primitive et de l'horreur, et tisse des récits qui résonnent profondément avec les peurs et les angoisses du monde d'aujourd'hui. C'est ce qui rend ses livres populaires ; la façon dont King manipule les peurs universelles amène les lecteurs à affronter leurs appréhensions dans l'environnement sécurisant de sa fiction. King explore également la perte sous un angle artistique, créant des œuvres d'art mémorables. Il n'explore pas la perte comme un dispositif narratif tragique ; il l'intègre plutôt dans ses récits comme un reflet de l'expérience humaine, explorant le chagrin profond, le regret et les souvenirs obsédants qui résonnent sur de multiples dimensions.

De plus, la force inébranlable de certains personnages confrontés à des horreurs indicibles redonne de l'espoir à l'humanité dans les moments sombres et renforce notre capacité à endurer et à surmonter les obstacles. Grâce à ses techniques magistrales qui mêlent des perspectives nouvelles et des rebondissements inventifs, King tisse habilement ces thèmes récurrents d'une manière qui capte l'intérêt et reste pertinente dans le monde trépidant de la littérature. King offre aux lecteurs des histoires captivantes qui stimulent leur intellect et les encouragent à réfléchir à des questions sociales importantes grâce à ses méthodes innovantes de tissage narratif, démontrant une profonde compréhension des thèmes intemporels. Ce brillant mélange de concepts réinterprétés, mais reconnaissables, a permis à King d'obtenir un succès sans précédent dans le domaine de la littérature, lui valant la distinction de maître conteur et créant une fiction infiniment fascinante.

Des méthodes changeantes : des approches différentes pour les spectateurs contemporains

Le public moderne a des goûts et des attentes sophistiqués. Par conséquent, l'art littéraire doit évoluer en phase avec les nouvelles technologies et les conflits sociétaux, en capturant et en captivant l'essence de l'intemporalité. Le mélange de narration d'un écrivain doit tenir compte de la culture polonaise, de la technologie moderne, des cadres et des appétits changeants des lecteurs. Les styles polonais destinés au public contemporain nécessitent de multiples approches culturelles modernes.

L'intégration de concepts complexes reflétant l'état multiculturel du monde actuel est essentielle à l'expansion de la narration. Cela implique de s'intéresser à des thèmes, des personnages et des décors qui plaisent à un public encore plus sophistiqué et qui suscitent son intérêt. En préconisant des approches modernes et inclusives et en offrant des représentations authentiques des cultures, les lecteurs sont mieux à même d'utiliser des perspectives culturelles plus approfondies pour enrichir la narration grâce à une diversité aux multiples facettes.

Tout aussi important, l'ère numérique a modifié la manière dont les histoires sont consommées, permettant aux auteurs de s'adresser directement à leur public par le biais de récits interactifs. Les plateformes telles que les livres électroniques, les livres audio et même les récits transmédias permettent aux écrivains d'atteindre les lecteurs modernes et de les plonger dans des récits qui dépassent les limites de la narration traditionnelle. La combinaison du texte et des images visuelles, du son et de l'interactivité permet non seulement d'attirer l'attention du lecteur, mais aussi d'offrir de plus grandes possibilités de créativité dans la narration.

Les caractéristiques du public actuel sont la consommation rapide des médias, l'accès à un large éventail de médias et une période de consommation limitée. Ces caractéristiques définissent les conditions préalables que les écrivains doivent remplir pour attirer et retenir l'attention de leur public dans un contexte de forte concurrence. Il est très important de créer des récits en s'efforçant de respecter les restrictions d'utilisation d'un minimum de mots et de laisser un impact durable. Il est nécessaire de créer une prose captivante, simple et directe, mais engageante, afin d'atteindre ce public habitué à des informations rapides et dont la capacité d'attention est limitée.

En outre, le développement des préférences du public implique de se concentrer davantage sur le profilage thématique et la fusion des genres. Il faut être attentif aux nouvelles tendances, telles que les croisements entre différents genres, afin de les intégrer dans les récits pour élargir la portée artistique tout en apportant des éclairages pertinents sur des idées intemporelles. Le mélange habile d'éléments de différents genres et l'application de techniques narratives non conventionnelles peuvent stimuler l'intérêt des lecteurs contemporains et insuffler une nouvelle vie à la narration traditionnelle.

AU-DELÀ DES PAGES

La nécessité d'adapter l'approche narrative au public contemporain invite les auteurs, les lecteurs et les acteurs culturels à dialoguer afin que toutes les parties restent en phase avec l'évolution des attentes et des sensibilités. Les écrivains peuvent répondre aux besoins du public moderne en embrassant les différences, en utilisant les plateformes numériques, en recadrant la longueur, en inventant de nouveaux genres et, surtout, en combinant une narration moderne et puissante avec l'intemporalité des histoires.

18

Bibliographie sélective

Œuvres de King en anglais

1. Carrie; a novel of a girl with a frightening power (Garden City, N.Y., 1974)

2. Salem's Lot (Garden City, NY, 1975)

3. Rage [as Richard Bachman] (1977)

4. The shining (New York, 1977)

5. Night shift (Garden City, NY, 1978)

6. The stand (Garden City, N.Y., 1978)

7. [Introduction to] Frankenstein, by Mary Shelley; Dracula, by Bram Stoker; Dr Jekyll and Mr Hyde, by Robert Louis Stevenson (New York, 1978)

8. The Long Walk [as Richard Bachman] (1979)

9. The dead zone (New York, 1979)

10. Firestarter (New York, 1980)

11. Cujo (New York, 1981)

12. Roadwork [as Richard Bachman] (1981)

13. Stephen King's Danse macabre (New York, 1981)

14. Different seasons (New York, 1982)

15. The Running Man [as Richard Bachman] (1982)

16. The gunslinger [Dark Tower series, 1] (West Kingston, R.I., 1982)

17. [Foreword to] Fear itself: the horror fiction of Stephen King; ed. Tim Underwood & Chuck Miller (New York, 1982)

18. [Foreword to] Stalking the nightmare, by Harlan Ellison (New York, 1982)

19. Christine (New York, 1983)

20. Pet sematary (Garden City, NY, 1983)

21. [Introduction to] Tales by moonlight; ed. Jessica Amanda Salmonson (New York, 1983)

22. The talisman [with Peter Straub] (New York, 1984)

23. Thinner [as Richard Bachman] (New York, 1984)

24. Cycle of the werewolf (Sevenoaks, 1985)

25. Silver bullet (New York, NY, 1985)

26. Skeleton crew (New York, 1985)

27. The Bachman books: four early novels (New York, 1985)

28. It (New York, 1986)

29. The Bachman books: four novels [...] with an introduction by the author "Why I was Bachman" ([Sevenoaks], 1986)

30. Misery (New York, 1987)

31. The drawing of the three [Dark Tower series, 2] (New York, 1987)

32. The eyes of the dragon: a story (1987)

33. The tommyknockers (New York, 1987)

34. Bare bones: conversations on terror with Stephen King; ed. Tim Underwood and Chuck Miller (New York, 1988)

35. My pretty pony (New York, 1988)

36. Nightmares in the sky: gargoyles and grotesques (New York, 1988)

37. [Story contributed to] Night visions 5: all original stories (Arlington Heights, 1988)

38. The dark half (Boston, Mass., 1989)

39. The killer inside me, by Jim Thompson; introduction by Stephen King (Los Angeles, 1989)

40. Four past midnight (New York, 1990)

41. The stand: the complete and uncut edition (New York, 1990)

42. Needful things (New York, 1991)

43. The waste lands [Dark Tower series, 3] (New York, 1991)

44. Feast of fear: conversations with Stephen King; ed. Tim Underwood and Chuck Miller (New York, 1992)

45. Gerald's game (New York, 1992)

46. Dolores Claiborne (New York, 1993)

47. Nightmares & dreamscapes (New York, 1993)

48. Insomnia (New York, 1994)

49. Rose Madder (New York, 1995)

50. Desperation (New York, 1996)

51. The Shawshank Redemption: the shooting script; screenplay and notes by Frank Darabont; introduction by Stephen King (New York, 1996)

52. The regulators [as Richard Bachman] (New York, 1996)

53. The green mile (New York, 1997)

54. Wizard and glass [Dark Tower series, 4] (New York, 1997)

55. Bag of bones (New York, 1998)

56. Hearts in Atlantis (New York, 1999)

57. The girl who loved Tom Gordon: a novel (New York, 1999)

58. The green mile: the screenplay, by Frank Darabont; introduction by Stephen King (New York, 1999)

59. On writing: a memoir of the craft (New York, 2000)

60. Black house: a novel [with Peter Straub] (New York, 2001)

61. Dreamcatcher (New York, 2001)

62. Everything's eventual: 14 dark tales (New York, 2002)

63. From a Buick 8: a novel (New York, 2002)

64. Dreamcatcher: the shooting script; screenplay by William Goldman and Lawrence Kasdan; with intros by King, William Goldman and Lawrence Kasdan (New York, 2003)

65. Wolves of the Calla [Dark Tower series, 5] (London, 2003)

66. Faithful: two diehard Boston Red Sox fans chronicle the historic 2004 season [with Stewart O'Nan] (New York, 2004)

67. Song of Susannah [Dark Tower series, 6] (Hampton Falls, NH, 2004)

68. The dark tower [Dark Tower series, 7] (Hampton Falls, NH, 2004)

69. The Colorado kid (New York, 2005)

70. Cell: a novel (New York, 2006).

Ci-dessous, une liste des livres de Stephen King selon leur date de publication française (se reporter au Club Stephen King):

1976: Carrie

1977: Salem

1979: L'enfant lumière

1980: Danse Macabre [recueil]

1981: Le Fléau

1982: Cujo

1983: L'accident

Creepshow [recueil en BD]

1984: Christine

Charlie

1985:Simetierre

1986: L'année du loup-garou

Le Talisman des territoires

Différentes Saisons [recueil]

La peau sur les os (sous le pseudonyme de Richard Bachman)

Peur Bleue

1987: Brume [recueil]

Chantier (sous le pseudonyme de Richard Bachman)

1988: Running Man (sous le pseudonyme de Richard Bachman)

Ça

1989: Misery

Marche ou Crève (sous le pseudonyme de Richard Bachman)

Les Tommyknockers

1990: La Part des Ténèbres

Rage (sous le pseudonyme de Richard Bachman)

1991: Le pistoléro (La Tour Sombre 1)

Le fléau (version intégrale)

Les Trois Cartes (La Tour Sombre 2)

Minuit 2 & Minuit 4

1992: Terres Perdues (La Tour Sombre 3)

Bazaar

1993: Jessie

Dolores Claiborne

1994: Rêves & Cauchemars

1995: Anatomie de l'Horreur

Insomnie

Les Yeux du Dragon

1996: La Ligne Verte

Les Régulateurs (sous le pseudonyme de Richard Bachman)

Désolation

1997: Rose Madder

1998: Magie et Cristal (La Tour Sombre 4)

1999: La Tempête du Siècle

Sac d'Os

2000: La petite fille qui aimait Tom Gordon

Un tour sur le bolid'

2001: Cœurs Perdus en Atlantide

AU-DELÀ DES PAGES

Ecriture, mémoires d'un métier

2002: Dreamcatcher

Territoires (Le talisman des territoires 2)

2003: Tout est fatal [recueil]

2004: Roadmaster

Le Pistoléro (La Tour Sombre 1 : version revue et enrichie)

Les Trois Cartes (La Tour Sombre 2 : version revue et harmonisée)

Terres Perdues (La Tour Sombre 3 : version revue et harmonisée)

Magie et Cristal (La Tour Sombre 4 : version revue et harmonisée)

Les Loups de la Calla (La Tour Sombre 5)

2005: Le Chant de Susannah (La Tour Sombre 6)

La Tour Sombre (La Tour Sombre 7)

2006: Cellulaire

Colorado Kid

Salem (nouvelle édition : augmentée & illustrée)

2007: Histoire de Lisey

2008: Blaze (sous le pseudonyme de Richard Bachman)

2009: Duma Key

2010: Juste avant le crépuscule

2011: Dôme [2 tomes]

2012: Nuit Noire, Etoiles Mortes

La Clé des Vents (La Tour Sombre 4.5)

2013: 22/11/63

Docteur Sleep

2014: Plein Gaz

Sale Gosse

Un visage dans la foule

Joyland

2015 : Mr Mercedes

Revival

2016 : Les Yeux du Dragon (réédition)

Carnets Noirs

Le Bazar des Mauvais Rêves

2017 : Fin de Ronde

2018 : Sleeping Beauties

Gwendy et la boite à boutons

2019 : L'outsider

Laurie, nouvelle, ebook gratuit

Elévation

Dans les hautes herbes, nouvelle, ebook

2020 : L'institut

(If it Bleeds) : version originale

Classe tous risques : anthologie en français, avec une nouvelle inédite

Shining in the dark : anthologie en français, avec une nouvelle inédite

2021 : Si ça saigne : le 3 février 2021, aux éditions Albin Michel

(Later) : version originale

(Billy Summers)

(Red Screen) : nouvelle, ebook

Willie le zinzin : nouvelle

Après : version française de « Later »

2022 : (Gwendy's Final Task)

(Finn) : nouvelle

(Willie the weirdo) : nouvelle

Before the play : publication partielle du prologue inédit de « Shining »

(Fairy Tale) : version originale en septembre 2022

Billy Summers : version française prévue en septembre

2023 : Conte de fées : version française, aux éditions Albin Michel, fin mars 2023

(Holly) : version originale, en septembre 2023

La dernière mission de Gwendy : version française, novembre 2023 chez Le Livre de Poche

Shining : nouvelle traduction française, novembre chez Jean Claude Lattès

2024 : Holly : version française, février 2024, chez Albin Michel

(You like it darker) : recueil de nouvelles, version originale, mai 2024

Danse Macabre : nouvelle traduction française, novembre chez Jean Claude Lattès

Le talisman des territoires : nouvelle traduction française, novembre chez Albin Michel.

Références

Anderson, K. (2023). *Stephen King: A literary legacy of horror and humanity*. Oxford University Press.

Bath, J., & Scott, S. (2015). The Digital Book. In L. Howsam (Ed.), *The Cambridge Companion to the History of the Book* (pp. 181-195). Cambridge University Press.

Beebee, T. O. (2012). World Literature and the Internet (Part III: The Theoretical Dimension). In T. D'haen, D. Damrosch, & D. Kadir (Eds.), *The Routledge Companion to World Literature* (Chapter 30). Routledge, Taylor & Francis Group.

Berthelot, F. (2010). *Fantastic, The*. Routledge, Taylor & Francis Group.

Bloom, H. (2022). *The artistic evolution of Stephen King*. Yale Literary Review, 43(2), 78-95.

Botting, F. (2002). Aftergothic: Consumption, machines, and black holes. In J. E. Hogle (Ed.), *The Cambridge Companion to Gothic Fiction* (pp.

277-300). Cambridge University Press.

Bruhm, S. (2002). Contemporary Gothic: Why we need it. In J. E. Hogle (Ed.), *The Cambridge Companion to Gothic Fiction* (pp. 259-276). Cambridge University Press.

Carroll, N. (2021). *American gothic: Stephen King's contribution to horror literature*. Journal of Popular Fiction Studies, 18(3), 312-329.

Chaplin, S. (2014). Contemporary Gothic and the Law. In J. E. Hogle (Ed.), *The Cambridge Companion to the Modern Gothic* (pp. 37-51). Cambridge University Press.

Davis, J. P. (2020). *The psychological dimensions of Stephen King's protagonists*. Journal of Literary Psychology, 27(4), 411-428.

Drukker, T. (2000). *Geoffrey, of Monmouth, Bishop of St. Asaph, 1100?-1154*.

Eldridge, M. (2022). *From Carrie to Holly: Female characters in Stephen King's fiction*. Women in Literature Quarterly, 15(2), 203-221.

Farris, S. (2024). *Maine as character: The role of setting in Stephen King's fiction*. Regional Literary Studies, 31(1), 45-63.

García, M. R. (2023). *Adaptations and transformations: Stephen King's work in film and television*. Screen Studies Journal, 19(4), 501-518.

Glover, D., & McCracken, S. (2012). Editorial Matter: CHRONOLOGY. In D. Glover & S. McCracken (Eds.), *The Cambridge Companion to Popular Fiction* (pp. i-14; 214-229). Cambridge University Press.

Harris, J. (2011). *King, Stephen, 1947-*.

Harris, T. (2021). *Childhood trauma as narrative catalyst in Stephen King's fiction*. Trauma Studies in Literature, 12(3), 287-304.

Hogle, J. E. (2002). Editorial Matter: Major Gothic texts. In J. E. Hogle

(Ed.), *The Cambridge Companion to Gothic Fiction* (pp. xv-xxv; 301-310). Cambridge University Press.

Hogle, J. E. (2014a). Editorial Matter: CHRONOLOGY: IMPORTANT "GOTHIC" EVENTS. In J. E. Hogle (Ed.), *The Cambridge Companion to the Modern Gothic* (pp. i-xxiii; 240-267). Cambridge University Press.

Hogle, J. E. (2014b). Editorial Matter: GUIDE TO FURTHER READING. In J. E. Hogle (Ed.), *The Cambridge Companion to the Modern Gothic* (pp. i-xxiii; 240-267). Cambridge University Press.

James, E., & Mendlesohn, F. (2012). Editorial Matter: CHRONOLOGY. In E. James & F. Mendlesohn (Eds.), *The Cambridge Companion to Fantasy Literature* (pp. i-4; 257-272). Cambridge University Press.

Jensen, K. L. (2022). *The Dark Tower series: King's magnum opus as postmodern fantasy*. Fantasy Literature Review, 29(2), 178-195.

King, S. (2000). *On writing: A memoir of the craft*. Scribner.

King, Stephen. (2007). In J. Stringer & D. Hahn (Eds.), *The Oxford Companion to Twentieth-Century Literature in English* (3rd ed.). Oxford University Press.

Kirschenbaum, M. G., & Reside, D. (2013). Tracking the Changes: Textual Scholarship and the Challenge of the Born Digital. In N. Fraistat & J. Flanders (Eds.), *The Cambridge Companion to Textual Scholarship* (pp. 257-273). Cambridge University Press.

Link, E. C., & Canavan, G. (2015). Editorial Matter: CHRONOLOGY. In E. C. Link & G. Canavan (Eds.), *The Cambridge Companion to American Science Fiction* (pp. i-13; 219-260). Cambridge University Press.

Magistrale, T. (2021). *The moral universe of Stephen King*. University of Pennsylvania Press.

Marshall, P. (2023). *Stephen King and American cultural anxieties,*

1974-2023. American Studies Journal, 42(1), 118-135.

Mitchell, R. (2024). *The evolution of evil: Antagonists in Stephen King's universe*. Horror Studies Quarterly, 17(3), 334-351.

Nelson, V. (2022). *Stephen King and the American working class*. Class in Contemporary Literature, 14(2), 223-240.

O'Connor, J. (2023). *The stand: Pandemic fiction and cultural resonance in King's apocalyptic vision*. Journal of Popular Culture, 56(4), 412-429.

Pearson, R. (2020). *The Shining: Psychological horror and family dynamics in King's breakthrough novel*. Literary Horror Studies, 23(1), 87-104.

Phillips, K. R. (2021). *Religion and supernatural belief in Stephen King's fiction*. Journal of Religion and Popular Culture, 33(2), 145-162.

Robertson, S. (2022). *The collaborative process: Stephen King's work with Peter Straub*. Literary Collaboration Studies, 9(3), 267-284.

Russell, S. (2023). *Addiction narratives in Stephen King's life and fiction*. Substance Abuse in Literature, 16(4), 378-395.

Sánchez, M. (2024). *The digital frontier: Stephen King as publishing innovator*. Publishing Industry Review, 21(1), 56-73.

Sholty, J. P. (1998). Horror Novel. In P. Schellinger, C. Hudson, & M. Rijsberman (Eds.), *Encyclopedia of the Novel*. Fitzroy Dearborn Publishers.

Simmons, D. (2020). *Stephen King: America's dark storyteller* (3rd ed.). Manchester University Press.

Sweeney, S. E. (2010). Crime In Postmodernist Fiction. In C. R. Nickerson (Ed.), *The Cambridge Companion to American Crime Fiction* (pp. 163-177). Cambridge University Press.

Thompson, J. (2022). *The body: Coming-of-age narratives in Stephen King's fiction*. Youth in Literature Journal, 24(3), 289-306.

Underwood, T. (2023). *Stephen King's influence on 21st century horror writers*. Contemporary Fiction Studies, 38(2), 201-218.

Vincent, B. (2021). *The autobiographical elements in Stephen King's fiction*. Biography Studies, 19(4), 412-429.

Walker, D. (2024). *Environmental concerns in Stephen King's later works*. Literature and Ecology, 12(1), 78-95.

Warren, L. (2022). *The evolution of Stephen King's narrative style, 1974-2022*. Literary Stylistics Journal, 27(3), 345-362.

Williams, R. (2023). *From manuscript to market: The publishing history of Stephen King*. Book History Journal, 25(2), 187-204.

Wilson, C. (2020). *Stephen King and the American literary canon*. American Literature Review, 47(3), 301-318.

Wood, H. (2021). *Danse macabre revisited: Stephen King's critical perspective on horror*. Horror Theory and Criticism, 14(2), 156-173.

Zimmerman, P. (2023). *Community and isolation in Stephen King's fictional towns*. Journal of Place Studies in Literature, 18(4), 412-429.

Critique littéraire

Cécile Coulon AU-DESSUS DES VOLCANS. (2024). *Lire*, (526), 38-40.

Credits. (2025). *Lire*, (538), 4.

Jeux littérature. (2024). *Lire*, (531), S5-S15.

King, Stephen (2007). In Stringer J., Hahn D.(Eds.), (3rd ed. ed.). Oxford

University Press.

LES MEILLEURES VENTES. (2024). *Lire*, (528), 35.

LES MEILLEURES VENTES DE POCHES. (2024). *Lire*, (528), 35.

McDowell, Michael, 1950-1999 (2023).

Anderson, J. A. (2020). America's Dark Theologian: The Religious Imagination of Stephen King. *Journal of the Fantastic in the Arts, 31*(1), 104-106,167.

Anne, F. (2025). Lire, écrire, ou les deux ? *Lire*, (538), 108.

Artus, H. (2025). « J'ai écrit le premier chapitre en 2010 ». *Lire*, (536), 64-65.

Bath, J. a. S., Scott. (2015). The Digital Book. In L. Howsam (Ed.), *The Cambridge Companion to the History of the Book, Cambridge* (pp. 181-195). Cambridge University Press.

Beard, D. (2012). Stephen King's Gothic. *The Irish Journal of Gothic and Horror Studies*, (11), 94-95.

Beebee, T. O. (2012). In D'haen T., Damrosch D. and Kadir D.(Eds.), *30. World Literature and the Internet (Part III: The Theoretical Dimension)*. Routledge, Taylor & Francis Group.

Berthelot, F. (2010). *Fantastic, The*. Routledge, Taylor & Francis Group.

Botting, F. (2002). Aftergothic : consumption, machines, and black holes. In J. E. Hogle (Ed.), *The Cambridge Companion to Gothic Fiction, Cambridge* (pp. 277-300). Cambridge University Press.

Brocas, A. (2024). POURQUOI AIMONS-NOUS LES MONSTRES? *Lire*, (535), 56-59.

Bruhm, S. (2002). Contemporary Gothic : why we need it. In J. E.

Hogle (Ed.), *The Cambridge Companion to Gothic Fiction, Cambridge* (pp. 259-276). Cambridge University Press.

Chaplin, S. (2014). Contemporary Gothic and the Law. In J. E. Hogle (Ed.), *The Cambridge Companion to the Modern Gothic, Cambridge* (pp. 37-51). Cambridge University Press.

Corstorphine, K. (2006). "Sour Ground": Stephen King's Pet Sematary and The Politics of Territory. *The Irish Journal of Gothic and Horror Studies,* (1), 84-98.

Crain, J. C. (2017). Teaching Stephen King: Horror, the Supernatural, and New Approaches to Literature. *The Journal of American Culture, 40*(4), 427-428.

Croft, J. B., & Giannini, E. (2024). INTRODUCTION TO THE SPECIAL ISSUE: FANTASY GOES TO HELL. *Mythlore, 42*(144), 1-4.

Cullen, S. (2016). The Troop. *The Irish Journal of Gothic and Horror Studies,* (15), 140-143.

Desbrières, L. (2024). Morts à l'appel. *Lire,* (534), 84.

Dittmer, N. C. (2021). Book Review: Excavating Stephen King: A Darwinist Hermeneutic Study of the Fiction by James Arthur Anderson. Lanham, MD: Lexington Books, 2021. *Journal of the Fantastic in the Arts, 32*(2), 274-276,314.

Drukker, T. (2000). *Geoffrey, of Monmouth, Bishop of St. Asaph, 1100?-1154.*

Estrada, Y. S., & Esteves, R. J. (2025). La identidad lingüística representada en testimonios de emigrantes ecuatorianos. [Linguistic Identity Represented in Testimonies of Ecuadorian Emigrants] *Kipus : Revista Andina De Letras,* (57), 123-148.

Faure, A. (2024). Holly. *Lire,* (527), 78-81.

Faure, A. (2023). Un recueil princier. *Lire*, (524), 79.

Ferry, H. (2024). Créatures de l'Ouest. *Lire*, (527), 26.

Glover, D., & McCracken, S. (2012). Editorial Matter: CHRONOLOGY. In D. Glover, & S. McCracken (Eds.), *The Cambridge Companion to Popular Fiction, Cambridge* (pp. i-14;214-229). Cambridge University Press.

Hansen, T. (2004). Diabolical Dreaming in Stephen King's "The Man In The Black Suit". *The Midwest Quarterly, 45*(3), 290-303.

Harris, J. (2011). *King, Stephen, 1947-*.

Harrison, A. (2013). A Literary Stephen King Companion. *Journal of the Fantastic in the Arts, 24*(1), 112-115,171.

Hogle, J. E. (2014). Editorial Matter: CHRONOLOGY: IMPORTANT "GOTHIC" EVENTS. In J. E. Hogle (Ed.), *The Cambridge Companion to the Modern Gothic, Cambridge* (pp. i-xxiii; 240-267). Cambridge University Press.

Hogle, J. E. (2014). Editorial Matter: GUIDE TO FURTHER READING. In J. E. Hogle (Ed.), *The Cambridge Companion to the Modern Gothic, Cambridge* (pp. i-xxiii; 240-267). Cambridge University Press.

Hogle, J. E. (2002). Editorial Matter: Major Gothic texts. In J. E. Hogle (Ed.), *The Cambridge Companion to Gothic Fiction, Cambridge* (pp. xv-xxv; 301-310). Cambridge University Press.

Holmberg, C. B. (1997). Maps of Heaven, Maps of Hell: Religious Terror as Memory from the Puritans to Stephen King. *Journal of American Culture, 20*(4), 121.

Horner, A. (2008). Gothic Literature. *Gothic Studies, 10*(2), 139-141.

Ingebretsen, E. J. (2005). Stephen King's America/Landscape of Fear: Stephen King's American Gothic/The Gothic World of Stephen King:

Landscape of Nightmares/Guide to the Gothic III. An Annotated Bibliography of Criticism, 1994-2003/Spectral America: Phantoms and the National Imagination. *Gothic Studies, 7*(2), 207-210.

James, E., & Mendlesohn, F. (2012). Editorial Matter: CHRONOLOGY. In E. James, & F. Mendlesohn (Eds.), *The Cambridge Companion to Fantasy Literature, Cambridge* (pp. i-4; 257-272). Cambridge University Press.

King, S. (2025). Plus noir que noir. *Lire,* (538), 76-78.

Kirschenbaum, M. G., & Reside, D. (2013). Tracking the Changes: Textual Scholarship and the Challenge of the Born Digital. In N. Fraistat, & J. Flanders (Eds.), *The Cambridge Companion to Textual Scholarship, Cambridge* (pp. 257-273). Cambridge University Press.

Lang, P. (2006). Dissecting Stephen King: From the Gothic to Literary Naturalism. *The Journal of American Culture, 29*(2), 235.

Libiot, É. (2025). LES LIVRES DE MA VIE. *Lire,* (538), 114.

Liger, B. (2024). ÉRIC JEAN-JEAN. *Lire,* (531), 114.

Liger, B. (2025). LA PART DES TÉNÈBRES. *Lire,* (538), 54.

Liger, B. (2025). LE DIABLE AU GORE. *Lire,* (538), 52-55.

Liger, B. (2024). MÉTAL HURLANT. *Lire,* (535), 52-55.

Liger, B. (2024). NORD À CRÉDIT. *Lire,* (529), 38-40.

Link, E. C., & Canavan, G. (2015). Editorial Matter: CHRONOLOGY. In E. C. Link, & G. Canavan (Eds.), *The Cambridge Companion to American Science Fiction, Cambridge* (pp. i-13; 219-260). Cambridge University Press.

Madden, V. (2017). "We Found the Witch, May We Burn Her?": Suburban Gothic, Witch-Hunting, and Anxiety-Induced Conformity in Stephen

King's Carrie. *The Journal of American Culture, 40*(1), 7-20.

McLarty, R. (2004). Pinch Me; or, How Stephen King Changed My Life. *The Virginia Quarterly Review, 80*(3), 273-278.

Miller, J. L. (2012). Stephen King: A Literary Companion: [1]. *Journal of the Fantastic in the Arts, 23*(3), 530-532,562.

Minus, E. (2008). BEST TWO OUT OF THREE. *Sewanee Review, 116*(3), 486-490,R70.

Moser, K. (2024). The Eerie Foreshadowing of the Rise of Post-Truth, Alt-Right Politics in Stephen King's The Dead Zone (1979). *Pennsylvania Literary Journal, 16*(3), 224-246,374.

Naiara Sales Araújo, & Moraes Costa, J. A. (2021). El miedo en la narrativa fantástica IT: un análisis literario y cinematográfico. [.] *La Palabra*, (40), 1.

NAPIER, W. (2005). Hollywood's Stephen King. *Journal of American Studies, 39*(1), 129-130.

Parish, J. (2020). America's Dark Theologian: The Religious Imagination of Stephen King by Douglas E. Cowan (review). *Christianity & Literature, 69*(3), 479-482.

Peralta, C. (2024). TIMELESS MOMENTS: RUSSEL L KIRK, CHARLES WILLIAMS, AND STEPHEN KING ON THE AFTERLIFE. *Mythlore, 42*(144), 103-120.

Rebry, N. (2012). Stephen King's Gothic. *Ilha do Desterro*, (62), 359-363,370-371.

Sholty, J. P. (1998). In Schellinger P., Hudson C. and Rijsberman M.(Eds.), *HORROR NOVEL*. Fitzroy Dearborn Publishers.

Smith, A. (2007). Approaches to Teaching: Gothic Fiction - The British and American Traditions. *Gothic Studies, 9*(1), 91-93.

Smith, G. (2002). The literary equivalent of a Big Mac and fries?: Academics, moralists, and the Stephen King phenomenon. *The Midwest Quarterly, 43*(4), 329-345.

Stephens, T. A. (2023). Encountering Pennywise: Critical Perspectives on Stephen King's IT by Whitney S. May (review). *Studies in the Novel, 55*(2), 244-246.

Sweeney, S. E. (2010). Crime In Postmodernist Fiction. In C. R. Nickerson (Ed.), *The Cambridge Companion to American Crime Fiction, Cambridge* (pp. 163-177). Cambridge University Press.

Thurston, J. W. (2019). Stephen King's Contemporary Classics: Reflections on the Modern Master of Horror. *Journal of the Fantastic in the Arts, 30*(3), 467-469,479.

Tooley, D. (2011). Inside the Dark Tower Series: Art, Evil and Intertextuality in the Stephen King Novels. *The Irish Journal of Gothic and Horror Studies,* (9), 67-69.

Wigard, J. (2018). Stephen King's Modern Macabre: Essays on the Later Works. *Journal of the Fantastic in the Arts, 29*(3), 494-496,500.

Wisker, G. (2002). "Honey, I'm home!" Splintering the Fabrication in Domestic Horror. *Femspec, 4*(1), 108.

Dissertations

Abbott, J. M. (1994). *Family survival: Domestic ideology and destructive paternity in the horror fictions of Stephen King* (Order No. DP23187). Available from ProQuest Dissertations & Theses Global: The Humanities and Social Sciences Collection; ProQuest One Literature. (1560686259).

Adair, G. M. (2000). *Feasting with Banquo: The ghost stories of Fritz Leiber* (Order No. 1400100). Available from ProQuest Dissertations & Theses Global: The Humanities and Social Sciences Collection; ProQuest One Literature. (230864766).

Arnzen, M. A. (1999). *The popular uncanny* (Order No. 9940389). Available from ProQuest Dissertations & Theses Global: The Humanities and Social Sciences Collection; ProQuest One Literature. (304541308).

Bates, J. (2020). *Hope in Dark Places* (Order No. 27995031). Available from ProQuest Dissertations & Theses Global: The Humanities and Social Sciences Collection; ProQuest One Literature. (2436437106).

Berniker, S. J. (2010). *Writing is dangerous: Exploring creativity and the Other in Stephen King's fiction* (Order No. MR57779). Available from ProQuest Dissertations & Theses Global: The Humanities and Social Sciences Collection; ProQuest One Literature. (305239835).

Bullins, B. (2024). *Regenerating Monstrosity: Adapting the Horror Villain* (Order No. 31879185). Available from ProQuest Dissertations & Theses Global: The Humanities and Social Sciences Collection; ProQuest One Literature. (3157044608).

Campbell, R. (2013). *Bad belles: Physically empowered women in fiction* (Order No. 1540256). Available from ProQuest Dissertations & Theses Global: The Humanities and Social Sciences Collection; ProQuest One Literature.

Caruso, C. C. (1996). *White Corrassable Bond-(age);: "Lost in America" as textual escape* (Order No. 9626410). Available from ProQuest Dissertations & Theses Global: The Humanities and Social Sciences Collection; ProQuest One Literature. (304319413).

Chandler, K. (1998). *Jumpstarting the reader: Considering the instructional implications of adolescents' responses to fiction by Stephen King* (Order No. 9832038). Available from ProQuest Dissertations & Theses Global: The Humanities and Social Sciences Collection; ProQuest One Literature. (304457884).

Cleaver, N. (2020). *A Materialist Critique of the Settler Occupation of Maine in Stephen King's Pet Sematary* (Order No. 28258485). Available from ProQuest Dissertations & Theses Global: The Humanities and Social Sciences Collection; ProQuest One Literature. (2472138869).

Clemens, A. V. (1994). *The return of the repressed: Gothic horror from "The Castle of Otranto" to "Alien"* (Order No. NN92133). Available from ProQuest Dissertations & Theses Global: The Humanities and Social Sciences Collection; ProQuest One Literature. (304124269).

Colemnero, L. E. (1999). *The social construction of gender as represented in popular fiction, 1990-1997* (Order No. 9924280). Available from ProQuest Dissertations & Theses Global: The Humanities and Social Sciences Collection; ProQuest One Literature. (304536793).

Collins, M. B. (2015). *Carrie's choice: Contemporary feminism and sociopolitical constructions of womanhood in film adaptations of Stephen King's "Carrie"* (Order No. 1589606). Available from ProQuest Dissertations & Theses Global: The Humanities and Social Sciences Collection; ProQuest One Literature. (1688053480).

Commons, W. (2006). *The question of value: Reading Stephen King in a literary context* (Order No. 1435463). Available from ProQuest Dissertations & Theses Global: The Humanities and Social Sciences Collection; ProQuest One Literature. (304919108).

Cross, R. A. (2001). *Femininity and Stephen King's Dark Tower series* (Order No. 1404001). Available from ProQuest Dissertations & Theses Global: The Humanities and Social Sciences Collection; ProQuest One

Literature. (304791131).

Davis, J. L. (2012). *Monsters and Mayhem: Physical and Moral Survival in Stephen King's Universe* (Order No. 28111620). Available from ProQuest Dissertations & Theses Global: The Humanities and Social Sciences Collection; ProQuest One Literature. (2548694711).

D'Elia, J. M. (2007). *Standing up with the King: A critical look at Stephen King's epic* (Order No. 3306839). Available from ProQuest Dissertations & Theses Global: The Humanities and Social Sciences Collection; ProQuest One Literature; Publicly Available Content Database. (304804960).

Dymond, E. J. (2009). *Gothic heirs: An examination of family dynamics in the works of Stephen King* (Order No. 3354765). Available from ProQuest Dissertations & Theses Global: The Humanities and Social Sciences Collection; ProQuest One Literature. (304915248).

Frazier, T. B. (1994). *Everybody has one: Stephen King and the Jungian shadow* (Order No. 9503450). Available from ProQuest Dissertations & Theses Global: The Humanities and Social Sciences Collection; ProQuest One Literature. (304102713).

Gardner, K. E. (1998). *Domestic violence against women within the horror literature of Stephen King* (Order No. 1389359). Available from ProQuest Dissertations & Theses Global: The Humanities and Social Sciences Collection; ProQuest One Literature. (304467876).

Glickman, S. R. (1997). *Forbidden texts: The ambivalence of knowledge and writing in horror fiction from Mary Shelley to Stephen King* (Order No. 9800521). Available from ProQuest Dissertations & Theses Global: The Humanities and Social Sciences Collection; ProQuest One Literature. (304332744).

Gómez, S. H. (2025). *"This Book Is Awful, the Author Is Literally Clueless, It'll Probably Sell a Million Copies, Yay, Publishing": Racial Reckoning and*

Ya Book Twitter (Order No. 31769783). Available from ProQuest Dissertations & Theses Global: The Humanities and Social Sciences Collection; ProQuest One Literature. (3157817101).

Goodman, N. (1992). *"A Nation At Risk": Personal injury and liability in American fiction* (Order No. 9307555). Available from ProQuest Dissertations & Theses Global: The Humanities and Social Sciences Collection; ProQuest One Literature. (303974726).

Hanson, M. K. (2022). *Seeing Through Sara: A Hermeneutic Exploration of Stephen King's Bag of Bones* (Order No. 29322260). Available from Ethnic NewsWatch Collection; ProQuest Dissertations & Theses Global: The Humanities and Social Sciences Collection; ProQuest One Literature. (2710979658).

Johnston, M. (2024). *The American Artist Narrative After the End of Art* (Order No. 31295076). Available from ProQuest Dissertations & Theses Global: The Humanities and Social Sciences Collection; ProQuest One Literature. (3128214125).

Lucas, B. C. (2006). *Shades of "schizophrenia" and the rise of radicalized hyper-materialization: A psychoanalytic exploration of abnormal minds and translucent bodies in the works of Stephen King and Nathaniel Hawthorne* (Order No. 3206648). Available from ProQuest Dissertations & Theses Global: The Humanities and Social Sciences Collection; ProQuest One Literature. (304948306).

Morneault, F. (2016). *Une poétique de l'histoire d'horreur: La vision de l'écriture et de l'horreur de Stephen King à partir d'Écriture: Mémoire d'un métier et d'Anatomie de l'horreur* (Order No. 10675126). Available from ProQuest Dissertations & Theses Global: The Humanities and Social Sciences Collection; ProQuest One Literature. (1991048905).

Morris, J. (2022). *'Three Types of Terror.' A Critical Study Into How Stephen King Elicits Terror, Horror and Revulsion in the Novel It* (Order

No. 30226674). Available from ProQuest Dissertations & Theses Global: The Humanities and Social Sciences Collection; ProQuest One Literature. (2778642202).

Mulqueen, M. (2024). *Feral Meditations* (Order No. 31510846). Available from ProQuest Dissertations & Theses Global: The Humanities and Social Sciences Collection; ProQuest One Literature. (3122648164).

Oakes, D. A. (1998). *Twentieth-century American Gothic literature as cultural artifact: Science and technology as sources of destabilization in the fiction of H. P. Lovecraft, Richard Matheson, and Stephen King* (Order No. 9832810). Available from ProQuest Dissertations & Theses Global: The Humanities and Social Sciences Collection; ProQuest One Literature. (304450907).

Parkhurst, D. (2008). *America's fragmented prison: The façade of the American male in contemporary America fiction* (Order No. 1458381). Available from ProQuest Dissertations & Theses Global: The Humanities and Social Sciences Collection; ProQuest One Literature. (304827483).

Pasahow, M. (2017). *Hope is Not a Mistake: The Importance of Community in Dystopian Media* (Order No. 10634241). Available from ProQuest Dissertations & Theses Global: The Humanities and Social Sciences Collection; ProQuest One Literature. (1958954983).

Perry, M. J. (2012). *"Where everything goes to hell": Stephen King as literary naturalist* (Order No. 1530153). Available from ProQuest Dissertations & Theses Global: The Humanities and Social Sciences Collection; ProQuest One Literature. (1238289238).

Pitts, A. (2009). *Democracy and dystopia in post -Watergate American fiction* (Order No. 3344928). Available from ProQuest Dissertations & Theses Global: The Humanities and Social Sciences Collection; ProQuest One Literature. (305020654).

Reynolds, L. (2024). *The Psychological Construction of Domestic Abusers and Monsters in Carrie & the Shining* (Order No. 31236643). Available from ProQuest Dissertations & Theses Global: The Humanities and Social Sciences Collection; ProQuest One Literature. (3057652863).

Ripley, C. W. (2014). *Other worlds than this: Stephen King's "Dark Tower" gothic multiverse* (Order No. 1560342). Available from ProQuest Dissertations & Theses Global: The Humanities and Social Sciences Collection; ProQuest One Literature. (1558867976).

Schopp, A. J. (1995). *Sites of control/stress of contest: The deployment of fear in twentieth century narrative* (Order No. 9523167). Available from ProQuest Dissertations & Theses Global: The Humanities and Social Sciences Collection; ProQuest One Literature. (304232947).

Sell, C. B. (2020). *Recontextualizing the Once and Future King: Arthurian Appropriations from Historia Brittonum to Aquaman and Beyond* (Order No. 28022373). Available from ProQuest Dissertations & Theses Global: The Humanities and Social Sciences Collection; ProQuest One Literature. (2436414370).

Sherman, M. S. (1997). *In Love with the Boogeyman: Compulsion, Desire, and Heisenbergian Literary Uncertainty in Stephen King's "Pet Cematary"* (Order No. EP72641). Available from ProQuest Dissertations & Theses Global: The Humanities and Social Sciences Collection; ProQuest One Literature. (1690495820).

Smith, J. L. (2023). *Eclipsing the Patriarchy: the Power of Intergenerational Female Connection in Stephen King's It, Carrie, Gerald's Game, and Dolores Claiborne* (Order No. 30686791). Available from ProQuest Dissertations & Theses Global: The Humanities and Social Sciences Collection; ProQuest One Literature. (2866005371).

Snyder, S. (2024). *Sometimes Windows Break* (Order No. 31315983). Available from ProQuest Dissertations & Theses Global: The Humanities and Social Sciences Collection; ProQuest One Literature. (3110358946).

Snyder, S. J. (1994). *An examination of the American myth, its implications of Adamic rebirth, societal conflict and retreat, and its application to Stephen King's "The Stand"* (Order No. EP21450). Available from ProQuest Dissertations & Theses Global: The Humanities and Social Sciences Collection; ProQuest One Literature. (304134739).

Stevens, C. D. (1997). *Intentionalist editorial theories and Stephen King's "The Stand"* (Order No. 1386439). Available from ProQuest Dissertations & Theses Global: The Humanities and Social Sciences Collection; ProQuest One Literature. (304408868).

Sullivan, K. E. (2000). *Suffering men /male suffering: The construction of masculinity in the works of Stephen King and Peter Straub* (Order No. 9978256). Available from ProQuest Dissertations & Theses Global: The Humanities and Social Sciences Collection; ProQuest One Literature. (304612040).

Texter, D. W. (2009). *All the world a school: Utopian literature as a critique of education* (Order No. 3366937). Available from ProQuest Dissertations & Theses Global: The Humanities and Social Sciences Collection; ProQuest One Literature. (304952691).

Thompson, J. (2009). *The representation of African Americans in Stephen King's "The Stand"* (Order No. 1481382). Available from ProQuest Dissertations & Theses Global: The Humanities and Social Sciences Collection; ProQuest One Literature. (305082918).

Toth, E. M. (2002). *Poe v. King: Three critical approaches toward a reevaluation of King's short fiction* (Order No. 1410359). Available from ProQuest Dissertations & Theses Global: The Humanities and Social Sciences Collection; ProQuest One Literature. (231256177).

Truffin, S. R. (2002). *Schoolhouse Gothic: Haunted hallways and predatory pedagogues in late twentieth-century American literature and scholarship* (Order No. 3056447). Available from ProQuest Dissertations &

Theses Global: The Humanities and Social Sciences Collection; ProQuest One Literature. (275742933).

Wilkerson, R. L. (2014). *Stephen King's bad place: Institutions, spaces, and gender in "The Shining" and "Rita Hayworth and Shawshank Redemption"* (Order No. 1564058). Available from ProQuest Dissertations & Theses Global: The Humanities and Social Sciences Collection; ProQuest One Literature. (1613179477).

www.ingramcontent.com/pod-product-compliance
Lightning Source LLC
Chambersburg PA
CBHW020301010526
44108CB00037B/277